辛老師的私房經典課❷

人人必讀的七本書
《莊子》、《老子》

辛意雲 著

目次

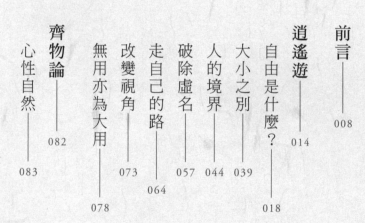

老子

序言

發展生命的大智慧

人類文明有大智慧發展的，至今或說有二千五百年吧！遠從古蘇美、古埃及、古猶太、古印度的神話開始，到古希臘的自然哲學。還有中國從西周開始強調人的敬心與德行的生命哲學，以至春秋孔子所建立的人學。這些思想至今都還有著強大的生命力，推動著人們文化思想的前進與發展。

不過到今天二十一世紀，我們站在歷史發展的尖端，回看人類的文明與智慧，或許會發現在這些文明智慧中，有三大智慧可以被人們肯定為人類生命中最大的智慧，是值得人們關注、發揚及發展的。

其一就是我們所熟知的，由十七世紀西方工業革命以至於今的網絡革命所總稱的科學與科技。其之所以為人類生命大智慧，是因透過科學與科技所締造的現代文明，雖有諸種缺點，但科學與科技的確為人類解決了歷史上糧食的問題，使大多數人吃飽、吃足，同時也滿有效地遏止了許多歷史上曾發生的瘟疫與疾病；當然還有交通運輸，使人們生活大大地提升。這或使人類相較十七世紀之前的人，享受到較多活著的喜樂了吧！

其二就是大乘佛教哲學中，「空」與「空性」的提出，讓人們從中領悟到人世間的一切現象，即使是西方科學、哲學所強調本質是萬物的本質、天地萬物皆是實有，都有其實體性、永恆性，如此強化了人的執著：執著與我，執著物；一切都得非我所有不可。孰不知這是人間痛苦、苦難的原因。大乘佛教教人看得見「空」，懂得宇宙萬象皆有空性，一切都會消散，一切為我所有只是一幻相而已，這一來減少多少人因我執而來的痛苦，真是堪稱人類生命大智慧！

其三是中國的人學的建立，中國傳統所有經典都依此線發展。而人學最重要的思考就是告知人類，人只要透過生命的覺醒，就可將人從生物性爭生存的基礎上釋放，使人走上生命覺醒之路，使人生命不再因生物爭生存的侷限而帶來身心的疲憊與痛苦，並可以建立健康而正向的人格特質。人類生命本身的大智慧由此開始，而人若能順此智慧的路線，人還可以開展自己原有潛藏的天賦，走向自我創造、自我實現、自我真正的完成。真正使人從一具備有被動性限制的狀態，轉為能動的主動性的開展者。讓生命幸福就在自己手上，這如打橋牌，自己手上即使是付爛牌，也可打成好牌來。只要生命自覺，人能化腐朽與神奇。

中國傳統經典開展出建立健康的自我，提升人類生命的品質，並可不斷優化自己的方法與智慧。這是中國至今可久、可大、可否極泰來的原因——是人類生命的大智慧。

是以讀中國經典重要的是去理解，並發展自己的生命大智慧。

寫于二〇二三年八月三十日　人學齋

莊子

逍遙遊——放下我執我欲，達到無限自由

齊物論——忘記你我之別，成就生命大覺

養生主——順著生命狀態，走向物我合一

前言

莊子是兩千四百年前的人，他這一生都擔任漆園吏一職。漆是一種樹，這種樹所流出來的汁液是做漆的最佳原料。我們都知道，人類最早的器物是石器，第二階段發展到玉器，而後是青銅器，青銅器之後就是漆器——我們老祖宗是全世界最早開展出漆器的。戰國時代開始流行精美、輕巧又耐用的漆器，莊子是宋國人，宋國風土最適合種植漆樹，所以「漆」成為那個國家的經濟作物。而莊子作為漆園吏，也就是管理一座漆園，可是他的才華在當時已是名滿天下，很多國君邀請他過去做宰相，甚至於戰國七雄之一的楚王也派遣使者來請他，他全都拒絕了。他說：「我願意過著自由自在的生活。」莊子對楚王派來的使者說：「你認為你願意成為一個被放在神龕裡的千年神龜？還是願意當一個活著、在池塘爛泥裡打滾亂爬的烏龜呢？」使者說：「我寧願活在池塘爛泥中。」莊子說：「那好，你知道我的意思了，你請回吧。」楚王派好幾次使者，都被他拒絕了。

這也就是莊子所說的，「逍遙之境」。逍遙之境，就是一個全面自我開展，然後走向一個創造性、自己都未知的世界。所以它不是消極的，是積極的，它是更大的積極。它超越了現實人生中積極、消極（二分法）的更大積極。

基本上莊子不是憑空而出的，談思想非常重要的是，去了解一個思想的脈絡。因為人類的思想是隨著人類社會的演進而發展，在人類世界的演進中，深受生活環境的影響。

不可否認，人是具有生物性的，所以人剛誕生的時候，基本上是追求生存，這是生物最根本的特殊性。人類的一切動盪、一切戰亂、一切是是非非、相互之間的怨氣……以至於，人一定自私，所謂「人不自私，天誅地滅」。其實基本上，這有一個共同的前提——人是生物，在生物的前提裡追求生存，甚至於爭生存。爭生存是自然，同時也是必然。

如果我們說：「人不自私，天誅地滅。」這句話要不得，那麼我們是脫開了生物性，從另外一個階層來論斷人，而這個「自私」就帶著負面的批判了。可是如果從生物性上來說，凡生物的第一要事就是爭生存，就是要活下去。當一個東西也不知所以然地「蹦」成了一個生物，然後就這麼被「生」推著往前跑，生活中唯一的目的就是要爭生存。那麼，自私就是自然的「天性」。

只是我們何以會有這樣的批判，認為「自私」是不好的？雖然「人不自私，天誅地滅」，但是「自私」在人的社會中是不對的。換句話說，這種批判就是離開了生物性，到達另外一個層面，然後提出了道德要求——人不要自私，甚至認為，自私是不利於生存的、不利於生活的、不利於人的生命開展的。那麼說，這個論述就不是站在生物性上說的了。

在我們日常生活裡，我們能很清楚地看到，人似乎具有生存性，又似乎具有另一個世界性。單純的生存性是不能滿足於人的，因為我們有了道德性的要求，而道德性是怎麼出來的？如果單從生物性來說，是沒有道德可言的；有道德性，一定是超脫生物性了。

有一個小故事是這樣說的。當淹大水時，有一隻青蛙正在水裡游泳，游到一個石頭邊，那個石頭停著一隻大蠍子，大蠍子說：「請你救救我，帶我回到岸上吧。」青蛙說：「不行不行，你會螫我。」大蠍子說：「都這個時候了，我怎麼會螫你呢，雨這麼大，水都快淹過我了，我就要死了，在這種生死存亡關鍵中，我怎麼來螫你呢？我們一起游到岸上吧！」青蛙聽了覺得有道理，然後就背起大蠍子往岸邊游。就快到岸邊前，大蠍子居然螫了青蛙一下。青蛙大叫說：「怎麼回事？你不是不螫我嗎？你現在螫我，不就是讓我們一起死嗎？我們還沒游到岸邊呀！」大蠍子說：「真對不起，我控制不住自己，natural by nature，這就是我的天性，我控制不住。」

然而，人不是蠍子，人有道德性的要求，而這個道德性的產生，一定脫開了生物性、自私性，而要求一種非自私性。簡單地說，非自私性或許就是一種道德性，而這種道德性，也就使得大家可以活下去。即使是隻蠍子，也能清楚地控制著自己不完全依照天性，然後讓青蛙、讓大家一起渡到岸上，一起達成在生存之外還有生活發展的餘地。這個生活發展不是個人的、不是個體的，是有著共同的、群體的發展性，由這種群體共同的生活需要，才發展出道德性。那麼如此，人的另一個生命性就伸展出來了。當人另一個生命性伸展開來，就跨越生物的侷限、限制，然後產生另一個生命世界。莊子就是從這裡講起，所以他談人的自由性。什麼是人的自由？

我們今天講人的自由，有生存的自由、有飲食的自由、有私人財產的自由、有搬遷的自由，以至於到所謂人權的擁有。可是莊子說，這些自由都是有限的，都還只停留在生物性的生存上。你們是否有意識到，當你們擁有了這些自由的時候，你們還是覺得不自由，那麼，人追求的自由究竟是什麼？莊子是從這個地方思考的，然後提出他一連串、有趣的看法。而有趣的是，莊子這一生沒離開過家鄉！

這裡就顯出了一個特殊性，莊子提出這麼一個人類最根本的自由問題，然後質問所有人類所謂「自由」的定義，他都認為，那不是自由，於是他提出了一個人類最大自由的可能性。而在現實人生中，他卻是傳統學者中，可以說唯一一個一輩子活在家鄉（莊子幾乎是唯一，屈原算半個，因為屈原還離開一下，莊子沒離開過），然而他卻提出人類最大的問題——什麼是自由？也提出了對自由的詮釋。「自由」不在於形體的行動、不在於空間的變化，而在於即使時間流轉，心靈有著最根本的開展。因此他提出了兩千四百年來，人類共同嘆服、驚嘆、佩服的一個觀點，他被譽為是世界上第一個對「自由」提出最根本性詮釋、最聰明的學者與哲學思想家。並且更在傳統學術、傳統思想上，也就是在人類的生命哲學上，莊子也是最早提出「道」、提出「自然」的大哲學家。

莊子所提出的道與自然，不是純粹的、物質構成的宇宙，而是人的生存環境，人的生存、生活、生命的環境。

人是整個大宇宙中的一個生物，然後開展出生活、發展出生命，然後開始有覺知，有一種覺醒——我不是單純為生存、為活命的動物。人們竟然還有想讓這世界更好、想探究自然，如此從生存開展出生活、發展出生命。在此前提裡，人的覺知進一步問一個問題：人到底活在一個什麼樣的環境？喔！其實是一個大自然，而這個大自然是個整體；這個「道」是整體的。一個一個的人、一棵一棵的樹、一塊一塊的石頭……合起來就是這個大自然，然後是人類整體生存的、不可分割的大環境，而此謂之「道」。

再進一步說，人所生活的環境，除了物質，還包含了萬物、天地，包含一切西方古希臘哲學，以至於科學所探究的一切。然而西方的哲學、科學甚至到現在都只是局部的探究，例如某國科學家研究土塊，然後慢慢研究到土星、月球、火星，都只研究土塊，而不是一個整體。然而人類從人生存、生活、生命出發，這一切都是人活著的大自然，是一個整體。莊子可能是第一個提出這概念的人，然後老子延續莊子的概念，並提到更高層次：我們如何站在「道」上看這個世界？發展這個世界？讓這個世界更為完善、美好？如果講得厲害一點，就是永立不敗之地，然後永續經營下去，這是老子。

讀中國的學術需要脈絡。我們現在很容易將經典挑離出時空以及脈絡閱讀，固然有時候能提供新的看法、新的可能、新的見解。可是有的時候，反而會失掉某些非常重要的依據或訊息。莊子思想在近代非常強調他不同於儒家、和儒家對立的層面，或者特別強調莊子談的物質世界、走向虛無主義，只是一味擴大人的想像世界，或者流於一種空泛和虛幻等等。不論是正面或反面的，有時候我們直接讀莊子的文本，這裡頭似乎都包括莊子想要傳達的訊息。

那麼，今天請大家試著跟隨我的心得來讀莊子、來看莊子。或許我們會發覺莊子基本上是有跡可循的，同時，他真的是能提供我們人生可以到達的境界。不是想像的，不是虛幻的，而是一種真實的生命狀態，是你我在實際生活裡就可以擁有的。

逍遙遊

超脫世俗價值的限制和眼光，放下比較心，拋開身外之物，不需刻意有為，就能發現最無限的自由。

我們近代常常覺得，莊子是跟孔子對立，嚴格來講並不如此。如果大家懷抱這種單一想法的想法，可能一輩子進不了莊子的世界。《莊子》內七篇談孔子，藉孔子之嘴傳達他的意思，好像有多達三十幾處到四十幾處。也因此，古來有人就這麼說，莊子基本上就是孔子學派中的一個支系，銜接顏淵的一個系統，展現生命可有的高度——也就是顏淵「一簞食，一瓢飲，在陋巷，人不堪其憂，回也不改其樂。」注意！這種人「不堪其憂」的意思，是說一般人沒有辦法承受這種生活上的貧困，但顏淵不改其樂。古來一般都講「顏淵守貧」，不過說他能守住貧窮，乃是他能超越生命中的侷限，不受貧苦的限制，仍然享有生命的喜樂。這種「享有」換句話說，就是超脫了人生存本能的侷限，而到達自由的世界。

如同西方哲學，從康德（Immanuel Kant）一路下來強調自由的意識，那不是單純人權上的問題，也不是單純現代政治觀點上的自由問題，或法律上的自由問題。而是在生命上如何擺脫人類作為一個生物，為了達到生存而無法擺脫的「生之衝動」的限制。

譬如人吃飽了才會快樂，有錢了才會喜悅，有了權力才會覺得生命被保障。一旦不確定，我們就惙惙惶惶陷入焦慮，這是「生之衝動」的自然表現。近代生物學說得很清楚，當人一降生成為生物，那就是無可控制地邁向活下去這個無可更動的路，而這種無可更動的路，也就是生命的限制。所以佛教從「苦」入手，基督教從「原罪」開始。因為這樣的生命限制，常常決定我們對生命的看法和生態的發展，甚至就形成了命運。

《論語》中的顏淵，孔子對他讚美「一簞食，一瓢飲」，吃一碗飯、喝一口從井裡打出來的白水、住貧民窟，這種飢寒交迫的日子所帶來的焦慮是自然的情境。但是顏淵却超脫出來而不受限制不感受壓迫，他仍然可以感受到、而且享有到生之喜樂，就是今天講的「樂活」，不損分毫。莊子乃延續這一脈，展現生命的樂活境界，只是莊子已是不同於儒家了。

我們今天一談到莊子是儒家這一脈，馬上就想到莊子是儒家？不是！學術思想是配合人類生命經驗，隨著時代的問題與特質不斷地演變、不斷地發展。如果說人不同於動物，我想這是因為人會隨時間在思想上、在心理上、在感情上有演變，不會執守住某一個焦點上不動，這就是人類文明的發展，人類會反省，會超越俯瞰原有的問題，同時衡量整體的狀態。而後發生了變化就是創造，人是能創造的生物，這就是樂活的基礎，莊子從這裡開始，所以第一篇談〈逍遙遊〉。只是我們剛才說到，莊子可能是儒家顏淵這個系統，並沒有下論斷，只提供給大家做個參考，這不是我杜撰，古人就有這說法，只是沒有充分的證據，只能就思想發展中看到這個脈絡性。再則《莊子》內七篇中，對孔子雖然有否定、有諷刺，可是基本上是肯定的；談顏淵處更多，古人因此從旁推測。而在思想上，莊子的確是一種樂活的主張，我們常常說〈逍遙遊〉就是自由，也就是在尋求一個自由的心靈，開展出人自由心靈的可能性——因這是樂活的基礎。

我們來講「逍遙」，什麼是「逍遙」？基本上這是同義聯綿詞，就是說「逍」跟「遙」是同一個意思，是同義。逍者，遠也；遙者，也是遠也。所以「逍遙遊」基本的意思就是「遠遊」。什麼是遠遊？簡單來說，就是走出去，「遊」指無目的性，請注意「目的」，就是生存目的。人的一切活動幾乎都有生存目的，只有透過了某一種的意識和覺醒，才會不受生存目的的侷限，而以無目的性展現。

藝術的創作具有遊戲性，其中就有這個意思，它不是為了活下去。物質性的、欲望滿足性的、本能性要求活下去而需做的事物，這種作為就是有目的性的。換句話說，我們可以說從生存中出走，用現代的觀念說，從生存的限制中出走，也就是今天在哲學或美學上所謂的「自由」，所以「逍遙遊」就是「自由」——「自由地尋求」。

那為什麼莊子不直接用「自由」二字呢？古代「自由」是解作自主或自己去走，無法呈現出我們今天所謂「自由」的含義。今天的「自由」含義，帶著無拘無束、不受綑綁的意思，這是我們今天才有的，在古代這個含義稱之為「逍遙」。為什麼逍遙就是指我們今天的自由呢？這得從文字的形象來看。

古字的逍字从「辵」从「肖」。遠行曰「辵」，辵字象形的本字近乎這個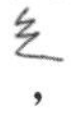，就是曲曲折折地走，為什麼要曲曲折折地走呢？表示走得很遠的意思。「肖」就是小月，底下的月原型是，作肉字解，大家或問這是什麼肉？就是小肉。如果有人去傳統市場買過菜可能會曉得，一大早豬肉的屠體被送到市場後，剖成兩半掛在那裡，就可看見半條肉中一條條肋骨的形象，小肉在此指的是「人」。「逍」字的意思就是，人所走的路非常遠，如此曲曲折折地走，然後越走越遠，如此人看起來就越來越小；小肉就是越走越遠，其形越小的意思，人的外形是肉體，所以具有象形性，也具有會意性。

「遙」字上面是手，下面是酒，搖搖晃晃的意思，與「逍」同義，不過「遙」同樣具有搖搖晃晃的意思；所以凡从「辵」字皆有搖晃不定，越走越遠之義，就是「遠走」的意思，所以逍遙遊就叫做遠遊。人從哪裡開始遠遊呢？從我們的現實生活開始，我們的現實生活非常有限，我們在有限的時間、有限的空間、有限的生活經驗、有限的心理活動與有限的情感中。我們要從這些有限中出走？然後遠遊，以獲得自由之心。

只是在這個題目上，既然談自由，那從什麼地方開始？莊子真是精采，他的哲學性、他的想像，其實是展現在文學中，透過文學把我們帶離生存的限制裡所特有的時空限制。而任何具體的存在都有它的時空性，如你我的不同，在於我們的生活經驗不同、生存環境不同，生存環境就是以時空為主要的一個範疇，所以莊子第一個入手處是從文學性的表現方式開始。

如果我們站在西方哲學的觀點來講，這也是一個假設，以便讓大家了解已經有一個議題隱藏在事件之後，質言之，莊子告訴我們談自由當從什麼地方開始，如果不從人基本生存的時空談起，那就無法深入自由最根本處的可能性。所以莊子一開頭就說「北冥有魚」，透過這一個無限的空間開始，因為人生存、生活在時空的經驗裡，受限於時空，如不超脫、不打破我們的時空經驗，絕不可能走向自由。所以莊子一開筆，拉開一個巨幕，讓我們看到一個無限的空間。

自由是什麼？

莊子首先提出了人類生存的環境，是如此的無限，相對於你我實際生存的環境，多麼狹窄。人們憑著這有限的時空經驗，去論斷人該怎麼活，會不會準確？這是人當思考、反思的！

當人類的文明開始，人有意識地問這個世界：「世界如何誕生？」、「我是誰？」、「我來自何處？」、「我將歸往何處？」、「人能自主嗎？」、「人能獲得自由嗎？」自由就是自主。這就是人跨入「人」的世界，脫離動物世界了。基本上動物只有動物意識，動物意識就是一點簡單的辨識，例如這個可以吃、這個不可吃；危險、不危險，然後以求生存。動物意識或者可說是簡單的記憶、辨識、基本達成生存的簡單認知。

而人跨入了人的世界，脫開動物世界，是人特有的「意識思維」開展，這是動物沒有的，也是人與動物的分水嶺。我們從這個地方看，看到所謂人類哲學的發展。西方古希臘在哲學上提出了構成宇宙的物質世界，其本質是什麼？其物質結構是什麼？此外像古埃及、古以色列、古猶太、古印度提出了神？神為何要創造這個世界？其為何要創造人？至於傳統中國就是問：什麼是人？什麼是人性？全世界只有傳統中國的學術直接說人性出於人特有的意識思維，我們稱這意識思維為「覺」、覺性——覺醒。

雖然佛教在印度也講「覺醒」，這兩個覺醒的思想只在這裡重疊，但在覺醒後的發展方向則不相同。佛教是要離開現實的人生，放棄感官知覺，認為感官知覺帶來的全是虛妄、不真實的，這就像我們看到棍子插在水裡，棍子是折斷的樣子，實際上這是錯覺。我們感官知覺會有很多錯覺，然後我們的生活是憑著感官知覺的，所以這帶給人類在現實生活中有很多錯亂，然後年紀越大、錯亂越多，指的是在現實社會裡所要追求的名、利、慾望等等，所以佛教說我們要覺醒拋開這來自感覺知覺的妄相妄念。

可是儒家，也就是孔子則說我們要覺醒尋找最真實的自我。是以《論語》一開始說「學而時習之」，「學者，覺也，效也」，這句是說當我們有所覺，而後開始展現主動能力，這就是人自我生命的開始，也是自我個體建立的開始。當人覺醒，當我們的「意識思維」開展，時時刻刻都會實踐我們自身的力量去建立自我個體，就像在青少年時期容易生氣，這其實是一個自我個體建立的過程，因為年輕容易不耐煩，又急著長大，急著把被束縛的各種限制拿掉的狀態。

而到了莊子，他距離孔子一百多年後，他提出真正的認識自己，不只是人主動性的展現，還要有能力意識到這整體世界的存在，這世界是無限的，它的時間無限、空間無限。人在這無限的時間中，能確立自己的位置嗎？曾經有多少人成功後就失敗了，成功的起點就是失敗的開始。是什麼原因？因為他沒有看到這整體世界是流動的，他沒看見自己今天成功的因素，乃是後面自己失敗的緣由。

莊子教大家認識自己，首先認識自己存在的客觀世界，這就是〈逍遙遊〉的開始。莊子之所以稱為道家，「道」在莊子指的是客觀世界，西方看客觀世界是沒有時間性的。西方的時間觀是從十六世紀文藝復興開始的，西方認知的時間性，是人為的時間性，西方人在這個宇宙中，他們原先並不認為有時間性，西方的宇宙是一個整體，不動的，所以西方的古典藝術，從古希臘的藝術到古羅馬的藝術所要展現的是一個永恆的、靜定不變的實體，如各個完美的雕像與建築，我們看土耳其的聖索菲亞大教堂（Hagia sophia），整體好像是種到土裡一樣，賦予著永恆不動的靜定，西方認為這就是客觀的宇宙形態。

可是莊子告訴我們，這個宇宙是在無限的流動中。無限觀在西方是沒有的，西方認為無限是 **nonsense**，因為無限無可計量，無可計量就是不混亂、就是不存在。而第一個提出宇宙無限、宇宙無可計量的大概是莊子，當然佛教的大乘也這麼說，但這觀點是在佛陀死後四百年後才發展的，故不是最早，因為佛教的大乘是出於西元前一世紀及一世紀以後，那時佛陀經去世四、五百年左右了。所以我們暫時還沒有發現有誰比莊子更早提出無限觀，莊子的無限是因提出了一個無限的宇宙。人先要看在這無限的宇宙中自己是居於什麼位置？這是莊子提出來的一個人的存在性的問題，他或也是世界最早的存在哲學。

北冥有魚，其名為鯤。鯤之大，不知其幾千里也？化而為鳥，其名為鵬，鵬之背，不知其幾千里也；怒而飛，其翼若垂天之雲。是鳥也，海運則將徙於南冥。南冥者，天池也。

北冥有魚，　在北方，北到什麼地方？北到昏昧不明，超越人類。「冥」是昏昧不明，什麼叫做昏昧不明？就人的知覺性而言，超過人的知覺性就是昏昧不明的狀態，那就是極遠、極遠的意思。古人的註解中，有人說冥者溟也；「溟」也有昏昧不明，強調的是「海」或者是「極」，極致的意思，意思差不多。不過冥比溟好，因為抽象，到達了極北、極北、極北……然後超越了人的感官知覺認知的一切一切，以至於昏昧不清。

其名為鯤。　有一種魚的名字叫做「鯤」。有現代的註解本說「鯤者，大魚也」。錯！鯤是什麼？是吻仔魚！古人稱之為「魚子」，就是小魚的意思，也不是指魚蛋。莊子突破我們所有時空經驗，他告訴我們所生存的世界不是就這樣而已，這是一個無限的世界，拉開這個序幕，真驚人！在極遙遠的北方有一種小魚，一種吻仔魚，名字叫鯤。

鯤之大，不知其幾千里也。　只是

其長不知幾千萬里，那是另一種世界，是個巨人的王國。

請注意，第一句到這裡結束，先把空間拉出來，然後再把具體的事物放大，大到人類的經驗以外，大到我們的空間經驗之外。我們太受有限的空間經驗限制，我們為什麼小器？因為我們在狹小的空間中，然後決定我們的事物，我們從來沒有離開過自己去看一個無限的世界。我們一切都以有限空間中的有用無用來決定，總是在這有限的價值上決定，以至於損失掉多少東西，損失掉多少本來可以滋養我們的事物？所以莊子一下子拉大人的視線告訴你，這個世界不是我們所存在的這麼狹小的空間，它是無限大，大到我們無法想像。對我們而言，在我們的認知上一片如同漆黑的世界，這就是後來老子所說的「無」的世界，超過人類的認知。對人來講，在有限的經驗中，我們根本看不見它。

> 化而為鳥，

「化」字請特別注意，這不是「變」的意思，雖然古註說「化者變也」，但變與化不同，「變」沒有時間性，「化」指的是在一個長時間的演化過程中，「鯤」竟然從魚轉化成鳥。這說明世界沒有絕對的對立和隔閡、區隔，是以潛藏於水的魚，竟然會化飛為騰在天上的鳥，表示天地一體。莊子拉開這麼一個特殊的時空，讓我們走出有限時空的經驗限制，在開頭就已將他的前提很清楚地說出來，這叫做「寓言」，借題說話，「道」已藏於其中，這是莊子的表現筆法。

> 其名為鵬，鵬之背，不知其幾千里也；

牠的名字叫鵬，大鵬鳥；鵬鳥的背很大，不知道有幾千里。因為這是在一個無限的時空裡。

怒而飛，

怒不作生氣講，怒是振奮，舉起翅膀振奮的意思。奮力舉翅，而後開始飛行。這個奮是象形字，在田上面鳥舉起雙翼，這就是「學而時習之」形象性地描述。《論語》的「學而時習之」是個議論性的陳述，在這裡它是一個形象性、藝術性的展現。

其翼若垂天之雲。

翅膀大到如夏天的雲朵，這就是夏天那種大的捲雲、積雲，在臺灣尤其是經過颱風天後因水氣很多，雲朵會很大，會從天際垂掛下來，由天而掛下來，此言其大也。這樣子的雲只會在夏天、初秋才有，其他的時候則少見。

是鳥也，海運則將徙於南冥。

「是」指這，這種鳥要藉著「海運」遷徙。「海運」從海洋地理來說，最接近語意的就是冬天在俄羅斯那一帶從北極海往下流的親潮，一直穿過臺灣海峽，至少會到中國的東海岸而南；夏天則轉換成由下而上的黑潮。所以海運指藉著海潮的流動所帶起的大氣，請注意這裡沒有講到大氣，但有海潮變化的流動，就會帶起大氣的變化，就如東南季風、東北季風、西南季風等等，那麼「鵬」將憑著這股大氣流，遷移到南方極遙遠的南極海去。

有趣的是，莊子這輩子沒有離開過他的家鄉宋國，他何以知道有「海運」這件事？這是學術中的公案，代表即使他是個宅男，但心靈是開放的，生存在狹小空間中、生活經驗有限，但不代表他的心靈就狹小，他接受各方的消息，他懂得這個世界、他的心裝得下這個世界。

南冥者，天池也。

用天池回扣前面的北冥；北冥、南冥都是屬於天池，天池者言其遠也。

這第一段展現一個世界，莊子告訴我們的這世界，不是儒家所說的社會、人世所構成的世界，也不是墨子所談的眾人的世界，當然更不是楊朱或孟子所強調的人的世界。人的存在，其實是存在於一個這樣無限、而變化萬千又相互共通的世界。談自由不從這樣的觀點，不從這樣的認知去談，就沒有辦法從最根本的自由說起。換句話說，人沒有真正自由，那談任何自由都只是假相。

齊諧者，志怪者也。諧之言曰：「鵬之徙於南冥也，水擊三千里，摶扶搖而上者九萬里，去以六月息者也。」

齊諧者，志怪者也。

「齊」是國名，在齊國有一本叫《諧》的書，什麼是諧？指記載所有諧趣的書。譬如像以前美國的《讀者文摘》雜誌，臺灣也有引進出版中文版，後來將雜誌的志怪專欄集結，出版了《瀛海蒐奇》，內容是收錄全世界有趣、奇特的事。齊國的《諧》就是這樣一本書，一本有諧趣、滑稽的書，「諧」就是滑稽。這就是莊子故意否定所謂的經書，用了一本《諧》書來展現世界知識，他覺得孔子太沒有世界知識了，他就展現自己的世界知識。「志」就是「誌」，也就是「記」的意思。莊子不引經據典，就告訴你世界上有這麼一本古古怪怪、專門寫世界奇聞的書，這以說明世界的多樣性。

諧之言曰：鵬之徙於南冥也，

這本《諧》書說，大鵬鳥遷徙到南冥去。牠遷徙的方法是，

水擊三千里，

「水擊」是平飛在水面上，似乎用雙翅拍打水面，鷺鷥或大鳥在水面上飛行就是

這樣，牠在聚氣，因為身體太沈重，空氣不見得能夠將牠托起，所以牠先這樣在水面上拍打或平地上、平飛，好把氣聚集到下面，牠就像一顆氣球一樣，被氣浮起來了，這時候牠才能飛。莊子似乎具有物理學的基本認知。這麼大的鳥，憑藉海運、海潮變化中的大氣起飛，其實已經含藏大鵬鳥並不自由。從魏晉郭象開始就常常爭辯，大鵬鳥是不是一個自由的象徵？其實於莊子而言不是，大鵬鳥還沒有自由，何以故？「其有所待」，待者，賴也；他還有所依賴。換句話說，他還沒有把生存的臍帶剪掉。

摶扶搖而上者九萬里。

大鵬鳥憑藉著大氣平飛三千里，將大氣聚在其下，換言之，牠在水平面上平飛，拍擊水面，要飛到三千里那麼遠才能聚氣，等牠飛完三千里，把氣聚集下來，就開始轉小圈圈，「摶」是轉小圈圈。「摶」就像我們做陶土，把陶土捏緊、揉緊，叫做摶。「扶搖」是當時的楚語，指轉中圈圈。大鵬鳥在水面必須平飛三千里聚氣，一直拍、一直拍，就像噴射客機，先聚氣，然後繞著飛行，「摶」聚起後盤旋飛行後轉小圈圈，到中圈圈，到大圈圈，所以「摶」也引申作盤旋解。如此盤旋飛行而上九萬里。古人用三、九言其多也，也言其遠也，因為三跟九皆言多數。「三」稱眾，三之多就是眾，「一生二，二生三，三生萬物」；「九」則是指十進位到九極致，是一個變數，九數是極數；所以都是言多、言遠的意思。

飛到九萬里，就是飛得很高很高。

去以六月息者也。

「去」就是離開，「以」是憑著，「息」是大氣，也就是剛才我們所說的黑潮、親潮的變化所產生的大氣運。這句話是說，到了這個時候牠才離開飛向南冥的天池，鵬飛也就是憑著這六個月、半年所產生的大氣變化而離開，這也如同一般候鳥的遷徙一樣。

野馬也，塵埃也，生物之以息相吹也。天之蒼蒼，其正色邪？其遠而無所至極邪！其視下也，亦若是則已矣。

野馬也，塵埃也，

先猜猜看「野馬」是什麼？我們一般人很容易就以為是馬了，絕對沒這麼簡單！春天的大草原上，早晨通常會有股春氣帶著霧出來；夏天被太陽曬過的馬路上，我們會看到有股熱烘烘的氣，這樣的「氣」是氣流、氣旋。「野馬」指的是氣流、氣旋，就像原野上有一群馬飆起來跑，就會帶出一群大氣流動。這也是莊子顛覆我們經驗地敘述，他用最大的形體說明「無形而有相」的大氣。在這個世界上，哪怕是沒有形體的氣，以至於最小的物質——塵埃，再加上有生命的事物，不論哪一種都共同存在於這個由大氣所構成的世界裡。

生物之以息相吹也。

「生物」指一切有生命的事物，「之」是「卩」，「以」是憑藉著，「息」是大氣，「相吹」指相互感通。也就是萬物相互在大氣之中感應，融通地存在著，同時呈現人也存在於大氣之中。「以息相吹也」，說明所有的「存在」離不開大氣。除了時空，莊子提出了「大氣」。而一切的「存在」離得開時空嗎？同樣一切的存在離得開大氣嗎？如果離不開，「自由」怎麼談？既然大家都活在這個大氣中，在大氣中相互的感通，「吹」是相互的感通，就好像水草在水裡相互的隨波搖動，譬如你我，好像是一個完全不相連株的個體，可是我一說話，氣被你們吸進去了，那你們不也都吐出來還給了我嗎？我們不就是這麼存在於這個世界上，這個世界沒有絕對的割裂，所以後面的〈齊物論〉，莊子就講沒有絕對的割裂性。

天之蒼蒼，其正色邪？

「蒼蒼」形容天是藍色的，指這個物理性的世界中那個藍色的天空。在這個前提下，大家都看到了天是蔚藍色的！要不要思考天空的藍是自然世界真實的顏色嗎？這裡頭有兩個問題：第一個問題是，既在大氣之中，人的認知是透過大氣，人可以真的看到這個世界的真象嗎？用我們現在的哲學性語言、自然科學語言來說，人透過大氣，人的感官知覺可以獲得絕對客觀的知識嗎？第二個問題是，人既在時空中又在大氣中，限制人的自由的，人的感覺認知不是其中的重要因素之一嗎？莊子透過文學的筆調碰觸最科學性、最哲學性的問題。

其遠而無所至極邪！

「遠」指的是那個距離極遠，遠到什麼地方？遠到相同的、無限的、非常遙遠的邊界上，「無所至極」指無法達到的邊界。這句的「邪」後面原本是問號，我改為驚嘆號，請大家參考我的看法，與歷來的說法相互參照。

其實在人的感覺知覺上，只要走到相同遙遠的距離，如從地球飛出去，然後回過頭來看地球，這地球不也是藍色的嗎？莊子似乎是暗示我們，這是知覺神經的問題。人在大氣中，視覺在一定的距離下，事物多半為藍色。不過這是一個公案，他怎麼知道的？如同他怎麼知道海潮。不過大家有興趣，可以尋找一下那個時代的中國科學紀錄，不過現在資料太少了。只是莊子和老子都有些合乎中國科學的觀點論述。

而今證實莊子是對的，如太空科學證明地球是蔚藍的。莊子那時候是怎麼知道的？他沒出過家鄉竟知道大海中有海運，空氣中有大氣的變化，又知道自然的顏色是透過光的折射。光從哪裡折射？透過我們視神經的感知看到的水會是藍的、或綠的，在一定深度下。並且藍外光線、綠外光線，是各種光線中最穩定、最易被人眼所看見。其視下也亦若是，則已矣。當人上到那無所至極的高層，達到同樣高度、遠度，回過頭來看，原本所處的地方，同樣也成為藍色。那是空間的距離，在大氣的影響下、感覺知覺的侷限中的自然狀況，莊子在此提出第四重感覺知覺所受到的限制。

〈逍遙遊〉第一段講到這裡是說明，如果想要自由，首先要認清自己的存在性。而我們的存在於一個什麼樣的自然環境？我們是存在於一個無限的、流轉的、會變化的時空中，在這時空中還有大氣，而我們有限的視神經、有限的感官知覺，在這些條件中所看到的世界是有限的世界，但這個世界卻是個無限的世界。因此我們先要能了解，人要自由、要在將來能真正自主、並能掌握自己的命運，就需先從自己的認知開始，讓自己能認知這無限自然宇宙開始。這是莊子的提出，換言之，人要能自覺於自己的有限知覺，且要自覺去開展這有限知覺。

且夫水之積也不厚，則其負大舟也無力；覆杯水於坳堂之上，則芥為之舟，置杯焉則膠，水淺而舟大也。風之積也不厚；則其負大翼也無力；故九萬里，則風斯在下矣，而後乃今培風。背負青天，而莫之夭閼者，而後乃今將圖南。

且夫水之積也不厚，

「且夫」就是至於。大鵬鳥必須平飛三千里，然後再轉轉小圈子，轉大圈子，直到九萬里時才開始向南飛行，向牠的自由之境飛行。而這就像我們現實存在的世界中所看到的現象——「水之積也不厚」，水的累積要是不夠深；「也」沒有意義，就如同今天的「啊」，是虛詞；「厚」字作深解。

則其負大舟也無力；

「其」是指水，我們所說的指稱詞；「大舟」就是大船，這樣不深的水是沒有力量，浮不起大船的。

覆杯水於坳堂之上，

「覆」就是倒，在同樣的物理性上，倒一杯水於「坳堂」之上，「坳」是地板上的小凹洞，「堂」是廳堂，指大廳。這句是說，就像拿一杯水倒在廳堂中窪陷的地上。現在的房子大多沒有廳堂，原來鄉下的四合院中就有，廳堂的建材有些是磚頭，有些是泥，打實的泥地，歲月久遠後就走出洞來。

則芥為之舟，

「芥」就是小草，拿一根小草放在水上可以當作船，船就浮在上面飄。我小時候住過舊式房子，雨季不能出去玩的時候，跟姊姊玩過「芥舟」，採兩根小草做成船艦，拿一杯水倒在窪洞裡，我跟姊姊就吹起船艦展開海戰，看誰的船艦先壓到對方就贏了，沒想到這個遊戲有兩千多年了。

置杯焉則膠，水淺而舟大也。

「置」者安放也，「膠」就是不動。我們把杯子放上去，杯子則黏著住，好像不動了。為什麼呢？因為水淺而杯子太大了。

風之積也不厚，則其負大翼也無力。

「風」就是大氣，在這宇宙的物理規律下，如果大氣聚積不厚的話，絕對無法承載起大鵬鳥的重量。

故九萬里，則風斯在下矣，

所以大鵬鳥想要飛起來，想要一飛沖天，一定要達到九萬里這麼高。「風」還是指大氣，「斯」指就。為什麼特別要把這虛詞點出來？因為其有加強語氣的意思，讀古文時虛詞是絕對不可以忽略的。飛到九萬里，大氣就在大鵬鳥的下面，這是一個合乎宇宙物理現象、物理條件的。所以現在有些研究者專門探討莊子的科學思想、自然物理的力學觀，莊子在這提出的都是真正合乎物理的力學，所以他絕對不是一個空想主義者。

而後乃今培風；

這裡又有個加強語氣。「而後」就是然後，而後必須到達這樣的地步；「乃」是加強語氣，表示就在當下。如此達到這一步，就到達這一步，就在此刻的當下！換句話說，離開這一步，沒有在這個當下，就沒辦法進一步談大鵬鳥高飛的意義，因為這是一個必然的條件。「培」是憑，而後乃今才能憑著大氣飛行、遠行。然後就，

背負青天，而莫之夭閼者，

背負著青天，不能有任何力量來阻止割斷大鵬飛向自己的目的地、理想地；「莫」是不能，「夭」是阻止，「閼」是折斷。所以大鵬鳥的自由，必須到達這樣的地步，才能夠走向自由。這是莊子大鵬鳥為例，並說明走向自由的程序。

我們現代人經常高呼「我要自由」，大家回到家後可能會鞋子一丟、衣服一扔、往床上一躺、往沙發上一倒，就覺得自由了，但這是小自由，你怎麼做、怎麼踢、怎麼弄，都在那狹小的空間裡。實際上你渴望自由，但你有沒有發現，你只是希望自己不再受拘束而已，而莊子則提出人還有個無限發展可能性！如果人真要有無限發展的可能性，最重要的是，先得認識自己的特點，我的優點在哪裡，不要只看到缺點，而是要能把優點發揮出來，至於缺點自然就消失了。這也就是孔子所說的「自覺」，自我認識。

而後乃今將圖南。

「而後」指如此之後，「乃今」也就是就在此刻，「圖」是計劃。就在此刻，已沒有任何可以阻擋事件和力量了，已經飛到九萬里了，也必須到達這樣的高度才能超越一切，大鵬鳥於是在此刻再詳細計劃向南的遷移與飛行。這是享有自由的表現，就是把一切限制自由的事物取消了，一切阻擋牠發展，甚至說阻擋牠走向成功的限制消除了，此後就是走向成功之路了。

前面所說其實是一個象徵，一個取得自由的象徵，這也是一個「寓言」，莊子藉著故事去展現深層的哲學性。莊子文章的精采處就是透過形象性、文學性的描述，開展出人們想像空間，而想像是可以打破我們具體經驗侷限的方式，然後再去陳述一個人類哲學性的問題：「人自由的可能性」。

蜩與學鳩笑之曰：「我決起而飛，槍榆枋，時則不至，而控於地而已矣。奚以之九萬里而南為？」

這段開始講蜩與學鳩，莊子用一個相反的例子去陳述我們的人生中會遭遇到的狀態，來說明人生中的大理想和小確幸之間的差距。當大鵬鳥如此展現了牠追求的大理想時，享受在小確幸的蜩與學鳩做了什麼？

蜩與學鳩笑之曰：

「蜩」是小知了，就是蟬，而且還不是夏天的蟬，是秋天的蟬、小的蟬，秋天的小蟬活著的生命更短。「學鳩」是一種鳥，不確定是什麼鳥，就勉強說是斑鳩吧！我曾經住在巷子裡一幢房子的頂樓，到了春天斑鳩要求偶，就在屋簷上嗚嗚嗚地叫，牠們只生活在城市裡，這也算是一個小確幸的狀態了。蜩與學鳩就看著大鵬鳥這麼費力地飛到九萬里再計畫向南，然後笑著說了下面這段話。

蜩與學鳩看到了大鵬鳥，可能想到一個問題，其實這代表現實人生，就朝那個大鵬鳥說，

我決起而飛，

注意這個「決」字，形容詞作動詞用；「決」是很突然、很直接，突然頓一下快速直飛。麻雀一般多是跳著走，但跳著跳著就直飛出去，「決」有斷然、突然、直接之意。

槍榆枋，

「槍」是名詞作動詞用，這種「槍」有點像矛，是凸出向前刺的，學鳩突然向前凸出的飛出，直到榆樹、枋樹的樹枝上；「榆枋」指榆樹和枋樹，都不高。整句意思是，我們決定飛，突然而起，直接就飛到那榆樹和枋樹上。

時則不至，

「時」作常常解，常常還沒飛到目的地我就不飛了。這裡頭有什麼含意？就是問人生有什麼不自由。你們現在談自由談成這樣，是不是吃飽閒著！我現在的生活是滿舒服的，一週上幾堂課，下課後就到麵包店買個麵包吃，然後晚上去看場電影，人生再沒有比這樣的生活更舒服的了，何必談什麼自由，那都是吃飽閒著，餓一餓看看你還想不想。莊子說的就是這個意思，如此已經是樂活世界了，你還要什麼？貪、嗔、痴，先犯一貪字。

而控於地而已矣。

「控」指撲到在地，是「到」不是「倒」，是撲到。這句是說，然後撲到地上，「決」、「控」都代表力量的直接性。知了與斑鳩認為：「我覺得，飛不就這樣嗎？」也就是我們常說的：「人生不就這樣嗎？不就是小確幸就可以了嗎？」

奚以之九萬里而南為？

「奚」就是何必，「為」指行。就是說，何必九萬里後才來計劃向南的飛行。

知了跟斑鳩喜歡過小確幸的日子，牠們說何必像大鵬那樣呢？人生各有選擇，所以莊子在最後一句話不以為然地批評了這些小確幸。如果認為人生就只需要小確幸，你何必要費這麼大的力氣，飛到九萬里後才認為可以走向自由的天地，才可以發揮自己的才性呢？那麼莊子是針對這句「奚以之九萬里而南為？」所以下面新的一段接著說：「哎呀，只想要小確幸的人，不知道人生其實有好多種。」這是莊子省略的句子，我在此補上。這些小確幸限制了自己的人生，牠們不了解，人生其實有好多種，下面就開始說了。

適莽蒼者，三湌而反，腹猶果然；適百里者，宿春糧；適千里者，三月聚糧。之二蟲，又何知！

小知不及大知，小年不及大年。奚以知其然也？

下面開始做結論。這種在現實生命情境裡的人，他們最大的特質就是不了解，人的生命狀態至少分三類：

適莽蒼者，第一類，其人的人生如同去郊外旅行一樣。「適」是前往，「莽蒼」指草木茂盛的地方，就是郊外。三湌而反，去樹林、去郊外旅行，有的人一天就回來了。「三湌」（同餐）指的是一天，「反」返也。是一返回。在三餐的時間內就回來了，回來的時候說不定早上吃的飯還飽飽地在肚子裡。腹猶果然；「猶」指仍然，「果」是飽、充實貌。可是有一種人，他覺得這個不能滿足他，他要幹嘛呢？

適百里者，「適」是前往。不過有的人，無法只停留在這樣的、有限的時空之中，他們就像是要前往百里之外旅行。宿春糧；「宿」是隔夜，他必須帶著隔夜的糧食．以前外食的點心沒那麼多，得自己準備。我們現在的生活真的滿好的，提供了樂活的可能性，隨時都有東西吃。所以我們在今天談這個問題，就要把現代的問題都考慮在內，如此是不是就是「樂活」？「樂活」這個概念其實不是現代的原創，而是古代就有了。《論語》一開始就談樂活：「學而時習之，不亦說乎？有朋自遠方來，不亦樂乎？」沒人知道你，而讓你陷入孤獨，可是你也不喪失喜樂的生活享受，這不就是一個高度獨立自主的君子了嗎？所以《論語》就是教人們怎麼樂活，樂活最早的理論前提就在《論語》這部書裡。

適千里者，不過有的人，即使做中長距離的外宿旅行了，他還是不能滿足，他想要環遊世界，甚至上太空，那就需要更多的準備了。三月聚糧。「三」是多之意，「聚糧」就是準備旅行資糧，這句話指要做長時間準備。到這裡更能發現，莊子絕對都不是空想主義者。

之二蟲，又何知！「蟲」是小東西，「之」是此也。這兩個小東西在牠們有限的生命經驗中，怎麼能了解到這樣一個無限宇宙中無限事物的可能和種類？小知不及大知，小年不及大年。我們可以看到一個具體的生命世界，面對這個世界在認識上有小的認識和大的認識。小的認識所能及的部分，沒有大的認識那樣的廣大和無限，這是因為生命經驗在時間上的不足，所以小年沒辦法如同大年般長時間的生命經驗，用以累積對這個世界認識的廣大和可能。奚以知其然也？「奚」是如何，「以」是能夠，「其然」是那個原因。如何能知道那個原因啊？

朝菌不知晦朔，蟪蛄不知春秋，此小年也。楚之南有冥靈者，以五百歲為春，五百歲為秋，上古有大椿者，以八千歲為春，八千歲為秋。此大年也。而彭祖乃今以久特聞，眾人匹之，不亦悲乎？

何以知道是如此呢？有人註說：在實際的生活裡，我們放眼四望，看到蟲子不會懂人生。「朝菌」在古註上經常說是「朝秀」，這是一種蟲名，朝生暮死的蟲。為什麼那麼強調是蟲？因為註者認為第一段的比喻有「知」，是知見的意思，蟲才可能有知見，菌只是一種植物不可能有。不過基本上我不做這想法，我的解讀是保留「朝菌」，因為後面有「大椿」，但不是強調知見、強調大年，而是強調壽命，因為古文上常常兩兩相對為文，所以我仍解為「朝菌」。

朝菌不知晦朔，　這種朝菌也同樣是朝生暮死，「朝」是早晨的，「不知」是無法理解、不知道。也就是說，清晨在露水中、從草叢中長出來的菌，到了太陽日正當中時就枯死了。從前有許多地方有黑松林，清晨下過雨，一早就可以去採從松葉枝底下冒出來的松菌。這要在太陽還沒把露水曬乾前去採，待等到曬乾後，松菌就枯了，生命很短暫。松菌非常好吃，後來日本天牛黑線蟲傳來臺灣，侵襲了所有的黑松林，黑松林就此在臺灣絕跡（據說現在又有人種了）。故而從現實經驗，我以「朝菌」的解釋為佳。如就生命經驗而言，「朝菌」生長在清晨，到中午死亡，像這樣子的生命不可能了解「晦朔」。「晦朔」指一個月。「晦」是月底，指月亮消失的那天；「朔」又稱溯，是初一；十五是「望」，因為大家抬起頭來都能看到那輪圓月，所以稱為「望」；「既望」是十六，過了十五，這些是時間名詞。這句是說，一個早晨成長的生命，到了中午就消失，生命如此短暫，如何去理解這個月中在世界上可能發生的事情。

蟪蛄不知春秋，　「蟪蛄」就是秋蟬，秋蟬跟夏蟬不同，牠只有在秋天存活，生命比夏蟬還要短，只有三個禮拜，個子很小、色黃的，會發出嘰拎、嘰拎、嘰拎的聲音。牠生命短暫到絕對無法理解「春秋」一年的事。中國人使用「春秋」作為四季的代表，為什麼？因為春天萬物生長，秋天萬物收成，是以就以「春秋」作一年解，意謂牠絕對不能理解一年的事情。

此小年也。

像這樣活得短的，我們就可以稱為小年，就是短命。其實朝菌不知晦朔，也是放在小年之中，因為知的見解，基本上受生命經驗長短的影響。

楚之南有冥靈者，

在楚國的南邊有種大烏龜，古代一尺二吋長的烏龜叫「冥靈」。「冥」是指這隻烏龜長壽而給予的名稱；「靈」是指牠具有靈性，所以用牠的殼來卜卦或求神，三千六百年前的商朝就是用這種大烏龜的龜殼來卜卦。

以五百歲為春，五百歲為秋，

「春」是生命的開始，「秋」作生命的收成期，「春秋」作一年解。牠活五百歲是生命的開始，之後再活五百歲達到生命的高峰，一共是一千年，而這一千年只是牠的一年。

上古有大椿者，以八千歲為春，八千歲為秋。此大年也。

同樣，上古有大椿樹，活到八千歲才是生命的開始，再活八千歲是這種樹生命的成長期。這類生命周期的生物，我們就稱為「大年」，意謂活得長。

而彭祖乃今以久特聞，

「而」是至於。「彭祖」是傳說中非常長壽的人，有人說孔子《論語》中「竊比我與老彭」就是指彭祖，但是沒有更多的資料證實。就人而言，彭祖一路活到八百歲，這是回到人的本身來說。「乃今」指於今之意，這是有特別含義的，特別強調就整個的大自然來講有哪些狀況，然後回到人類來講，我們人類也有活得很長的，就以當代的彭祖而言。因為活得長而特別的，「特」有兩個含意，一是「獨」，就此一人，不過這個「獨」跟「特」意思一樣，我作特別有名解；「聞」是著名，就是著名於世，也就是今天所說的特別有知名度。

眾人匹之， 一般人在日常生活中都喜歡比長、比短，「匹」是比較。「眾人」有兩個含意，一是大多數的人；二是一般人。請注意一般人的意思，若好比長、比短就是一般人。而喜歡比較，覺得你比較好，我比較不好，他怎麼樣，我怎麼樣，這是世俗之見。那非世俗之見是什麼呢？不去做比較，尊重每一個人的特色，因為一切的存在都是獨一無二的，無可取代的，都是特別的。但是我們一般人呢？在沒被提醒之前，我們習慣於用比較的方式去認識這個世界，人認知這個世界是從比較中出來的。可是比較到某一個程度，已然成為我們看事情的習慣，這就成了知見的障礙，也就成為自由的障礙，這屬於人認知上的限制和問題。**不亦悲乎！** 這不是很悲哀嗎？如果我們始終去跟特殊人物做比較的話！

莊子在這裡急轉直下說，我們普通人如果把彭祖當作一個典範，去匹配、比較，想要做彭祖或羨慕彭祖的長壽，那麼生命將會變得非常悲哀。一般人總覺得自己不足，總從負面去否定自己的人生。莊子提出這個問題，但他沒有給答案，因為他要你自己去思考，去想一想。同樣也暗示出，怎麼樣的人生會是一個悲劇呢？

大小之別

第二章好像重新開始講另一件事，這也就是莊子充分體現傳統中國的邏輯性，他的邏輯性是一種內在的生命邏輯。西方的邏輯只是單純的思維邏輯，思維邏輯是一種思維規律。一般來說就是一種思想法則，這是人對外在客觀事物，建立起來的理性認知法則，基本上是一個外在認知的思考程序。外在認知思考的程序是有一定的規則性的，例如「1+1=2」、「2+2=4」，如此才能計算出這個世界有多大，所以西方邏輯最先發展出來不是推論、就是數學，以便計算出外在世界有多大。這又稱為形式邏輯，或稱為一種外在邏輯吧！這個外在是指「外在於人」。

可是傳統的學術不盡相同，我們可以擴大來說，東方的學術是以人為主。今天我們雖然強調說臺灣原住民是南島語系，可是臺灣的南島語系基本上也是在大約五、六千年前，趁海平面很低的結冰期時遷移過來的，因此他們似乎從古老陸塊也帶來了一種共通性，大家知道臺灣各族原住民的族名本意嗎？臺灣所有原住民的族名含意，幾乎都是「人」，這就是從這塊古老大地上生長出的共通性。甚至南島語系即使遷徙到了印加、美洲，他們族名的本意都還是「人」。跟世界上其他的原住民族名如「我是老鷹」、「我是北極熊」、「我是狼」等等，相當不一樣，這是非常有趣的。

如此以「人」為中心所提出來的思維法則，或者說思考法則，就是以生命法則為基礎，或以心靈法則為邏輯，以情感法則為輔助。而生命法則、心靈法則、情感法則都是內在邏輯，跟外在邏輯是不同的。那麼內在邏輯的聯繫是什麼？從特質而言，似乎聯繫，似乎不聯繫，我們以生理法則為例，就人的身體來看，頭跟手功能完全不同，手跟腳功能完全不同，然而你說他們完全不一樣？這就是一種以人所展現的生命邏輯、內在邏輯來說，手與腳雖不同，又相連，共同達成身體生命的活動，這是「藕斷絲連性」，看起來無關卻又有關。就像這一章好像是另外跳出來，與前面都無關，其實有關，是莊子另開一個天地，因為生命的本身是多重的、多元的、多階段的，跟「物」是單一的有所不同。

湯之問棘也是已。窮髮之北，有冥海者，天池也。有魚焉，其廣數千里，未有知其脩者，其名為鯤。

湯之問棘也是已。

「棘」（ㄐㄧˊ）是商湯的賢臣，不過他原來是夏王朝的臣子，商湯滅了夏桀之後，進入首都第一件事，就是尋找夏朝最賢達的人——棘，然後向他請教「治國之道」。這不僅是展現一個人的德性、知見。更重要的是，呈現一個領導者對現實世界的認知。在歷代朝代更替的時候，基本上都強調這類的故事。例如周武王、周公滅了商紂後，進入首都的第一件事是參拜商朝聖賢的墓，然後請商朝的賢達之士開座談會討論國事，問怎麼治理。何以故？因為在三千多年前，面對極其複雜的種族、極其複雜的文化、極其複雜的社會，而後成為一個天下一統的國家，不是軍事征服就可以做得到的。

棘就告訴湯，這個不難，你既然知道這有著高度文化的發展及複雜的族群心理等等，那麼「任之而行」吧，「行」可以作發展解，你就任由他們現在的生活方式發展吧。「物各有極，任之條暢而已」，你在行政的權力上，甚至於在軍事上保護它、支持它，在政治上透過制度，使它進一步發展。「條暢」作抽條發展解，是使所有人有了更順暢地發展，也就是順著自我真實生命的規律發展，不要干涉，不要阻斷。

莊子用這麼一句話，表現這個典故。這件事的答案記載在列禦寇的《列子》中，大家可以自己去看。莊子之所以會這麼做，是想要大家擴大自己的見聞，而閱讀是最好的方式之一。我們會慢慢看到，莊子的文章有很多這樣的小巧思。

窮髮之北，有冥海者，天池也。

「窮」是無，「髮」是毛，「窮髮」不是指光頭，是指小草。這是個連小草都長不出來的北方，就是前面所說的北冥。有一個極其遼闊，以至於無法了解的天地。

有魚焉，其廣數千里，

「廣」就是大，魚大到數千里，以至於超過人的認知。我們在《莊子》中常常看到「未知其有多大」，「未知其」就是人類認知的侷限。莊子就是不斷提醒，人類經驗是認知這個世界的方式，在某一個階段中幾乎是唯一的憑藉，但作為一個人，要能夠意識到，也就是反省到，這個世界有超越人的經驗和認知的部分。如此，我們才能夠擺脫實用價值的侷限。所有的實用價值，第一個憑藉是來自於我們的經驗認知；第二個是為了求存，為了活下去；第三個是為了保障我們活著。然而這個世界有許多我們未知、無可預知的部分，至少命運就是，但我們不是就此惶惶然而不能活，而是要確定我們所認知的部分。這還是回到《論語》「知之為知之，不知為不知！」我們很確定哪些是我們知道的，以及所可知道的，然後確定那個部分可能在我們認知之外，或者根本不可能認知的，那麼這才是一般很確定的認知，是以到了老子就說：「道可道，非常道；名可名，非常名」、「無，名天地之始；有，名萬物之母」。

所以在這個情況下，

未有知其脩者，其名為鯤。

前面有說過「鯤」是小魚。我們沒辦法了解這個吻仔魚到底有多大。在我們世界中的小魚，其實是就我們認知中的小而言，可是在這樣一個廣闊無垠的世界裡，焉知有一種小魚相對於我們而言，牠是一個無可言說的巨無霸。所以，在人的現實世界中，我們所認知的範圍裡「小知不及大知，小年不及大年」，我們不能把自我的認知當作是絕對真理，以及絕對論斷的依據，所以「物各有極，任之條暢而已。」

有鳥焉，其名為鵬，背若泰山，翼若垂天之雲，摶扶搖羊角而上者九萬里，絕雲氣，負青天，然後圖南，且適南冥也。斥鴳笑之曰：「彼且奚適也？我騰躍而上，不過數仞，而下翱翔蓬蒿之間，此亦飛之至也！而彼且奚適也？」此小大之辨也。

有鳥焉，其名為鵬，背若泰山，翼若垂天之雲， 有一種鳥，名字叫鵬，牠的背像泰山那樣高大，翅膀有如垂掛在天邊的大捲雲。 摶扶搖羊角而上者九萬里， 「摶」我們之前說過的兩手搓揉，引申為轉小圈圈；「扶搖」是楚國的方言，是形容大圈圈。所以我們也可以說，莊子是方言文學的開創者，他在文章中使用很多方言。莊子在這裡又用了大的彎角羊的大彎羊角來形容大鵬鳥盤旋而上的態勢，「羊角」就是避免文字重複而造成文學上的呆滯性，所以加一點變化。絕雲氣， 牠飛到這麼高，如同斬斷了天上跟地下的雲氣。 負青天， 揹起了青天。 然後圖南， 然後才詳細地計畫往南發展。 且適南冥也。 「且」是「乃」，「適」作遷往解，乃遷往到南冥去了。

斥鴳笑之曰：彼且奚適也？ 「斥」作小解，「適」是前往。「斥鴳」小鴳鶉就嘲笑說：「唉呀！他要前往到哪裡去啊？」 我騰躍而上，不過數仞而下， 七尺為一仞，「數仞」就是幾丈高。我飛跳上去，也不過數丈高。 翱翔蓬蒿之間，此亦飛之至也。 「翱翔」是盤旋飛翔，「蓬蒿」是野草。小鴳鶉說：「他只跳飛數丈高，然後盤旋飛翔，對我來說，這就是生命的極致，是我最大的喜悅、最大的快樂，也是我最大的自由了。」 而彼且奚適也？ 然而，大鵬鳥要飛到哪裡去啊？牠的腦袋灌水了嗎？牠在想什麼呀？莊子認為， 此小大之辯也。 這就顯出小知見與大知見的差距了。

實際上莊子用小鳥點出實用價值，在實用價值的現實生命中，其實也有一種喜樂，只是這樣的喜樂，藉著佛家的講法，樂一陣子又苦了，而後苦中樂，再樂一樂又苦了，這真叫苦中作樂呀！佛家說這種樂實際是一種虛幻。莊子說，這是在現實世界、在實用價值底下的一種喜樂而已。而莊子要展現的乃是人的一種可能有的精神，以及人的心靈可以擺脫現實的實用價值。不是否定實用價值，而是擺脫實用價值的侷限，獲得人真正生命的高度。

莊子所教就是要人有大知見，他用兩個章節展現大知見的重要性。第一章展現在宇宙的真實、宇宙的無限性，由此人不當只縮小在自己有限的生存經驗範圍裡？人當將自我才性開展。當人們真有大知見的時候，人就有更大的可能了！

人的境界

到這裡莊子開始做結論，前面的鋪陳到「物各有極」，到不再「匹之」。而後莊子在結論裡就以比較具體的生活行為表現來作說明。

故夫知效一官，行比一鄉，德合一君，而徵一國者，其自視也亦若此矣。而宋榮子猶然笑之。且舉世而譽之而不加勸，舉世而非之而不加沮，定乎內外之分，辯乎榮辱之竟，斯已矣。

故夫知效一官，「故」是所以，「夫」就是那些，「知」指智、聰明才智，「效」是效用、功效、成效，「官」就是職務。這就是有人能運用他的才智、才能在職務上，展現出很好的成果。例如我做校長，立刻就展現出身為校長的工作能力；若我做總經理，立刻就展現我勝任總經理的才能，把這間公司經營得很好。

行比一鄉，

「行」指行為、行止，所謂出處進退的行為，什麼時候該走出來向前，什麼時候該後退，什麼時候該靜靜地不動，包括不作聲。請留意「比」字，原是靠近的意思，原本是象形字，我們引伸作合乎解。「鄉」是地方行政單位，也是地理單位、區域單位，我們引申說團體。意謂他的行為合乎一鄉人的同意、認同，大家都覺得：「哎呀！這是個好人，真能幹！」

德合一君，而徵一國者，

「德」指內心、品行、性情、個性、內心情感，「合」作肯定解，合乎國君的要求。不只如此，他的行為能力還能被全國人民確定、同意。「徵」是證驗的意思，在此引伸作確定、同意之意。

　　但什麼是「而」？前面第一個用字是「知」，第二個用字是「行」，第三個用字是「德」，所以這裡的「而」絕對不是一個虛詞，一定有實質性、有明確指向的，或者說也是一種行為吧！因為前面全部都是行為。那這個「而」會是什麼行為呢？「而」字是象形文，是這樣的「」，用的是接近本義的意思。老子跟莊子在著作中常常會用本義字，只是我們讀的時候有時會忽略、會誤解。「而」這個象形字，本義指大鬍鬚，其實就是多毛人；古人覺得體毛多的人，就像熊一樣，其力氣是大的，所以多毛人引申作「能」講，能的古字就是「熊」，指有大力氣的人，所以「而」可以引申作「能」。「而徵一國者」是說，他的能力也可以得到全國人民的肯定、認同。

其自視也亦若此矣。

「自視」指自我認定。他自我認定，認定什麼？認定就是這麼棒，因此而驕傲，自以為是。請注意「若此」二字，這詞迅速就把他前面所有的成就破壞了，因莊子用「若此」兩字表達這種自我滿足的心理狀態，也就是志得意滿的心理狀態。為什麼有志得意滿不好？為什麼我們不能享受我們的志得意滿？難道我們非要謙虛不可嗎？謙虛有什麼好？注意！這不是好壞的問題，但卻又是好壞的問題。好壞的問題是因為他有這些特色，然後才滋生出我們說的這樣比較好，那樣比較不好。他自視如此、志得意滿，他就自我限制了，如同斥鴳、小知了一樣。他會以自我為準則，批判別人、或不斷去比較。

而宋榮子猶然笑之。

「宋榮子」就是宋榮先生，也是《孟子》書中的「宋牼」，同樣是《管子》、《莊子．天下篇》，還有《莊子》雜篇、外篇中說的「宋鈃」，也有人做「鏗」。宋榮與同時期的「伊文」合成一派，這是個大學派，名望超過莊子，甚至於超過老子，是道家的先驅，也就是先行者。為什麼他有那麼多名字？原因是不同地區的人發的音不同，直接記錄音聲就有不同的狀況，就像山東人叫「牼」，河南人叫「鈃」。「而」作「但」解，「宋榮子」的「子」是先生的意思，對他的尊稱。「猶」就是乃，加強語氣。對這種人，宋榮子忍不住要去嘲笑他，「笑」就是嘲笑。用一個「猶」字，就點出宋榮子的境界了，不過他高過前面莊子所述之人，前面的人也就是指儒家，一般的儒家。那麼對「其自視」也如此，宋榮子一看到就想嘲笑他，那麼宋榮子的狀況是什麼呢？

且舉世而譽之而不加勸，「且」就是乃、乃是，也是加強語氣；乃是什麼程度，全世界、全天下都讚美他。「而」是乃，「而譽之」是加強語氣，宋榮子竟然到這個程度。他不會因為旁人的讚美、即使全世界的人都肯定他，他不會為這世界多做一分努力。「勸」就是勤奮，引申作努力解。

舉世而非之而不加沮，「非」有的作「誹」字講。就是說全世界都批判他、否定他、毀謗他，他也不會沮喪。**定乎內外之分，**他非常清楚、明確地劃分出自我和外在世界的區別，「內」指自我，「外」指外在世界，「分」有的人作ㄈㄣˋ解，這時就作區域講，內外不同的領域；他非常清楚地將自我和外在世界區隔開。

辯乎榮辱之竟，然後，他非常清楚地分辨真正的榮辱，「辯」作區別、分辨講。他能區別什麼是真正的榮耀，什麼是真正的屈辱，一切的榮耀在自我的肯定，這裡是講自我的肯定，這個意義很重大！只有自我內在生命有了發展、有了自覺，才是自我真正生命和享有生命的開始。而外在的生存和一般生活，不是自我真正生命的開始，因為外在會有太多事情是要靠別人形成的實用價值，或社會要怎樣做才得以活下去。「竟」境也，作狀態解。真正榮辱的狀態是怎樣的呢？藉孟子的一句話解釋，康有為根據孟子的話改寫為「天爵自尊人自貴」。這是說人類天生就有尊嚴，都有自己的高貴性，這個世界沒有尊卑的區別。在尊嚴上，孟子進一步說：「趙孟貴之，趙孟賤之。」趙孟是當時趙國的權臣，大權在握。他提拔你、把榮耀給你，大家就覺得很榮耀，當他不要你、拔除你、否定你，你就被他否定了，變得沒有尊嚴。孟子說：「見大人則藐之。」見到這種有地位之人，如果沒有辦法相互平等，就學會看不起他、不在意他。莊子當然不覺得這樣好，不過能藉著這段來了解宋牼與他所處的時代，他與孟子差不多時期，由此可認識那個時代的人對尊嚴的想法。

斯已矣。

「斯」是就，「已」是止。這句說，就此為止，就這樣。「矣」是嘆詞，就是這樣啊！整段表示，這裡已經有一種讚美了，就是這樣啊！所以宋榮子超越前面所說的一般儒者。

彼其於世，未數數然也。雖然，猶有未樹也。

彼其於世，未數數然也。

「彼」和「其」都是指宋榮子，皆是指稱詞。「數」唸ㄕㄨㄛˋ，是很多、屢次的意思，「未數數然」就是不多。莊子說：「哎呀！這種人在世界上，到達這樣的境界，在今天的世界實不多見。」下一句是莊子的評論。

雖然，猶有未樹也。

「雖然」是即使如此，這是古人的用法，是承接詞，不是現代人作轉接詞用，而在這裡是承接上面的話。就是說，即使如此，在這個現實世界上，這樣的人已經是很少很少了，這應該是一種成就吧！

猶有未樹也。

「猶」指「但」，「樹」就是立、建立。但在我所談到的那個自由上，仍還沒有真正的建樹，即使到了這一步，有了充分的自我，但在自由上、在逍遙遊的前提上，還是沒有真正的建立，有所得了。從今天的價值觀角度來看，宋榮子略同今天西方的個人主義，但這在莊子，還不是逍遙。

夫列子御風而行，泠然善也，旬有五日而後反。彼於致福者，未數數然也；此雖免乎行，猶有所待者也。若夫乘天地之正，而御六氣之辯，以遊無窮者，彼且惡乎待哉？故曰：至人無己，神人無功，聖人無名。

夫列子御風而行，

「夫」是至於，至於還有一種人如列子，也就是前述的這些人之上還有一種人的層次，就是「列子御風而行」。列子是春秋晚期的鄭國人，道家初創的人物之一，後世的人傳說他成了仙人。為什麼？因為列子至少是不受現實拘束，甚至是不被生死拘束者，他似乎不受地球引力的影響，能駕著風飛行出去。大家可能會想，唉！這個怎麼可能，莊子又在亂講了！我們或者可以說，這是莊子的象徵比喻。近代一些學者把莊子當作是空想家，或者是不切實際者，但是我們這樣一路讀來，可以看到他所說之理不離開人的真實生活狀態。他並不是個空想家，他在文學的筆調中，在說理的程序上，一切進行都合乎邏輯性，只是到這裡則拉開了想像的帷幕，進入人們通常被日常生活經驗限制住的認知下，莊子藉著文學、藝術以感情形象引動人們的情感與想像，讓人進入不受侷限的世界。在那世界裡，人們能突破原有的經驗限制，生命時空一下子開闊起來。這對人來說，是一種生活的歇息，可以讓人們在日常生命的狀態裡喘一口氣，人的生命重擔其實是來自日常生活中各種經驗及心理情緒的焦慮。

列子駕著風飛出去，如果用今天的生活經驗來說，如同駕著飛機去旅行，當然那時沒有飛機。人們都用兩條腿走路，生活中的時空有限；而後文明發展，有了羊、有了牛、有了馬，時空變化多了，待大家騎腳踏車代步，時間空間更快速了；再來騎摩托車、開汽車，人的自由感更不同了。很多朋友勸我一定要學開車，他們說自己開車的時候，才會發現自由感陡然地擴大，這會帶給自己不能想像的感覺，人原來可以這麼自由。幾乎所有勸我學開車者，最後會落在這相同的結論上。

泠然善也， 「泠」ㄌㄧㄥˊ，就是水流，妙也，引伸作靈巧，也可作輕逸解。列子好像駕馭著大氣行走，就像水流得流暢而清妙、美好，「善」就是美好。

旬有五日而後反。 一旬是十天，「有」是又的意思，表示只是列子在飛到一旬又五日後要回到地面上來。換言之，列子已經很自由了，一個月大概只有半個月的時間待在現實人生之中，他讓自己過得非常靈巧清妙，瀟灑而不受限制。至於他怎麼過得靈巧、不受限制，在現實世界裡又是怎樣的情況？《列仙傳》中有描述，不過只是作參考，列子實際上是半個隱士，可以不靠現實生活，譬如他可以做草藥，可以自耕自種自給，因此沒有現實的壓力，但這只能維持十五天，然後必須回到現實中來。如同我們到雲南元陽哈尼族區旅行，可看見哈尼族群居高山，開墾梯田，自給自足，但有時還得拿農作物趕集，做些交易以維持生活的需要。如此的生活相對於我們來說，活得非常輕逸。

彼於致福者，

「彼」就是指列子，注意「福」字，指完備，生命的完備。列子其實達到一種高的境界，列子一飛出去，十五天後才需回來，在現實人生裡，能夠達到這樣一種生命境界，未數數然也；

同樣也太少、太少了！

此雖免乎行，猶有所待者也。

「猶」指還，「待」指依賴，這雖然免於用兩條腿行走（落於現實中），不過仍有「所待」，但對現實還是有所依賴。還會受種種的世俗價值與物質的拘束。這些拘束是指什麼呢？或就是世俗中的名、利、權力、地位、知名度等等所形成的生存實用的價值。換句話說，列子還是在某種社會條件下御風而行，使自己有十五天的自由。而什麼是真正的自由？什麼是逍遙遊？下面莊子繼續講，我說的真正的自由、真正的逍遙遊是這樣的。

若夫乘天地之正，

「若夫」就是至於；至於到達什麼程度？真正的逍遙遊是怎樣的狀態？「乘天地之正」，傳統的說法「乘」是隨順，「正」是規律，什麼規律？就是隨順天地的規律。郭象註說：「正者性也，天性也。」隨順天性以至於萬物的天性，後來的人根據這個天性進而再講規律，意思是，隨順著個人萬物的天性，進而隨著天地，就是自然的規律，而這規律具體指什麼？也就是人的物質身體。基督教曾說：人的身體是我們走向信仰上帝的限制。」古希臘哲學家柏拉圖（Plato）也說：「人的身體是靈魂的囚牢，只有死亡，才能夠讓靈魂從身體中解放，獲得自由。」老子則說：「我們能不能換一個觀念，先讓人的心與身合一，不要再身心分離？」什麼是身心分離？就像人一忙起來即使肚子餓了也不吃，等到不餓了才吃，該睡覺的時候不睡，需要活動的時候就沒有力氣了只想睡。我們常常違背身體的需要，讓已經極其疲累的身體繼續承受負擔。我們能不能身心合一？莊子的「乘天地之正」也就是一種身心合一，「天地之正」的「正」，就是指人的身體，這是上天給的人依此身體而活，而有生命。為什麼「天地之正」可以解釋為「身體」？這就是傳統學術中特有的文字基本建構。什麼是「正」？根據《說文解字》：「正者，是也」，「是」則是「从日、正」，「是」跟「正」古字可以相通用。

「正」字是从止从一，止是趾的意思，就是人的大腳趾。「止」就是「趾」的本字，後來「止」作為停止之意，因此加一個足字旁，這叫做轉注字——字的本意轉了，加一旁注，說明本文。「趾」之所以引申為「止」，表示人的腳走到某處，無可向前，最前的就是人腳的大姆指，換言之，人走到哪裡，腳趾頭也在哪裡，不走了，也就是人們停止的地方，因此引申為停止的止。「止」就是在這裡停下無可跨越，而什麼地方是讓人跨越不過去的？就是天，天是不可動搖的準則。就所有個體的生命而言，什麼是無可跨越的？就是天，但天卻落實在人的身體上，人的身體是來自天然、是天生的，是以「正」是止字之上有一畫，金文是一圓圈「●」，這都代表天。所以「正」，表示「天地之正」，而天地之正乃表示，作為人之無可跨越者，而人「無可跨越者」是什麼？不就是人自己的身體嗎？人沒有了身體就無可自覺、無可逍遙了！天地間，我們只要轉念別再讓身體成為我們精神的的綑綁，讓身體也因精神的開張而自由，不受生存欲望的限制，如此身心合一，我們即可將身體調整為能乘載人精神的車輛，如同今日的太空火箭，將人射入太空。

而御六氣之辯，「御」古人說同「乘」，就是「駕馭」。當人身心合一，這是透過生命的覺醒、生命的覺知、生命的覺察，當人有了深切的再認識後，就能主動掌握身體去因應宇宙中一切的變化，也就是人能自然地隨順「六氣」的變化；「辯」指變化，「六氣」則是陰、陽、寒、暑、冷、燠。陰陽是從宇宙的創生來談，「陽」是開張、創生，「陰」是完成、凝聚。人之所以有身體，是因為來自宇宙中的某些氣質凝聚而成，而後就有了你我，就有了一切存在的東西；陰陽二氣同時也代表白天、夜晚。然後「寒、暑」，接著是「冷」或者說涼快，此外就是「燠」代表悶熱。用這六氣來形容宇宙中無常的變化。例如二〇二〇年突然爆發的新冠病毒，把全世界原有的生活方式都擾亂了，然後人類怎麼因應，這些變化是無可預測的，但當人們冷靜之後，人們大概才會有新的智力，主動加以因應與處理。

以遊無窮者，人有因應無常的能力與智力，就能遊歷在無限的宇宙、世界之中。「無窮」就是無限的世界，也就是無終無始之境；進入到無終無始之境，然後到達不生不死之域，或無生無死之域。

彼且惡乎待哉！「彼」那樣，「且」是將。那樣，到了這時候，人將還要去依賴什麼？換言之，也就是什麼都不再依賴了。當人的心智健全了，身心合一了，人的觀念隨時調整不再執著，這樣人的身體也就能適當調整，去面對變化無常的世界，如此我們就能進入到一個無限而自由的狀態之中，如此也就會參與世界的創造了。人到這個地步，人還需要依賴什麼呢？莊子提出了這樣一個理想的境界！

何謂「無終無始之境」？何謂「不生不死之域」？「無終無始之境」指宇宙無可知的、連綿不斷的永恆性；而不生不死之域是指人的身體即使死了，其精神氣質還原進入宇宙的大氣之中，繼續隨順無限永恆的宇宙流轉，以至無所謂生死了。我特別在這裡請大家讀古書時稍微注意，在看到註時要想想古人在講解什麼？不要死記！要知道經典離不開思想的探索，而中國經典還帶有某些高度總括性、理想性、象徵性的含意，這是理性和感性同時的進展。莊子保留許多想像，其常用想像的事例來說理，那是帶有感性認知的發展性，要知道人若只有理性會偏執，當然人若只有感性會散漫。莊子的「逍遙」其實是理性與感性的同時運轉。

「無窮」是無限、是大道，簡單的說，即是無終無始之境、不生不滅之域。其實就是無所分別的意思，人順著宇宙的一切發展，就自在不分辨、無分別之中了。佛學上似乎也說不起心動念、無分別，只是莊子的不起心動念，不分別就是逍遙嗎？如果是，在前面何以還有小大之別？只是這小大之辨與我們日常的比較、分別又不同，這指的是智慧、見識之辨，與佛學上也略有不同。

接著莊子下結論，怎麼做到的？人怎麼可能做到這境界？莊子其實提出了一個方法論——即「切問近思的方法論」。「切問」指當下從自己問起，從自己的反省開始；「近思」指而後從自己最切身的經驗思考和理解反者。這是因人不可擺脫的是自己的身體，一切當從這個身體開始認識與反省，而身體之所以能存在，就因為是統合的而不是分裂的，五臟六腑雖然各司其職；是以任何生命的起點，都是從具體的身體存在開始，不從這裡認識開始，許多認識則會是假相，藉著佛家的話來說，都是夢幻泡影。真實的自由是從最真實具體的自我認知開始，所以接著莊子說：

故曰：至人無己，神人無功，聖人無名。

這段先從明代焦竑的《莊子翼》來談，《莊子翼》是一本很值得讀的書，有非常好的註解，「翼」就是翅膀。

焦竑注：「至人知道，內冥諸心；而滅絕無界，故曰無名。神人盡道，成遂萬物；而妙用深藏，故曰無功。聖人忘道，神化蕩蕩；而了不可測，故曰無名。」

至人無己，　焦竑說至人已經知道「道」了，在他的內在，一切「道」都化為自己內在的認知。換句話說，人、我與「道」合而為一了，不再有內外的差距，故曰「無己」。

神人無功，　神人呢？是把「道」淋漓盡致地表現出來了，以致於自身生命的展現，與萬物的展現，也合而為一了。在這裡沒有一點痕跡，沒有任何差別，一切之生命之發用，全部深藏在內，自然的表現，故曰「無功」。

聖人無名。　聖人已經達到根本沒有「道」，到達最完美的融合了。所有的生命，就在這樣一個奇妙無可言之的表現與演化之中，了不可測，故曰「無名」。

我們說過人至少有三種性，第一性是動物性，第二性是人性，第三性是神性。我們展現人性第一步，就是將來自動物性的私己消除，所有事物不再以自我為中心，「自我」就是一種私己，為了達成生存，人很容易與外界事物比較、爭保障，當人們把這樣的自我中心消除，讓自我開放，就能提升到「人性」這個階段。展現人性的第二步是，我們如何走在自由的特徵上？則要放掉總以現實的功利計算，當人從此釋放後就能走向自我實現——這是創造，成為「神人」，神人是實現自我、創造自我。第三步就成為一個通達的人，成為一個真正通達、內外和諧的人。這好像從一樓到二樓又到三樓一樣，我們就要從動物性、生物性釋放出來，而後成為神人、聖人，這就走向自由、逍遙，享有逍遙的逍遙人了！

不過莊子並不是要消除本能、欲望和原始盲目衝動，佛家的出世就是消除這些盲目的生之衝動，因為這是貪、嗔、痴的根源，一切苦難的開始。莊子似有這點意思，但不是要全部消除，如果全部消除，就沒有「乘天地之正，以御於無窮」了。我們看莊子其他的篇章，會清楚地看到他所說的本能、欲望、原始盲目的衝動；這些衝動、欲望、本能帶出了人的不安、焦慮與恐懼。如果能夠免除這種本能無意識中的恐懼，或者有意識的，或者生命經驗中的恐懼，人自私的背後是恐懼，能如此就是「無己」。「神人無功」的「神」，指的是人可以展現的最大可能性，沒有什麼特殊的神祕性，「神」字重在生命的建設性跟可能性，我們能放棄、超脫社會的生存實用價值，而後將自己真實的展現，人會看到自己有出其不意的能耐，然後獲得出其不意的某一種「體得」，展現生命中本身具有的某一種可能性，這就叫做「神」。不再受人世間的功利、動物的生存的功利所制約，就是神人。此外，心智通達不再滯礙於一般觀念或特殊觀念之中，這就是聖人；「聖人者，通達之謂也」，也就是一個通達的、不固執的、不堅持己見的人。能如此接受自己並面對世界，清楚世界的狀態，就能遊於「無窮」了，就獲得自由，而且走向無限自由了——這就是逍遙遊了！屬於自我生命的大覺醒。

前面的理論到這裡結束，莊子文章的特點，理論在前，例子在後。所謂的例子，就是以生命經驗來做例子，然後更擴大他的某些想法，或者他斷章取義的；請注意！我用「斷章取義」不是罵他，而是指他挑出一段歷史，改造成他要呈現的意義，莊子透過這種改造，展現他所說的生命義理的特殊性。

破除虛名

堯讓天下於許由，曰：「日月出矣，而爝火不息，其於光也，不亦難乎！時雨降矣，而猶浸灌，其於澤也，不亦勞乎！夫子立而天下治，而我猶尸之，吾自視缺然！請致天下。」

堯讓天下於許由，堯是傳統歷史中不得了的大聖人，歷史上堯讓位於舜，這是儒家透過孔子的考證，可以確定的史實，不過莊子拿這段歷史添加新的故事，但並非是歷史事實，卻去強化這過程中所含藏的某個觀念的問題。莊子說，堯在讓位給舜之前，其實曾經想讓位給許由；換句話說，許由比舜高明。許由其實是莊子虛擬的人物，莊子虛擬出很多人跟事件，可是千萬不要說他是個造謠者，他只是藉著「虛擬」打破人們許多不可質疑的絕對真理概念。

堯讓位許由怎麼說呢？堯說：

> 日月出矣，而爝火不息，其於光也，不亦難乎！

「爝」就是燈，「爝火」是小燈火，他用個比喻：太陽出來了！月亮出來了！我們還不把那小燈火熄掉。這在光的亮度上，是不是太為難小燈火了呢？是不是讓小燈火顯得太不夠看了？

> 時雨降矣，而猶浸灌，其於澤也，不亦勞乎！

「時雨」就是雨季的時候。「而」指但是，「猶」是仍然，「浸」就是小水。也就是雨季時那些農夫、菜農仍然抱著甕，挑著水桶去澆灌菜園子。這對那些小水來講，不也是太為難它們了嗎？太過勞動了呀？接下來是這個比喻的重點。

> 夫子立而天下治，而我猶尸之，

「夫子」就是先生，指許由。先生一站出來，天下就會自然大治，在這個時候，而我仍然主持著政事。「尸」不是「屍」，指主持，「尸」原是作祭祀的神主講，這指活著的人，而且是被祭者，意謂有人在祭祀時可代表被主祭的神或先祖。這是傳統中國或說是古老中國非常特殊的地方，後人、活人是祖先的繼承者，可代替祖先受祭；人可與天神通，可代替天神受祭。而這也就是一切以「人」為真理、宇宙中心的一種表現與見證。「尸」古字的寫法是：「𡰣」是象形字。

是以古事死如事生，侍奉死者如侍奉生者一樣，因此自遠古以來就有厚葬之風。厚葬不是等待死者復活，不像埃及是等待死者復活，中國古代認為生與死是一件事，死亡是另一種活著的形式，是以如果只生而沒有死，就不是一個完整的生命，有了死亡才使得人的生命完整。因而，如此這個人到另外一個地方生活，作為子女的，就把他生前所有喜歡的東西都準備好，好讓他到死去的地方好好生活。這是傳統中國的生死觀，是全世界所特有的。

接下來這句話中有個重點直接沒有表達，但用了行動去表現。

吾自視缺然，請致天下。

這顯現堯非常看重這王位，但他不是貪戀權利，而是認為為政是天下最重要的事。「吾自視」是說我自認為，「缺然」指有虧欠，有不足，很慚愧，「請」是敬詞，「致」就是轉致、給。就是說，請讓我把王位轉讓給您，您一站出來，天下就會大治了！在這前提下，如果我仍然主持著政治，哎呀！這會讓我感到非常慚愧，所以請您允許我把天下交到您手上，好不好啊？其實在這句話裡，我們也可以看到堯的慎重與誠懇。可是許由怎麼回答他？

許由曰：「子治天下，天下既已治也。而我猶代子，吾將為名乎？名者，實之賓也，吾將為賓乎？鷦鷯巢於深林，不過一枝；偃鼠飲河，不過滿腹。歸休乎君！予無所用天下為。庖人雖不治庖，尸祝不越樽俎而代之矣。」

子治天下，

請注意這句話裡所含藏的意思。「子」就是您，在西周的時候，爵位分為公侯伯子男，再加天子。「子」是爵位之名後衍生為美稱，對人的美稱、尊稱。所以稱呼對方為子，就是先生之意（當時對女士也可用），也就是我們今天講的「您」。

天下既已治也。

天下既然已治理好。請注意，這是重要的前提，「既」字有加強語氣的意思，天下既然已經都被您治理好了。如果您沒治好，您來說：「哎呀！我弄不好，無論如何請幫幫忙！」那也就算了，如果您都做好了，然後再跑來說：「麻煩您幫幫忙！」這真正的意思是什麼呢？

而我猶代子，

在這個時候、這種狀態下，我竟然接受你的轉讓，出來代替你治理天下，說得過去嗎？站在人情事理上，適當嗎？雖然你很慎重，但不是因為慎重就能接受啊，你總得有個說法吧？我如果接受，目的是什麼？這個禪讓的目的是什麼？他把「禪讓」挑出來作為一個名，一個重要的名詞，一個最好的觀念，是那個時代中最高、最有價值的觀念，最神聖、最崇高的觀念。這也是一個最被儒家所推崇的最崇高的行為，並為社會最肯定的行為、德行，但莊子對這個崇高的理念提出反省，也就是提出質疑。

大家請千萬不要認為莊子反對禪讓，莊子的重點在質疑。質疑跟懷疑不同，懷疑是我已經不相信了，質疑就是問為什麼，你為什麼有這個結論？這個觀念怎麼形成的？你何以要堅持這個觀念與想法？其實這是非常哲學性的，西方哲學最重要的就是教人問為什麼，所以西方哲學簡單地說，就是打破沙鍋問到底之學，重要就在會問為什麼？

吾將為名乎？

我接受你禪讓天下的作為，只是為了禪讓之名嗎？在座有沒有人會想說：那有什麼好質疑的？這樣崇高偉大的事務，你怎麼可以質疑，怎麼可以懷疑。莊子就是要引蛇出洞，讓我們看看自己有沒有執著在一個不可動搖的制式概念上，然後教我們問為什麼？為什麼那是絕對不可質疑的價值，所形成的一個牢不可破的真理觀念呢？當然，我們可以在反思後重新再加以肯定。這個重新思考之後的重新肯定，跟前面沒有思考，或者沒有想通就堅持不移的認定是不同的，這是非常哲學的，也是非常科學性的，跟西方的哲學與科學精神是相一致的，這是人類共通，可以有的大智慧、大思考。

許由就說，我接受難道只是為了成就禪讓之名的完成嗎？那麼我告訴你，

名者，實之賓也，

這也說明了原始儒家，也就是孔子時的春秋時代，跟莊子的戰國中期時觀念的演進，名與實的問題到了莊子時已有了相當的差距。孔子時是說「必也正名乎！」每一件事情，每一個名，你都要說得清清楚楚，為什麼？「名者實也」，「名」是代表事實、實體、最真實的部分，沒有哪個部分沒有名可言，孔子時代對名實的看法，名實是一致的。可是到了莊子時，「名」只是一個事實的名號，名實不再是一致的。世界事物分成了名與實兩個部分，我是真實的主體，「名」只是主體的代號，「賓」就是相對於主體的代號，「主」或說是主人，「賓」乃指賓客，引申為主體的代號，天下萬物所有的名不過都是天下萬物的代號，天下萬物對整個自然是真實的，是宇宙中之主體。這「真實」是英文的 truth，代表最最真實的事實。這才是宇宙中的主體，我的真實

生命才是主體呀！禪讓只是個名號呀！所以即使我來完成禪讓，禪讓這個名，不過就是人類生命中相對真實的一個代號而已。若從這角度，莊子認為什麼是「禪讓」，不能只從名號入手，如同我們問民主的實質是什麼？民主不過是人類真實生命的一個代號而已。什麼是民主的真實和實質？要怎麼做才能真正的呈現？不約只是說名號而已。許由說：「難道我接受您禪讓的天下，完成了這禪讓之名，完成這人類最崇高的名號，就可用以證明人類可以獲得幸福嗎？而我生命的主體，難道只是為了證明一個代號而已嗎？」注意，上句話的意義很豐富。

> 鷦鷯巢於深林，不過一枝；偃鼠飲河，不過滿腹。

鷦鷯（紡織鳥）即使在樹林裡做了很多巢，但當母鷦鷯選擇公鳥培育後代時，牠也只能住在一個巢裡孵蛋；如同偃鼠——就是金錢鼠、鼷鼠，閩南話叫做錢鼠，牠很小——這麼小的偃鼠，即使到了河邊，擁有了整條黃河，當牠喝水，哪怕每天不斷地喝，頂多也只能裝滿牠的小小的肚子而已。牠們所能得的，還是極其有限。那麼什麼是真實的生命呢？

> 歸休乎君！

就是「君，歸休乎！」這是一個倒文，古文的倒文是有強調之意，兩邊都強調，這指「回去吧！先生」或者「先生，我看你就回去吧！」

> 予無所用天下為，

也可以說「予於天下無所用為」。我對人類社會來說是無所用為的，「無」就是沒有，沒有想要去發揮作用，而有所作為的。換句話說，我不想投身進社會，不想在社會上有所作為。

這如同：

> 庖人雖不治庖，尸祝不越樽俎而代之矣。

「庖人」是廚師，「尸」是神主、被祭者，古代稱為祭主。「祝」是行禮之司儀，「樽」是酒杯，也就是指所有祭祀時的瓶瓶罐罐各種器皿，如碟子、盤子、碗、盛酒器、裝菜的各種用具，古人說的鼎、盉、簠簋、爵等祭器。「俎」指割肉的砧板。這句話是說，對於人類社會，我並不想有所作為，這好像古時的廚師無法完成烹飪切菜殺豬宰羊等工作，並還要烹調出菜餚以作祭品時，祭主與司儀需不需要爬過桌子上的鍋碗瓢盆、酒杯碗筷，然後下桌脫了禮服跑去殺豬宰羊、做菜，弄完之後再整理一下，重新穿上禮服坐上神主之位，再來祭祀呢？莊子問要不要這樣？不必要吧！莊子認為生命是各分其職，各盡自己這一份就好了，不必跨越到個體生命之外，一切以生命中最真實自我的那個部分來展現，這才是真正的活著。這是莊子提出破除人的「無名」的最好事例。

或許大家會說這太自私了，那社會怎麼辨？這想法是儒家的想法。而莊子給了我們一個空間，讓大家想想看，你要怎麼生活？你的個性若如此，那你就去做。不過莊子問，人要不要想想，自己的生命是為什麼而活？什麼是最真實的活法？能活出自己，作為一個不受固有觀念侷限的人，是讓自己自由的重要因素。不反思人不知不覺間，就被困守在許多既定的觀念底下，就如我們追求完美，但完美卻變成看不見的、無形無象的牢籠，然後把人們困住。社會是個整體，缺一塊就讓它去吧！人們以盡完自己的本分為主。所以莊子可以說是傳統社會中的「個人主義者」，或說也是全世界最早的個人主義者。他在兩千四百多年前，提出人的生命價值在於尋找最真實的自我生命主體性，如此我們才能成為自己的主人，也才能真正成為自己、自我實現，走向自我創造，莊子在孔子自我覺醒、建立自我主體的基礎上擴大了「我」的可能性，更深刻地闡明什麼是真實的自我。

這段事例到這裡結束，這是為「聖人無名」而說的故事，莊子打破了堯禪讓的絕對性，打破了為社會服務是人生最高的價值觀。下面進入第二個故事，莊子要說明「神人無功」，人在自我創造中，可以到達什麼樣的高度。

走自己的路

肩吾問於連叔曰：「吾聞言於接輿，大而無當，往而不返。吾驚怖其言，猶河漢而無極也。大有逕庭，不近人情焉。」連叔曰：「其言謂何哉？」

肩吾、連叔是人名，也是莊子虛擬的人物，和許由一樣。不過莊子必須設計暗示許由的才能德性是高過舜，才能將這個問題提出來，然後讓大家思考。後來漢代的《高士傳》記載的人物都是隱士，也就是說莊子營造出一種典範，讓中國社會有了不同的人生價值、生命價值，即使是隱士也可以是生命最高的代表。所以，不只堯舜是生命的代表，隱士、主動出任的聖人，也同樣是生命最高的代表，一切回歸到生命的本身與可能性上。

在《高士傳》延續了「堯禪讓與許由」這個故事，許由聽了堯說要讓位給他後，他非常生氣，就一路狂奔到潁水之邊洗耳朵。正好巢父牽著青牛到水邊喝水，就在許由的下游。巢父問他：「你為什麼要這樣洗耳朵，怎麼了？」許由說：「啊！我真是被氣死了，你看看那個堯，無聊得跑來跟我說，要將天下交給我，我真是被氣死了，我覺得他污染了我的耳朵，趕快來洗乾淨。」巢父說：「一個真正的隱士，是隱到無人知之地，你故意住在鄰近的山上，都有人能來拜訪你了，還敢稱自己是隱士，你真是個假惺惺的偽君子，我的牛絕對不喝被你污染過的水。」然後巢父就牽著牛到深山裡去了。

這個故事的概念實際上是受《史記》的影響，因為司馬遷寫老子的時候，說不知道老子到底是誰？真隱士也！是一個真正的隱士。我們可以看到這個思想的轉折，展現在人物的多元性上，此後中國不認為一個人的功名利祿是生命唯一的成就。

吾聞言於接輿，這句是說，肩吾從接輿那裡聽了這樣的話。接輿也是虛擬人物，實則是有其人而不知其名，是以一群人的姿態現身的。孔子到楚國訪問時，有一群人接近孔子的車，他們勸告孔子：「這世界那麼混濁、那麼不堪，是非不明，你不要再到處教書、宣揚道理了，沒有用，由它去吧。你既然是個智者，就應該知道這個世界現在沒有希望了。」莊子就用「接輿」來虛擬作為一個人物的代表。

肩吾聽接輿說了一番理論後覺得，**大而無當，**實在是太大了，那個理論太大了；「當」置也，作安置講。這理論大到我們的現實人生裡沒地方安置。**往而不返。**那個理想吹得太大太高，大到往而不返。**吾驚怖其言，猶河漢而無極也，**「河漢」是星雲，「極」是邊界。聽了他的話，我嚇壞了！竟然會有一個人說出這樣的話來，覺得他簡直就像太空的星雲一樣沒有邊界。

大有逕庭，不近人情焉。

「大」是指很大的差別；「有」是助詞不譯，強調其大；「逕」就是院外的、門外的，或者說是庭外的小路或小徑；「庭」是堂前之地。這就好像廳堂跟外面的小路一樣，天差地別，完全不符合我們現實的人生。

連叔曰：「其言謂何哉？」

連叔就問：他到底說了什麼？把你嚇成這樣！

曰：「藐姑射之山，有神人居焉，肌膚若冰雪，淖約若處子，不食五穀，吸風飲露。乘雲氣，御飛龍，而遊乎四海之外。其神凝，使物不疵癘而年穀熟。吾以是狂而不信也。」

藐姑射之山，

「射」唸ㄧㄝˋ。藐姑射之山是真實存在的，在今天山西的太行山脈之中，可是莊子形容成如同傳說中的仙山。在這座山裡，

有神人居焉，

住了一群神人。很多人說中國神仙家的起源，就是從這裡開始，這樣說也是對，不過這裡的神人不是指神仙，是超脫一切凡世的人，指前面「神人無功」的神人。

肌膚若冰雪，淖約若處子，

他們的皮膚、肌肉，透明潔白得像雪一樣。「淖」同綽，「淖約」兩個字都指瘦，不過「淖」還有高挺之意，就是修長挺立，不帶煙火氣，不惹塵埃一般。他們修長挺立，好像一個「處子」。「處子」很多人都解釋作處女，其實所謂的處子，基本上是形容十三、四歲，頂多到十五、六歲的孩子，正是青少年抽長的時

期；而這年紀的男孩女孩都算。「處」就是靜，還沒有欲望的時候，我們看小五、小六，國一、國二的孩子正在抽長，他們的心理、性格上充滿了天真，所以「處子」就是指這樣的狀態。

不食五穀，吸風飲露。

什麼原因呢？因為他們已經不需要人世間的各種五穀雜糧了，所以會如冰雪一般，高挑又沒有贅肉。他們的飲食只要吸口氣，喝喝露水。

乘雲氣，御飛龍，

出外行走總是搭乘雲氣，駕馭飛龍，請注意，這是形容自由自在，不受世俗的牽絆。他們到達這個境界後，

而遊乎四海之外。

不受現實世界的牽絆。請注意，莊子最重要就是不受現實世界的牽絆。「而」是「乃」，「四海之外」指世界之外，也就是不受人生現實的拘束，而能遊歷到宇宙之中。這也是呈現逍遙之境。

其神凝，

當這些神人的精神凝聚起來，將他們的理想表現出來，

使物不疵癘而年穀熟。

「物」是萬物，「疵」是小毛病，「癘」通癩，指嚴重的疾病。在我小時候，一聽到得癩病（痲瘋病），就會引起極大恐慌，古代這些患者要被放逐到城市之外，因為這種病具有極高的傳染性，而且無藥可醫。病患會漸漸看到自己的手腳爛掉，鼻子爛掉，甚至掉下來，所以西方基督教《聖經》裡說得了癩病就是神的詛咒與懲罰。這句就是說，當神人精神凝聚，將理想表現給整個社會，也就是當他表現出、提出了針對生命、人類的理想，人們照著去實行，萬物就不再生病了，天下萬物也就不再有災難了。「年穀熟」指不再有饑荒，「熟」是豐收。

吾以是狂而不信也。

「狂」通誑、謊話。我因此不信，我覺得他是說了謊話。

連叔曰：「然，瞽者無以與乎文章之觀，聾者無以與乎鐘鼓之聲。豈唯形骸有聾盲哉？夫知亦有之。是其言也，猶時女也。之人也，之德也，將旁礴萬物，以為一世蘄乎亂，孰弊弊焉以天下為事！之人也，物莫之傷，大浸稽天而不溺，大旱、金石流、土山焦而不熱。是其塵垢粃糠，將猶陶鑄堯、舜者也，孰肯以物為事！宋人資章甫而適諸越，越人斷髮文身，無所用之。堯治天下之民，平海內之政，往見四子藐姑射之山，汾水之陽，窅然喪其天下焉。」

然，瞽者無以與乎文章之觀，聾者無以與乎鐘鼓之聲。

「然」指是啊！「瞽」是長白內障，白眼球被蒙住的瞎子。連叔說：哎呀！是啊！一個瞎子是無法參與、無法理解享有這世界美麗景色，而一個聾子也是聽不到、享有美麗的音樂。

豈惟形骸有聾盲哉？夫知亦有之。

「惟」是只有，「形骸」就是形體，「知」就是心智。難道只有人的形體有聾盲嗎？其實人的心智也有啊！

是其言也，猶時女也。

「是」指這個，「其」指你，「時」指當時的你。從你剛才那番言論，就可以知道你還是當年的你啊！換句話說，你沒有進步，過了這些時間你還是沒有進步。

之人也，之德也，

「之」是此，此人也，此德也。「之德」指的是神凝，什麼是神凝之德？請大家想想。但要怎麼理解神凝，好像很抽象、空泛，其實答案就在文章中。

將旁礴萬物，

「旁礴」就是混同、充滿。這個人的精神，這個人所展現的德性。古文中——特別是先秦

——凡言德，一定是精神和行為同時展現。德者，得也，心得之謂也；心得者，得道於心，而現之於行，表現在行為上。古字凡从「彳」的，一定是「行」的簡寫；凡从「行」的，就是指大道。大道中直心而為，就是心得、體得。這個人所展現的，他的精神表現、對生命的體得，就在於他已經跟天地萬物合一了。換句話說，他已經呈現了宇宙，以至於生命的秩序，這就是宇宙、世界的大和諧與大完整，其中不再有任何的分裂。

> 以為一世蘄乎亂，

「以為」是作為，「蘄」是祈求，當人們祈求和平時。這裡「亂」是用其本意，作治字解，引申作和平解，《說文解字》說「亂，治絲也」，「治」是原本「亂」字的本意，後世再引申為混亂的意思。這是說「亂」原來是指紡織機的絲線，人們將絲調理出來，故作治絲、理絲解，而後人們用為紊亂解。

> 孰弊弊焉以天下為事？

「孰」指誰，「弊弊」是筋疲力盡，「為天下事」就是做社會上的工作。這是說，在亂世可以為人類帶來和平的人，他們一定會提出一個人類共同的理想，而後世之人循這理想開創出新文明，為人類尋找到新的和平。包括近代美國的華盛頓（George Washington）、富蘭克林（Benjamin Franklin）提出的立國理想，此外英國的《大憲章》（*The Great Charter*），還有中國的孫中山等等都是人類的創造者。所以莊子說，這種具有創造的、高度理想的人，是這個世界祈求和平的憑藉。有誰需要只是為雞毛蒜皮的現實瑣事，做得筋疲力盡呢？「以天下為事」就是指投身於人類社會、以服務人類社會為唯一的工作、唯一的職志。這裡是莊子說推進人類社會的和平與幸福，需要人類共同理想的提出。

之人也，「之」指此，像這樣的人，他的精神性、理想性達到這個高度了。物莫之傷，現實世界的事物，傷不了他。我們看看多少人升到了某個官位，就覺得生命好有意義、自己好有價值，開心極了！有的人下臺了，或者因為不知道未來位置在哪裡而形容憔悴、情緒焦慮，這就是被現實世界所傷。而神人不為自己，不為某種團體去爭取利益，所以就不會在利益跟利益、利害跟利害之間相互傾軋而受到傷害，這樣現實功利世界就沒有東西能傷害到他。莊子再繼續用連叔發聲：

可是這樣的人，這樣的精神，有著這樣理想的人，有對這種生命體得的人，外在世界的事物傷不了他。

大浸，稽天而不溺，這就好像淹大水的時候，甚至淹到了天上都淹不死他。「稽」是至，「浸」是水，「大浸」指大水浸灌。這又是用一個象徵，裡面包含了他已經完全不再標榜自己，自己與這個世界之間，似乎已不存在界限。雖淹大水，大水都淹到天上，也淹不死他。

大旱、金石流、土山焦而不熱。在最乾旱的年代，金石礦物都變成了液體；「流」是液體。熱到這個程度，土都焦掉了，他也不覺得熱。在民國初年，袁世凱接受美國顧問的建議：「中國人不可能有民主，你就做皇帝吧。」於是他改制為皇帝，但沒多久就被推翻了。當袁世凱佔領一切的時候，孫中山說：「我還是有很多事情要做，一個國家需要多方建設。這條路不通，還有別條路可走。我們來規劃整個國家的交通、鐵路、港口吧！」這就是淹不死、熱不死的表現，說明了孫中山先生精神性的開展，因此他看見人類的各種可能性，向人類提出各種走向和平之地通道。

是其塵垢粃糠，將猶陶鑄堯、舜者也。

像這樣的人，人類能呈現在宇宙中，生命發展的各種美好的可能，即使他身上搓出來的塵垢、或是如米糠一樣的皮殼——這是指他的一點思想、念頭——都可以陶鑄出一個個的堯啊、舜啊！人類今天許多地區標舉著人權、自由的理念，不也就是西方歷史上許多哲學家的理念，如洛克（John Locke）的自由論或盧梭（Jean-Jacques Rousseau）、孟德斯鳩（Montesquieu）的理念，所謂印度之父尼赫魯（Pandit Jawaharlal Nehru）不就是執行印度聖人甘地（Mohandas Karamchand Gandhi）的理念嗎？

孰肯以物為事？

「孰肯」在這個前提裡，引申作誰需要，「孰」是誰，「肯」是需要。誰需要一天到晚只以現實世界的事情與價值，作為唯一的生命價值？所以當人們從現實功利的問題和功利價值裡解脫出來，就能達到神人的地位。神人是指「自我的創造者」，「神」具有不可預測的發展與創造的意思。莊子在這開出了一條生命道路，當我們不受制在社會現實功利價值中，不委曲自己的天賦，我們就可以成為一個意想不到的自我實現者、自我創造者。這就是神人。

我們來看第三段「至人無己」。

宋人資章甫而適諸越，

「資」就是買。春秋戰國時代的宋國人很會做買賣，因為宋國人是商朝人之後，周滅了商然後封為宋。我們今天講商人，就是本於商朝之人，商朝時就已經開發出貿易活動了，何以知道？商朝的玉器精美極了，但其中大部分的玉都是和闐玉，代表當時已經與新疆有來往了；商朝用很多貝殼，貝殼來自南海，代表商朝已與南海相通了。所以就有文獻說，當商紂王被滅，西周就讓這些商人繼續從事貿易本業，負責社會中以通有無的工作，所以我們到今天還稱呼貿易者為商人。宋國保留商朝的文化，並有文化的自主性，仍戴高禮帽，穿大禮服。而這句話就是說，當時有個宋國人，經過了越國，越國地處海濱，因此越國人是討海為生的，他們剃光了頭髮，裸身刺青，以便在海中游泳。但宋國人心想這是做生意的好機會，越人沒有禮服、禮帽，於是他買了「章甫」——禮帽、禮服——前往「諸越」。「諸越」就是現在浙江以南一直到廣東，包括福建，這一帶都是屬於諸越之地。宋國人想，我到越國賣禮服、禮帽給那些沒衣服穿的，一定大發利市。為什麼？

> 越人斷髮文身，無所用之。

因為宋國人所看到的越人「斷髮文身」，「斷髮」就是剃髮，越人為便於水中游泳是以剃髮，並且「文身」，臉上、身上刺上了魚鱗、龍紋，化為了魚龍的樣貌，認為在水裡才不會被魚龍吃掉。可是宋人到了越國，卻沒人買他的衣服。這一段就是說明「有己」的結果，「有己」而不能「無己」，就會停留在自我盲目的堅持與固執底下，換言之，自以為是就會有這種差錯，因為固執己見就看不見客觀的事實，而陷在自己盲點裡，如果人都只是依自己的主觀來判斷事物，這就是「有己」。所謂的「己」，多指私己，是封閉的個人，宋人只根據自己的經驗就認定越人需要穿大禮服、戴大禮帽，認為這將是無限商機。結果大失敗，這失敗就在於他困在「有己」之中。

> 堯治天下之民，平海內之政，往見四子藐姑射之山，汾水之陽，

堯治理天下的人民，同時也把海內治理得和平、公平、有條理，於是他自覺有些成就感，他完成了為政的工作，做出了最

好的成績。於是就到藐姑射之山看看那四位神人，聽聽他們的意見，神人住在汾水的北邊。窅然喪其天下焉。「窅然」就是悵然自視。堯上山看到神人悠悠然地自在生活後，突然意識到自己有太多的牽掛，尤其看到他們生命的展現、合乎宇宙秩序的追求、整個大自然秩序的維持，並深切探討什麼才是人類生命真正的生存之道？堯突然發覺自己所守的天下，只是一個很窄小的範圍，所以悵然自視自己治天下所獲得的價值和肯定。

這一段總結當人們能消除了現實功利的觀點，就能看到有利人類生命、生活、生存的真正創造性的道路。換言之，莊子說明有利於人類生命、生活、生存之道的道路，不是只有政治一途而已，而這才是「逍遙遊」的生命大目的呀！

改變視角

後面兩段更總結莊子講〈逍遙遊〉的終極目的。他告訴人們，現實世界上一切都要有用以求生存，然而有時候，無用乃大用也。並進一步告訴人們，所謂的自由，就是自我心胸的開展，生命覺性的提升。

惠子謂莊子曰：「魏王貽我大瓠之種，我樹之成，而實五石，以盛水漿，堅不能自舉也。剖之以為瓢，則瓠落無所容，非不呺然大也，吾為其無用而掊之。」

惠子就是惠施，名家的代表，甚至可以說是名家的創立者。名家就是中國式的邏輯學，惠施是開創者。惠施是莊子最好的朋友，可是兩個人在學說上的主張完全不同，莊子基本上是談整體，如果從哲學觀來講，也就是從事物的整體性、從大宇宙的宏觀視野來看世界、看人。莊子許許多多的言論其實是針對惠施而說，惠施似乎激發了莊子深層的思考。

這段講的魏王就是梁惠王，為何魏王又叫梁惠王？「魏」是當時梁惠王國家的名稱，而他之所以稱為「梁」，是因魏國跟秦國打仗，秦打敗魏，佔領了西部土地。於是魏王逃到河南開封——大梁，改稱自己為梁惠王。梁惠王敗給秦國後，他意識到該重用讀書人，於是就請了有名的惠施去做宰相。

魏王貽我大瓠之種，

惠子對莊子說，魏王贈送我「大瓠之種」，「貽」就是贈送，魏王送惠施一種大葫蘆的種子。

我樹之成，

「樹」是種，作動詞用。我把它種下去，讓它長成了。

而實五石，

「而」是同時。同時結實好大，每一個葫蘆就有五石重。

以盛水漿，

「盛」就是裝載。這是古人把葫蘆曬乾，當作水瓶裝水或裝酒漿。我們看民間流傳濟公身上掛個酒葫蘆喝酒，皮膚搓一搓就變成一個藥丸子，這故事的雛型或許就是來自於〈逍遙遊〉。

其堅不能自舉也。

「其」指葫蘆，「堅」是重。這五石重的大葫蘆再裝酒、裝水，簡直太重了，重到一個人抬不起來。

於是惠施再說：

剖之以為瓢，則瓠落無所容。

「剖」是剖成兩半，古時的水瓢就是將葫

蘆剖成兩半來舀水。現在因為瓜太大裝酒漿更抬不動，惠施就把它剖成兩半作水瓢。「瓠落」是狀聲詞，是在形容拿著大水瓢去井裡或水缸裡盛水，刮到水缸的聲音。「無所容」是說根本擺不下它，瓜瓢太大，放不進水缸、水井中。

非不呺然大也，不能說這個瓜不大；「呺」就是號，言其大。

吾為其無用而掊之。瓜是很大，但是我我認為它大到毫無用處，於是就「掊之」，把它打碎丟棄。換句話說，惠施主張在現實社會裡，人一定要有所作為、有所用，不然就成廢物，必須被淘汰。莊子聽了就回答他說：

莊子曰：「夫子固拙於用大矣。宋人有善為不龜手之藥者，世世以洴澼絖為事。客聞之，請買其方百金。聚族而謀曰：『我世世為洴澼絖，不過數金；今一朝而鬻技百金，請與之。』客得之，以說吳王。越有難，吳王使之將。冬，與越人水戰，大敗越人，裂地而封之。能不龜手一也，或以封，或不免於洴澼絖，則所用之異也。今子有五石之瓠，何不慮以為大樽而浮乎江湖，而憂其瓠落無所容？則夫子猶有蓬之心也夫！」

夫子固拙於用大矣。「夫子」是尊稱，就是先生，「固」是確實。莊子說：「哎呀先生啊，你確實很笨拙，而不善於用大東西呀！當你有了大東西，竟然不知道該怎麼使用它，你的心還斤斤計較在現實功利的小事情上呀！這就好像我下面要說的這個故事啊！」

> 宋人有善為不龜手之藥者，世世以洴澼絖為事。

宋國有一個家族善於製作「不龜手之藥」。「龜」字念ㄐㄩㄣ，也可以作「皸」，就是皮膚裂開，有些人在冬天皮膚會裂開，或是一直用冷水洗滌，導致皮膚裂開來，使皮膚裂成魚鱗一樣，如此便不能工作。而宋國這個家族則有祕方可製作預防手部龜裂的藥，所以他們能夠代代以「洴澼絖」為事。「洴澼」是狀聲之詞，形容聲音霹哩叭啦，表示在水中洗紗，「絖」可以寫成「纊」，指白絲。換句話說，這家族因為有預防手裂的藥，一年四季都可以去溪邊霹哩叭啦地在溪水中漂紗，就是把紗、蠶絲漂白，以此成為家族事業。我們知道西施就是出身在這種家庭的浣紗女。

> 客聞之，請買其方百金。

有一個外來人旅行到宋國，聽說這件事，腦筋一動，拿一百金買他們的藥方。魏晉南北朝前講百金就是百斤金子，因為那時候黃金很多，沒有耗損；魏晉南北朝開始用「兩」計，因為佛教傳入中國，大家拚命在寺廟裡、佛像上貼金子，以至於黃金耗損太多就以「兩」計。

> 聚族而謀曰：我世世為洴澼絖，不過數金，

於是這些人開家族會議，討論要不要賣祕方，他們說：我們代代經營漂洗白紗的事業，賺到今天也不過數金。

> 今一朝而鬻技百金，請與之！

「鬻」是賣。今天我們一旦賣了護手藥的祕方，就有百金，超過我們幾百年的收入，請准許我們賣了吧，大家分一分，每個人都可以得好幾金呢！於是就決定賣了！

> 客得之，以說吳王。

外來人拿到藥方，就拿去建議吳王夫差將此藥作為國家戰略物資，由國家來製作。

> 越有難，

「難」是舉難，就是戰爭。正好越國舉難，越王勾踐發動了戰爭攻打

吳國。吳王使之將。吳王就派這旅人去領軍作戰。這個旅人是誰？就是那個外來客，他就是歷史上的吳起，吳王任命吳起為將。冬，與越人水戰，大敗越人，有了護手祕藥後，吳起就能在冬天和越國打水戰，並大敗越人。裂地而封之。於是吳起就被封為貴族，因為他戰功太高，吳王劃一塊土地封給他，封他為吳國的諸侯。

莊子接下去說了，能不龜手一也，護手祕藥的功效是一樣的。或以封，或不免於洴澼絖，有的人因此被封王，可是有的人卻一輩子在家鄉漂紗。則所用之異也。這區別在於完全取決於你的觀念、你的想法、你的認知，以及你的一念之間。今子有五石之瓠，何不慮以為大樽，而浮乎江湖？先生，今天您有一個這麼大的瓠瓜，您居然不會用，居然還想把它打碎？您只天天憂心它有用沒用，為什麼不把它栓在您的腰上？「慮」是攄，同紓，就是繫綁的意思。您為什麼不把瓠瓜綁在腰上做泳圈，然後可以去大江、大湖裡游泳，在江湖上好好地逍遙一番，也不怕會沉下去啊！莊子此說，其實完全展示人的見識問題，一切事物的有用沒用，就看人怎麼想、怎麼用。因此換個角度想，大葫蘆瓜就可以綁在身上當作泳圈去好好地玩一玩、逍遙一番，這不也是生命的真諦嗎？人的生活真不能太狹窄，也不能過分實用，這樣雖達成了生存，但生活是扁平的，生命更不可能開展起來。莊子繼續說，憂其瓠落無所容？他說惠施只會擔心這大瓜太大了，在這個現實的世界裡放不下它。莊子也就是在問為什麼你只看到現實世界的生存需要，看不到一個整體無限的宇宙啊？則夫子猶有蓬之心也夫。「蓬」是小草、小野草。那麼先生啊，你的心識、心覺還是只如一株小草那麼大啊！

無用亦為大用

惠子謂莊曰子：「吾有大樹，人謂之樗，其大本擁腫而不中繩墨，其小枝卷曲而不中規矩，立之塗，匠者不顧。今子之言，大而無用，眾所同去也。」

吾有大樹，人謂之樗，

惠子聽完莊子的話後，很不以為然，他接下來反駁。我告訴你，我有一顆大樹，人們都稱它為樗（ㄕㄨ）。

其大本擁腫而不中繩墨，

「大本」就是主幹。樹的主幹「擁腫」，很鬆軟多汁，換句話說，扭扭巴巴的，不是直而堅實的。「不中繩墨」指因為不合尺度，沒有辦法度量，不能裁成木材。古人的繩墨不是我們現在用的尺，古人是拿「墨斗」，裡面有一條細線沾著墨汁，往物品上一打，就會有一條直線，這就是墨繩。墨繩講尺度，代表正直，聽說古時的木匠專治鬼，因為鬼怕墨繩，為什麼？其實這是「邪不勝正」的意思，墨繩代表宇宙不可動搖的秩序與規律，這是「正」。

其小枝卷曲而不中規矩，

「其小枝」樹的小枝幹彎彎扭扭，既不能合乎圓規量出來的角度，又不能合乎於「矩」——三角板——所量的尺度。意思就是說，這棵樹不是可以用的木頭。

立之塗，匠者不顧。

「塗」是途之意。樹就立在路上，木匠連看都不看。這形容一棵樹長得那麼大，可是跟現實世界毫無關聯，因無可用。

今子之言，大而無用，今天你的話就像這顆大樹一樣，講得如此高遠，但在現實世界毫無用處。眾所同去也。「同」是同時間。因為你所說得話太沒用，大家都同時離開你了。

莊子曰：「子獨不見狸狌乎？卑身而伏，以候敖者，東西跳梁，不辟高下，中於機辟，死於罔罟。今夫犛牛，其大若垂天之雲。此能為大矣，而不能執鼠。今子有大樹，患其無用，何不樹之於無何有之鄉，廣莫之野，彷徨乎無為其側，逍遙乎寢臥其下？不夭斤斧，物無害者，無所可用，安所困苦哉！」

子獨不見狸狌乎？莊子接著再回答他，這是你看到的，我也告訴你我的想法。在野外，你難道沒見到「狸狌」野貓和黃鼠狼嗎？「獨」是特別，助詞。卑身而伏，牠們常常會，趴低身子，身體柔軟到趴在地上完全隱藏起來。以候敖者；「以」是用，「待」是等待，「敖」是遨、遊也，就是出來遊走的小動物。東西跳梁，「梁」就是踉、躍，是楚語，東西跳躍的意思。「跳梁」就是跳躍。不辟高下；「辟」就是避。樹牠們能爬上去，屋頂也能跳上去，身體輕盈不迴避太高或太低的地方。中於機辟，「辟」同檘，就是陷阱；「機」是機關。只是牠們雖這麼靈活，哪裡都能去，可是再靈活，也會中獵人所設的機關陷阱。死於罔罟。「罔」是大孔之網，小孔之網曰「罟」。狸狌再靈活也會死於獵人所設的網羅中。

今夫斄牛，其大若垂天之雲，此能為大矣，而不能執鼠。

「斄牛」就是犛牛。那麼你知不知道，犛牛大得像垂在天際的雲一樣，這隻從動物來講，夠大了吧！可是牠也有做不到的部分，有其限制的。莊子用「其大若垂天之雲」來形容犛牛之大，由這句話可以知道莊子沒看過犛牛，他是聽來的，因為犛牛在西藏高原上，他是沒離開過家鄉的宅男不可能看到，然也可見得，那時的人已經知道西藏有犛牛了，不是沒有人往來的，所以古人的生活並不封閉，他們是跑來跑去的。

莊子的意思就是，再大的東西也有其限制，再靈巧的東西同樣有極限。在現實世界裡，任何具體存在的事物都其限制，所以必須思考要放在什麼地方、如何去用、在哪裡發展、在什麼樣的條件上能使事物通暢其用。莊子跟惠施說，你不要總在現實的大小利益上做比較，其實物各有極、各有其用呀！

今子有大樹，患其無用，

今天您有那麼一棵大樹，您只一天到晚擔心會沒用，在現實世界裡無法發揮功能。

何不樹之於無何有之鄉，廣莫之野？

那為什麼不把這棵樹移植到原野上，移植到那一望無際什麼都沒有的大草原上。「莫」是什麼都沒有的平地，「廣莫之野」是廣大平地的郊野上。

彷徨乎無為其側，逍遙乎寢臥其下？

「彷徨」是徘徊，「無為」是無所作為、無所目的，引申作休閒。這句是說讓行走的旅人們，走累了可以徘徊徜徉，在樹旁休息、歇息一下。「逍遙乎」是自由自在、沒有特定目的的。「寢臥」是睡，「其下」指樹蔭底下。讓這棵樹成為來來去去的旅人們疲倦時的休憩場所，他們可在樹蔭底下徜徉徘徊、休息，甚至睡個覺、喘口氣。這不也是對人類的最大貢獻嗎？大樹更不必擔心它什麼時候會被匠人砍掉，拿去做實用的材料。這個現實世界沒有東西能去傷害它，就因為它無處可用。「所」當作「處」，「無所可用」就是無處可用。就因為它無用，也就沒有現實世界所帶來的任何困頓和痛苦了。所以生命其實是一個有著無限可能的發展，就其有用而言，有其有用之處；就其無用而言，無用亦可以成為大用。

> 不夭斤斧，物無害者，無所可用，安所困苦哉！

人們常常說莊子消極，但想想，消極也可能是最大的積極呀！人如果能如此思考，這世界就寬廣了。就好像種一棵大樹在荒蕪的鄉下，在廣闊無垠的平地上，有空的時候走到那裡歇息、歇息，喘一口氣，所謂休息是可以讓人走更遠的路，或者走更好的路。是以當人能掙脫開過度的實用價值，就能得到所謂的自由，這也就是逍遙遊！

莊子講這些，是要大家學會「逍遙遊」，換言之，不要在功利、爭生存的現實社會喪失自己；千萬不要只停留在現實世界的成功與不成功、有用與沒有用、成就與不成就、有價值與沒有價值上的比較上掙扎。人要能超脫出來，超脫出世俗的價值，認識到「無用可能是大用」的深層含意，而這就是人的深層覺識的開展，這個含意我們到〈齊物論〉中會看得更仔細，而莊子在〈齊物論〉中會更深層去呈現人的心理問題與情感問題在現實世界中的種種反應，以及造成的限制。

齊物論

凡事都有一體兩面，有是就有非、有善就有惡、有美就有醜，但所有人都各執所見，議論不停，則會紛亂不堪。若能將一切條理清楚，就能從種種差別中釋放，成就無差別的自由，這也就是逍遙遊。

我們前面說過，莊子在文字詞語的表達上，古來都說他漫無邊際，跳動突兀，文章無端而來，無端而去，汪洋自恣，如神龍夭矯空中。所以近人也批評莊子是空想的浪漫主義者，或極端的浪漫主義者在文章上缺乏邏輯性。其實莊子的文章，就在這漫然自恣，看似無厘頭的東接一點、西接一點的表現中，論述蜿蜒而下，脈絡不斷。莊子清楚地表現出傳統中國論述中常使用的論述法——藕斷絲連法。因此莊子文章脈絡清楚，理路清楚。

〈齊物論〉相對於〈逍遙遊〉，是莊子更進一步達成逍遙的方法，他提出了人在「認知」上的方法論。〈齊物論〉有兩種叫法，一是「齊物」論，一是齊「物論」。前者「齊物」作一詞，就是把天地萬物中的種種不齊，加以整理一番，使之能齊，能有條理之論述；後者「齊」是動詞，作整齊、使之條理解，「物論」是名詞，指現實社會上一般人間世中的種種是非對立、衝突下的各種評論。古人說：「物者事也。」「齊物」論，也就是「齊事」論，把世間種種紛紜混亂的事物、是非整理一下，使之清楚。同時也是齊「事論」，把世間各種成型的理論，其間的是是非非、對對錯錯，整理、條理清楚，人世間就不會有那麼多的紛紛擾擾了。人的「逍遙遊」，除了要能「無己」、「無功」、「無名」，還要進一步從是非、對錯的對立中超然而出。是以〈齊物論〉的開宗明義，也就是莊子這篇的重心。

心性自然

南郭子綦隱几而坐，仰天而噓，嗒焉似喪其耦。顏成子游立侍乎前，曰：「何居乎？形固可使如槁木乎？而心固可使如死灰乎？今之隱几者，非昔之隱几者也。」

南郭子綦隱几而坐，

「南郭」指南城，「子綦」是名字，南郭子綦就是住在南城的子綦。有人說這是莊子虛擬的人物，但也有人說他是楚昭王的庶弟，在楚莊王時為司馬，其號南郭。不論如何，這位南郭子綦「隱几而坐」，「隱」是依靠、依憑的意思，「几」指坐時身旁小桌，「几而坐」就是几在左身側，身體略為傾斜靠在几上。我們看有些佛教的觀音像或道教的文昌帝君像，祂們很自在地將手肘斜靠扶在身旁的小几上，其坐姿的原型大概就是南郭子綦的「隱几而坐」。唐宋以前的人多席地而坐，有時身後有一小木架，可舒服的略為斜靠歇息，人們有時也在這歇息中靜坐或打坐。

仰天而噓， 南郭子綦靜坐到一定的程度，於是「仰天」仰其頭，對著天「而噓」，「而」是然後，「噓」是吐氣。然後長吐一口氣，不過古人說：「出氣緩曰噓。」也就南郭子綦緩緩地從腹從吐出暖氣，「噓」也可作嘆、長嘆，這是在靜坐告一段落後自然有的一種表現。**嗒焉似喪其耦。** 「嗒焉」是形容詞，形容失神或失神到忘了自己形體的樣子。「似」是好像，「喪」是失去，「其」指自己，「耦」是偶，指身體。「偶」是相對人的心而言，「喪耦」是遺忘了我，也是遺忘了我的身體。這「我」含義豐富，其中包含了來自身體的欲望，由欲望推動的身之意志。而南郭子綦在靜坐中仰天而噓，從自己身體意志的侷限中抒發出來，整個生命情態如已將身體解構，人的認知、精神不再受來自身體意志的控制。

顏成子游立侍乎前，曰：何居乎？ 「顏成」是姓氏，其名偃，字子游，是南郭子綦的學生。「立」是站立，「侍」是事奉，「乎」是於，「前」指在南郭子綦的前面。這是說顏成子游恭敬地站立在南郭子綦的前面發問。「何」是什麼之意，「居」有二解，一是指安處，就是靜坐，可能是問「這是什麼樣的靜坐呀？」二是「何居」就是什麼之意，「居」也是「乎」，或者是問「這是怎麼回事呀？」**形固可使如槁木乎？** 「形」指人的形體，「固」是確實，「槁木」指枯木。這是說，我們確可以使身體變得如同枯木，毫無生機一般嗎？**而心固可使如死灰乎？** 「而」指同時，「心」指人的心靈，「固」是確定，可以使之「死灰」一樣嗎？「死灰」是不再能燃燒的灰燼，這是指人的心念，不再起雜念。這兩句是回應前一句「嗒焉似喪其耦而言」，也就是當人靜坐進入狀況後，就能坐到「形固可使如槁木，使入死灰」，整個就一般的身心來說，可以不再起各種雜念，身體不再有強烈的欲望活動，這也就是人的身體不再有欲望驅迫下盲目地生存衝動。子游再進一步說。

今之隱几者，非昔之隱几者也。

「今」是現在、此刻，「非」指已不是，「昔」是以前，表示從前那個靜坐的人。這是子游從南郭子綦的靜坐表現看到他的不同，以前子綦的靜坐，還不能墮形、去智，而今天子綦已達身心兩忘的境界了！這也就是說透過靜坐，人們從靜坐的內觀中，會意識到自己有時的行動只是來自「本能」、「欲望」的驅動下的一種躁動，而通常人們都以為這種躁動是一種生機，其實這不是生機而是可能會讓人真正生命能源消失的。「靜坐」可使人身體不處在躁動中，使身體不喪失生命能源，且可提升人的生命能源，這時人的身體相對於躁動的身體，就如同失去生機的枯木。同時人的心理活動也會趨於平靜，心理上不會有各種因應外界事物刺激而引起的雜念。我們一般人的心理、心智，甚至所謂的心神，所擁有的心念，其實也都受制自己的感官知覺，人的感官知覺又受制於人的生物性、動物性之生存需要，這些生存需要一定有欲望的聳動、功利利益的追求，由於這些因素，人身心的活動，其實都是處於生存躁動之中。

南郭子綦今天的靜坐，超脫出生存的躁動，而使人進入完全平靜安祥之中。是以連他的學生顏成子游都看出了不同，而問他道：「人真能使身體不再躁動如枯木一般嗎？人的心真能平靜到不起雜念嗎？」

子綦曰：「偃，不亦善乎而問之也！今者吾喪我，汝知之乎？汝聞人籟而未聞地籟，汝聞地籟而未聞天籟夫！」子游曰：「敢問其方。」

子綦聽了子游之問，高興地叫起子游的名字。偃，不亦善乎而問之也！「而」指你，「問之也」是問出的問題，「善」是好的意思。這句可以改為「而問之也，不亦善乎？」表示子游提的問題提得非常好呀！

今者吾喪我，今天「吾喪我」，我在靜坐中，終於把形體的我，遺棄了！這句話中的「吾」是真正的我，這真正的我就是達到「至人無己」、「神人無功」、「聖人無名」的「真我」，這真我不再受生物性、動物性爭生存而有的生存衝動影響下的「我」。而喪「我」的「我」則是仍受制於生物性、動物性爭生存下的「我」，這「我」是在欲望的驅動中，受感官知覺的引動，在有功、有名圍困下的「我」。

汝知之乎？「汝」指你，「知之乎」的「知」是確確實實知道，「之」是受詞，指靜坐的境界的事，也就是能「喪我」的事。整體來說這句是說，我今天靜坐有了大精進，我超脫出原本那個來自感覺及盲目躁動的我了。

汝聞人籟而未聞地籟，「汝」同樣指你，「聞」是聽說、明白，「籟」原本指簫管，引申為簫管發出來的聲音，「人籟」則是由人吹簫管發出的聲音。這是指現實人生中，在人世間所發出的各種言論，如同人用簫管吹出的音樂。子綦告訴子游，就一般來說，你只聽過一般人用簫管吹的音樂，這如同你所熟悉明白的、現實人世間的言語和論述。「而」指但是，但是尚未聽聞過「地籟」。什麼是「地籟」？指風吹過大地上高高低低的山陵、峽谷中各種低低窪窪形成的孔洞所發出的聲音。這是象徵由人所訂定的各種理論與規則、各種論述與規律，還有各種對立的思想。不論「人籟」或「地籟」，基本都出於人的現實、生存利害的經驗，或是由人在爭取生存上已有的成心成見形成的觀點和理論。

汝聞地籟而未聞天籟夫！

子綦告訴子游說：「你或聽聞了地籟，但你一定還未聞天籟！」「天籟」指天地間大氣浮過所引動萬物各自發出的聲音。這是說，天籟的發生與止息，都出於自然，或說各種事物都順其然而發出聲音。其中不帶人為，沒有成心與成見。古人的注說：「人籟、地籟都帶著成見和成心。」而「天籟」是無聲之聲，是渾然一體之聲。

子游曰：「敢問其方！」

子游聽了老師的說法，就進一步問道：「請問他們其中的含義？」「敢問」是請問，「其」是那個，「方」是其中的道理、其中的含義。

子綦曰：「夫大塊噫氣，其名為風。是唯无作，作則萬竅怒呺。而獨不聞之翏翏乎？山林之畏佳，大木百圍之竅穴，似鼻，似口，似耳，似枅，似圈，似臼，似洼者，似污者；激者，謞者，叱者，吸者，叫者，譹者，宎者，咬者，前者唱于，而隨者唱喁。泠風則小和，飄風則大和，厲風濟則眾竅為虛。而獨不見之調調、之刁刁乎？」

夫大塊噫氣，「夫」發語辭，無義，「大塊」指大地，「噫氣」就《說文》說：「飽食息也。」這什麼意思？就是吃飽後吐出的氣。其名為風。「其」是那個，「其名」指那個名字，「為」指是。這句意謂就是風。是唯无作，「是」作此，指風而言，「唯」是乃也，「作」是只要，「无作」就是說只要不起風一切平靜。作則萬竅怒呺。「作」指起風了，「則」是乃、乃是，「萬竅」指大地的山陵峽谷所形成的孔竅，「怒」指大聲地呼號，「呺」是號，號叫、呼叫的意思。這是指地籟，也就是大地上吐出了氣，那氣的名字就叫做風。這風一般處於靜止狀態不發作，一旦發作起風了，那所有的山谷及地竅在風下都會發出猛烈地呼叫。

而獨不聞之翏翏乎？「而」指你，「獨」引申為難道，「不聞」就是聽不見，「翏翏乎」，古人解為長風或高風，這指的都是呼嘯而過的大風。山林之畏佳，「林」不作樹林解，而作山陵、岡陵的「陵」。「畏佳」是「嵔崔」，就是指山勢高聳。這句是說山勢高峻又參差不齊。大木百圍之竅穴，「大木百圍」指有百圍粗的大樹，「百圍」就是一百人環樹而圍，這句是說百圍粗的大樹上的各種坑坑洞洞。似鼻，有的孔穴像鼻子；似口，像嘴；似耳，有的像耳朵；似枅，有的像長頸的瓶子；似圈，像杯圈；似臼，像舂米的臼；似洼者，像是深廣的水池；似污者；像是平淺的水坑。

接下來說各種孔穴發出的聲音有何不同。激者，有的像激水流淌的聲音；謞者，有的像箭咻飛過去的聲音；叱者，像牛的哼叫聲；吸者，像吸氣的聲音；叫者，像是大叫的聲音；謞者，像嚎哭的聲音；宎者，像是狗吠的聲音；咬者，像是悲哀淒切的聲音。這是說地籟的各種聲音都是因地形形成的特殊性而產生的。簡言之，是先有特殊地形，才會有各種不同的聲音。

前者唱于而隨者唱喁。「前者」指前面的風，「唱于」指吹出的風聲是于聲。「而」是而後，「隨者」是指後面跟著吹出來的風聲，「唱喁」就是喁的聲音。泠風則小和，「泠風」是小風、輕風，指吹的風是輕輕的、小小的，「則」是就，「小和」是小聲的應和。飄風則大和，「飄風」是疾風、大風，「則大和」就是大聲地應和。厲風濟則眾竅為虛，「厲風」是厲、烈，就是烈風，「濟」是過，指風吹過了，「則」是那麼，「眾竅」是大地所有的孔穴，「虛」是空，也就是孔穴都不發聲了、寂靜了。

而獨不見之調調、之刁刁乎？這句兩個「之」字都作「此」講，「調調」是樹枝在風中搖動的樣子，「刁刁」是微微地搖動。這句是說，當暴風過後，所有發聲的孔竅都沉寂了下來，只剩下草木樹枝還在搖晃，然後也緩慢微微地搖動，最後靜止不動嗎？

子游曰：「地籟則眾竅是已，人籟則比竹是已。敢問天籟。」

子游聽了子綦說明，就再發問。地籟則眾竅是已，我明白了地籟就是大地上各種特殊地形、地勢、地貌，所形成的各種凹洞，在大風吹拂下，因原有的地形、地貌而發出的各種聲音，它有先天性的限制。**人籟則比竹是已。** 人籟則是由人製造出來的竹管，排列而成的各種樂器，而後再經過人的吹奏，發出的各種聲音。就是這樣，這些道理我懂了，這些聲音言語，都是有其限制的。

「眾竅是已」、「比竹是已」的「是已」，指就是這樣。這兩句同樣用「是已」收尾，有強調之意，而要強調的是人籟、地籟的侷限性，以至由此所發的聲音、語言都有其切割性，無法達其渾然一體性，渾然一體是需出自天然，順其自然的，所以子游進而再問 **敢問天籟。** 請問什麼是天籟呢？

子綦曰：「夫吹萬不同，而使其自已也。咸其自取，怒者其誰邪？」

子綦回答子游。**夫吹萬不同，** 「夫」是發語詞，也可指那個，「吹」是風吹，「萬」指大地上的眾竅，「不同」指發出的聲音有所不同。**而使其自已也，** 「而」指但，「使其自已」直白地說就是使它們自己停止。「已」字古來作「己」字用，「已」就是停止，「使其自已」就是當狂風大作，大地所有的萬竅發出各種各樣的聲音，但狂風一停，所有的萬竅也就自然停止了。在一切靜止寂靜中，天地了無分別，渾然一體了。而這就是「天籟」。**咸其自取，** 「咸」是皆，「其」是乃，「自取」就是自己如此。

怒者其誰邪？「怒」是引作發動、促動，「怒者」指大力促動地籟甚至人籟的是誰呀？「其」是乃，「其誰邪」就是問會是誰呀？整個人籟、地籟、天籟的發動者會是誰呀？後面的策動者是什麼人呀？是哪個呀？這問話就是誰也沒有，這是自然而然的，一切都是自然的。我們說過莊子提出了自然，一切都是自己如此的，這是莊子思想的核心，因自然所以才可以逍遙，人當消除人為而回歸自然。

莊子用這句作為〈齊物論〉第一章的結尾，似乎有些倉促，有些嘎然而止的意味。而這也就是莊子文章的高明處，他在〈齊物論〉一開始用子綦的靜坐展現人可以透過靜坐從人的生物性、動物性的肉體、心靈中解脫。當這解脫後就能使真正自我的身心從「生存躁動」中釋放，由此就能分辨人籟、地籟的限制性，而用新的「心智」體認到天籟的渾然一體，同時又可了悟到即使人籟得透過人為製作的各種比竹吹出不同的音樂、講出不同的言語；地籟在各種風中、各種地形中的限制，發出各種不同的、非自然的聲響與論述，但抽高來看，這一切的發生，自有一共同處，就是一切都出於自然，自然是一切存在的根本前提，宇宙中一切的發生，沒有支使者，一切都在自然中自然的流轉與發生。而這也是〈齊物論〉的前提中所提出的完整、渾然一體的天籟，也就是大自然。

人性的表現

〈齊物論〉第二章是隨著大自然——渾然的天籟而往下說。而〈齊物論〉從人籟、地籟、天籟說起，其實是從人類的言語起頭。因言語是有分割性、對立性、排他性、矛盾性、分析性的，這是事物不齊的起點，因此第二章就從「言語」說起。

大知閑閑，小知閒閒；大言炎炎，小言詹詹。其寐也魂交，其覺也形開，與接為構，日以心鬬。縵者，窖者，密者。小恐惴惴，大恐縵縵。其發若機栝，其司是非之謂也；其留如詛盟，其守勝之謂也；其殺如秋冬，以言其日消也；其溺之所為之，不可使之復也；其厭也如緘，以言其老洫也；近死之心，莫使之復陽也。

大知閑閑，「大知」是指大智、大聰明人，「閑閑」是知識廣博的樣子。**小知閒閒；**「小知」是小智慧，「閒閒」是指知識薄窄。這是人在知識、智慧、見識上就有如此的差別、不齊。**大言炎炎，**「大言」指大知者之言，就是具有淵博知識的人所說的話。「炎炎」指猛烈，就是盛氣凌人，古人還說：「炎炎者氣燄熏人，使人不敢犯也。」也就是說，大智者說話氣燄囂張。**小言詹詹。**「小言」指小知者談論問題的言語，「詹詹」古人解釋小辯不休，以白話來說就是煩瑣囉嗦。這兩句是說，有大知識者或是大見識者，他在表達意見時，容易盛氣凌人、氣燄囂張，尤其是如果對所謂的真理又有了一些領悟，說起話來就難免誇誇而談，有了咄咄逼人的氣勢，就像火燒起來一樣。但是小見識、小知識的人，尤其是從世俗功利性看事物的人，他們談起話來、論辯起事物來，常常斤斤計較、喋喋不休，非常囉嗦而瑣碎。而這就是社會上是非發生的原因，也就是人的知識、見識不一，有了差距，就產生不齊。

其寐也魂交，

「其」指像這些人，「寐」是睡覺，「也」是語中助詞，「魂」指精神，「交」是交錯，「魂交」指精神交錯。這是說，這些每天思考、不斷有意見要表達的人，他們即使在睡覺時也會做夢，精神也會不斷地交錯思考。

其覺之形開，

「其」同樣指這些人，「覺」是指睡醒了，「形開」指形體開始活動，也就是說身體開始行動。換句話說，當人睡醒，開始了身體的活動，透過身體與外物相接應，並從這裡吸收成為自己的經驗、自己的見聞知覺。

與接為構，

「與接」指與事、與人、與外界各種情景接觸，自己的心、自己的精神不斷與事、與人與各種情景周旋應付，有的時候有如一場一場地戰鬥。「為構」是相糾纏的意思，「為」是成，「構」也通「搆」，鬥搆之意。古人說，這是人的心與外境事物、相接，自己的心境內外不斷交搆發生，而後自己內心不斷發生好惡取舍，隨時感知，隨知決定，隨時抉擇，心與境之間像戰鬥一樣，心剎剎不停，沒有平靜的時候。

日以心鬭。

「日」是每天，「以」是用，「心」是認知的統稱，也指心靈，「鬭」是戰鬥、衝突。意謂每天都用自己的心與外界的事物交戰，也就是說，一般好用語言表達自己觀點、意見的人，他們即使睡著了，在夢中也不會安息，而是精神與夢境交錯在一起，腦子想個不停。等到早上醒來，透過身體行動，與一切相接觸的人事物，讓自己的心智與外界的人事物不斷地交接獲得各種見聞，甚至用自己的心智與外界的各種情境碰撞，總是勾心鬥角，從來不讓自己的心平靜下來。

縵者，窖者，密者。

「縵」指緩慢，或說不慌不忙，意謂有的人每天在面對事物時用盡心思，與人、事、物交接如同鬥爭一般，只是他總是不慌不忙的。「窖」是設置陷阱，這是指有些人善於在與人相處或言辯中埋下伏筆、設下陷阱而取勝。「密」是隱，就是隱藏不露，指這種人小心謹慎、心機縝密，總是隱藏不露。這段是說，一般世俗中現實社會的人，不論是睡了，還是醒著，總是與其他人站在對立的立場，在人們心智上與人競爭一般，每天努力接受各種經驗、吸收各種見聞，其用心總是像要與人相爭相鬥一樣。只是在心智與人相爭相鬥時，有的人是用不慌不忙、從容不迫的態度相應；有的人則善於在言辯或與人相處時設陷阱，從而取得勝利；而有的人則是心思細密、步步為營。這就是因性格不同，所用的心思也就不盡相同。當然他們所看事物的觀點也就不會相同，這也就是世俗的現實社會之所以言論不齊、是非紛擾、爭端四起的原因。

小恐惴惴，大恐縵縵。

「小恐」是小的恐懼，「惴惴」是憂懼不寧、提心吊膽的樣子。「大恐」是大的恐懼，「縵縵」是驚恐失神、失魂落魄的樣子。

其發若機括，

「其」指這些

似乎總是外在與人對立爭鬥之中的人，「發」是指發言、說話，「若」是如，「機」是弩弓的機關，俗稱「弩牙」，「栝」指箭栝，這是箭尾射箭、扣弦的部分；「機括」意謂射箭，這是形容有的人說話、發言時舌尖嘴利，如同射箭一般，既快速又尖利。

其司是非之謂也；

「其」是乃，「司」是伺，就是伺機，「是非」是挑起是非。這句是指有些人說話快如射箭，既快速又銳利，其目的也只是想要挑起是非而已。

莊子的文章極有連續性，有些人說莊子文章缺少邏輯性，請千萬不要被誤導，而就信以為真，甚至有些人誤以為這就是莊子的浪漫，或莊子用漶漫無邊際的思考方式來表達莊子所謂的自由，其實莊子的文章雖漶漫無邊際，但卻像大水流淌在大地，蜿蜒曲折卻連綿不斷、脈絡清晰，是非常具有自然的邏輯性的。就如我曾說過，〈齊物論〉從人籟、地籟、天籟入手，以人籟象徵人的日常一般言語，以地籟表示具有分別性、概念性的言語，最後以天籟超越一切之上，說明可以相通渾然一體的言語。而這也就他講〈齊物論〉的宗旨，也因如此，第二章就從「大知小知」、「大言小言」開始，這看起來似乎無甚關連，其實從「籟」所涵的言語性、知識性切入主題開始。這種思想、論述的銜接法，我們常說是古人所謂的「藕斷絲連法」，這種方法展現一種生命的連繫性、生命的邏輯性、自然的邏輯性。

其留如詛盟，

「其」是指那些在日常生活中隨時保持戰鬥位置的人，在戰鬥中為了取勝，「留」是保留，保留什麼？保留自己的話、自己的言語。「如」是如同，「詛盟」是詛祝盟誓，這句是說，像依據儀式發了盟誓一樣。意謂在現實生活中，這些非贏不可的人，不但言語上非要佔上鋒，而且為了贏，有的如同發誓般，儘竟把最重要的話、最重要的主張留在心中，不輕易說出口，這一切的作為就是為了求勝。所以下面這樣說。

其守勝之謂也；

「其」依然指他們，也就是這些渴望求勝的人。「守勝」是守候必勝之隙而後動、而後出口，「之謂」指就是這樣說。

其殺如秋冬，

「其」還是指他們，就是那些長期處於競爭緊張狀態的人。「殺」是指衰敗，「如秋冬」指像是秋冬。像秋冬的什麼？就是說陽氣日益消散的人，他們活在這種好爭好鬥、好用心計的用心中，心中的神明會日漸衰敗，如秋冬陽氣的衰敗。

以言其日消也；

「以」指因此用來，「言」是說明，「其」指那些好鬥、好爭強、爭勝，每天用盡心計的人，「日消」指如此用心計生活，使他們的真性情日漸消失，「也」是語尾助詞，作「啊！」講。

其溺之所為之，

「其」還是指那些好爭之人，「溺」是沉溺，「之」是於，「溺之」就是溺於，「所為」指所做的那些好爭、好辯的事，「之」字作「是」講，就是這些事。這些事是指言辯、爭勝之事，整句意思是辯士們全都沉溺在好辯爭勝之事。

不可使之復也；

「不可」是不能，「使之」就是使他們、那些人，「復」是恢復。恢復什麼？恢復這些人的自然本性，也就他們原先自然天真的性情。簡言之，就是復其本性。

其厭也如緘，

「其」還是指這些在社會上好辯好爭的人，「厭」指閉塞，心靈的閉塞，「也」是語中助詞，同樣指「啊」。「其厭也」就是說那些人的心靈是非常閉塞的啊！「緘」本是指綑綁箱子的繩子，在這引申作束縛、綑綁的意思，「如緘」意謂如同心靈被綑綁住了。**以言其老洫也；**「洫」是有水流動的溝渠。這句可這麼說，那種一天到晚封閉自己心靈、只求言語爭勝、爭強好勝的人，如此長期下來，心靈都閉塞不通了，因此就用衰敗、乾枯，沒有一點水流動的渠道來形容他們，代表已僵化沒有生機的心靈。人真正的生命在於人有靈活的心靈，而心靈乾枯、喪失心靈的人就如同走向死亡，我們常說麻木不仁、行屍走肉，這都是形容失去心靈的人。**近死之心，**「近」是靠近、接近，這句意思是接近死亡的心靈。**莫使之復陽也。**「莫」是無法，「之」指心靈，「復」是恢復，「陽」是生，代表生機、生氣。這句是說，已接近死亡的心靈，是無法恢復他們的生機啊！

喜怒哀樂，慮嘆變慹，姚佚啟態；樂出虛，蒸成菌。日夜相代乎前，而莫知其所萌。已乎已乎！旦暮得乎此，其所由以生乎！

喜怒哀樂，指那些心靈接近死亡的人的喜怒哀樂。**慮嘆變慹，**「慮」是多思、想太多，「嘆」是多悲、非常悲傷，「變」是多反復、反復不定，「慹」是多恐怖、多憂懼，也就是恐懼不安。這樣的人還會有下面說的特徵。**姚佚啓態；**「姚」是輕浮妄動，「佚」是縱逸、放縱任性，「啓」是開放且毫不收斂，「態」是裝模作態。這句是說，這種心靈接近死亡的人，他們的喜怒哀樂相當無常，或是想得太多，或是非常悲傷，或是心情反復不定，也會心裡充滿恐懼，再不然是行為輕浮妄動、放縱任性，愛怎麼做就怎麼做，開放又毫不收斂，抑或裝模作態。但不論這種人如何表現，內心都是如下面所說的。

樂出虛 「樂」是音樂，「虛」是虛空的樂器，意謂音樂從虛空的樂器中發出。這表示聲音虛而無根，忽起忽滅是虛幻不定的。

蒸成菌 指朝菌由地氣蒸發而生成，朝菌就是天剛亮、太陽才升起時，從草叢中、落葉中生長出來的菌菇，待太陽高升、露水乾了，菌菇就會馬上枯萎。朝菌的生命很短暫，只是剎那生滅而已。不論是「樂出虛」，還是「蒸成菌」，都是忽起忽滅，乍作乍止，不會長久的。

到這裡整段的意思是，這些在現實社會中爭強好鬥、牙尖嘴利又斤斤計較、非贏不可的人，時間久了，習慣這種生活方式和心態，在心靈的僵化下，即使他們在情感上的喜怒哀樂或有較為深沉的心理活動，包括多思或感傷嘆息，或反覆思考、變化不定，又或恐懼，再不然他們就算表現得非常輕率、開放、任性、放蕩、裝模作態。但這一切都是不確實的，如同樂器從空虛的樂器中吹出，聲音忽起忽滅、飄忽不定。又像清晨生長出的朝菌，生命只是剎那地生滅，一切都不是真實的，不是個人真實的表現，也不是真實的生命展現。或許你們會根據自己的經驗質疑說，為什麼不是真實的？那不都是他們心理情感的反應嗎？不論如何不可能是假的吧？其實當一個人喪失了原本的性情，又喪失了自己的心靈、精神，一切都只是為適應外界而做得反應，再加上他們已有既定的看法，思維已經僵化，那麼他們各種情感的表態，都不是出自內心真實的感受，而只是因應外界的反應而已。莊子對這樣的人，發出了深深地感嘆。

日夜相代乎前， 這是指前面所說的那些失去真性情、真心靈的人，產生的十二種情感心理、行為表現。「日夜」指每天、早晚，「相代」意謂相互交替出現，「乎」是於，「前」指人的前面、自己的前面。

而莫知其所萌。 「而」是但，「莫知」是不知，「其」指那些情感，「所萌」是所發生的原因，「萌」是萌動，就是產生。這是說，這些人不論是「喜怒哀樂」，還是「慮嘆變慹」、「姚佚啓態」，每天都發生在眾人和自己的面前，並且交替出現，而這一切頂多只是回應外界刺激的感應而已，一下忽喜、一下忽怒、一下忽哀、一下忽樂，連自己也說不清為什麼會有這樣的表現，一切都不是發生在真實的自我認識中。

請想想，你們經歷過這種情形嗎？或是看過這樣的人嗎？莊子說這都是真實的現實人生。所以莊子再往下說。

已乎已乎！ 「已」是止、停止，「已乎」就是罷了引申作算了吧！ **旦暮得此，** 「旦」是早晨、白天，「暮」是黃昏、夜晚，就是早晚，簡單來說就是「一旦」，「得」是明白，「此」指這種情感、心理、行為何以會變得如此虛幻而不真實？ **其所由以生乎！** 「所」是乃，「由」是自、從，「以」是此，「生」是誕生，「乎」指啊。這句是說，人一旦明白，並意識到那些不實的感情產生的原因，就會知道那十二種變化不定的情感，是由何而生了！而人要由何知道呢？這裡埋下伏筆，沒有說透。其實就是指「道」，只要從「道」來看就能清楚地了解。這一段是呼應地籟的，地籟是人世間種種人情的表現，如此的人情，由此而出的言語，表達的種種意見、觀點，不可能一致！人世間的種種不齊，物之不齊，也就是由此誕生的。

相互依賴的身心

〈齊物論〉的第三章就延續第二章的說法，接續往下說。

非彼無我，非我無所取。是亦近矣，而不知其所為使。若有真宰，而特不得其眹。可行已信，而不見其形，有情而無形。百骸、九竅、六藏，賅而存焉，吾誰與為親？汝皆說之乎？其有私焉？如是皆有，為臣妾乎，其臣妾不足以相治乎。其遞相為君臣乎，其有真君存焉。如求得其情與不得，無益損乎其真。

非彼無我，「非」是沒有，「彼」是指前一章所說的那些各種反應的情感與心理。「非彼」意謂沒有那些種種情感、心理的反應，即使那些反應並不真實，但也就在那些反應中才彰顯了我。「無我」是沒有我。這句直說是，沒有那些反應就沒有我。就看不見我，就彰顯不出我來。不過也還是再請留意，這個「我」也指人而言，換言之，沒有了這些心理、情感的反應，就顯現不出「人」。而在這不用「心」，而用「我」，使聲音上更聚焦，主體性更顯露。這一方面是文章用字的表達法，一方面是文章義理更具深度地表現。由這就可見莊子練字之精了。

非我無所取。「非我」是沒有我，「無所取」指無所表現、無所彰顯。也就是說，沒有我這個人，所有的心理、情感都無從顯現。**是亦近矣，**「是」指此，「亦」指也，「近」是近乎正確的說法。這是就「無彼無我，非我無所取」，而說的也就是，要是沒有那些心理、情感的表現，就彰顯不出人來；要是沒有人，這些心理、情感也無從顯現。這種相互依存的關係，是近乎正確的說法。只是再往深來看。**而不知其所為使。**「而」是但，「不知」是不知道，「其」指這種相互依附的關係，「所」是助詞，「為」是作為，「使」是支使，這也就是說，這種相互依附的關係，不知道是誰支使他們成為這樣的？

若有真宰，「若」是似、好像、彷彿，「真宰」是主使者。**而特不得其眹。**「而」指但是，「特」是特別，「不得」指無法得到，「其」是那個，「眹」是微兆、跡象。這是指人的各種心理、情感的表現，固然有外在事物的引動，但畢竟還是由人、由我表現出來，而這人、我及各種心理、情感的反應，背後有沒有主使者呢？從這現象的表現看來，似乎彷彿有真正的主使者，但特別的是，並沒有任何微兆，找不到任何跡象。

可行已信，「可行」是能行，指真有個主使者，他已展現出一切的運作，「行」就是運作、表現的意思。「已信」是已經獲得證驗，是真實的，「信」是真實的意思。這是說，這人、我的心理、情感背後的主使者，是已被修道者、行道者證驗了，是真實可行的、可信的。**而不見其形，**「而」是但，「不見」是看不見，「其形」是道的具體形狀。直白來說，人、我的一切活動、表現，不論是心智，還是情識，背後是有個推動者、主使者。那是「道」——莊子到目前也還不直接說是「道」——一切活動背後的主使者、推動者，他被修行者真實驗證過。只是這主使者，虛而無形，人們無法見到它的形跡。**有情而無形。**「情」指真實，「有情」是指主使者是真實的，「而」作只是、無形，沒有形跡、形象。這句可與〈大宗師〉的「夫道，有情有信，無為無形」相互參考。

接下來這句是以人的身體為例，莊子教我們從自己的身體看起。**百骸、**「百」是指數百個，「骸」是骨頭、骨節，人的身體有數百個骨頭，泛指全身的骨骸。**九竅、**是人的九個孔竅，就是指人的雙耳、雙目、口、雙鼻孔、加上前陰生殖器、後陰肛門。**六臟，**指人的心、肝、肺、腎、心包絡。**賅而存焉，**「賅」是完備的意思，就是指百骸、九竅、六臟全都完備地存在於人的體內。「而」是同時，「存焉」是存之，就是會存在人的身體裡。**吾誰與為親？**「吾」是我，也指每個人，這句可說是，我和誰比較親近呢？這「誰」指人體內的百骸、九竅、六臟。也就是，這些百骸、九竅、六臟會在人的體內，我們會和哪部分親近呢？

汝皆說之乎？「汝」指你，「皆」是都，「說」是悅，「之」指百骸、九竅、六臟，這句是說，你都喜歡它們嗎？**其有私焉？**「其」指或、還是，「私」是偏愛，「焉」是乎，疑問詞的意思。這句是說，還是自己有所偏愛？你會偏愛肝臟？還是偏愛心臟？還是偏愛脾臟？

如是皆有為臣妾乎，「如是」是如此，指如果都喜歡。「皆有為」是皆作為，「臣妾」是指奴婢，代表被支使者。這是說，都喜歡的話，反正都在自己身體內，就把它們當成自己的奴婢，都是被自己支配的。　其臣妾不足以相治乎。　「其」是如果，「其臣妾」是說如果他們都是奴婢，「相治」是相互管理。這句是說，就不足以達成相互的管理，換句話說就是，百骸、九竅、六臟隸屬於人的個體，全都是人個體中的被支配者，表示百骸、九竅、六臟不能相互管理，那我們身體本身如何能進行有秩序的運作呢？這有秩序的運作如何來的？其中也包括百骸、九竅、六臟不會相衝突的運作是如何達成的？

其遞相為君臣乎，　「遞相」是輪流、相互交替，「為」是作為、擔任，「君臣」指領導者或是臣子。這是說，他們還是輪流來擔任領導者或臣子嗎？　其有真君存焉。　「其有」是乃有，「真君」是真正的主宰者，「存焉」指存在著。這是說，還是他們另外有真正的主宰者？

如求得其情與不得，　「如」是如果，「求得其情」是求到那個真實的狀況，「與」指或是，「不得」是得不到。　無益損乎其真。　「無益」不會增加，「損」是「減少」，「乎」是對、在，「其」是那個，指那個真宰。這句是說，如果求得真實的情況，或者沒得到真君的真實情況，其實都不會增添或減少真君的本來面目。換句話說，真君本來就不屬於形骸，他是超越形象，天地萬物稟受於他而成形質，如人的形骸、人的五臟六腑之所以能運作，都是稟成這真君而來，人們無論知不知道，他就是這樣，他原本就存在於天地宇宙萬物之間，不因人的認知而增加，不因人的無所知而減損。

一受其成形，不亡以待盡。與物相刃相靡，其行盡如馳，而莫之能止，不亦悲乎！終身役役而不見其成功，苶然疲役而不知其所歸，可不哀邪！人謂之不死，奚益？其形化，其心與之然，可不謂大哀乎？人之生也，固若是芒乎！其我獨芒，而人亦有不芒者乎！

一受其成形，　「一」是一旦，「受」是接受，「其」指真君、真宰，也就是指「道」，當人在自然中藉由「道」的引動下，成了人形，「成形」就是成為人形。這是指在自然中有了「人」這個「物」的存在。

不亡以待盡。　「不亡」有的直接說不死，「待盡」是走向死亡；但又有人說「不亡」是不忘記，「亡」作忘字解，不忘記什麼？不忘記照顧自己的身體，努力讓自己活得好一點。「以」是而，「待」是等待，「盡」是生命的終點。莊子在這句的意思是說，人在自然中一旦受「道」的引動，而有了形體，成了人，總不忘記照顧自己的身體，希望活得長些，但是人若沒有意識到「道」，人的精神沒有開展，那活著也等同走向死亡；又再說，人終究會死的。

與物相刃相靡，　「與物」指這些有了人形的人，但沒有悟道，因沒有悟道「與物」相處，「物」指一般的人與事，「相」是互相，「刃」是刀刃，「相刃」是指在互相競爭中如同相互用刀相砍，「靡」是磨、衝突、磨擦、相互頂撞。這表示這些人並沒有享受到人生，他們只在生存競爭中與別人相互砍殺、相互磨擦之中，快速走向死亡。

其行盡如馳，　「其」指這些人，「行」指走向，這是雙關語，一方面指上述所說的，以與人相互競爭、磨擦、鬥爭的方式活著；二方面同時指用這種生活方式會快速地走向死亡。「盡」是死亡，「馳」是快速。**而莫之能止，**這句話可以寫成「莫能止之」，「莫能」是無法，「止」是停止，「之」是他們。莊子用這樣的方式講述生活在生存競爭中的人，讀來讓人驚心動魄，又覺得荒謬可笑。一般人一方面珍惜自己的身體，想要活長一點，可是在沒有悟道開展自己的精神以前，所行所為其實是傷害了身體、消磨了生命。**不亦悲乎！**這樣的活法不也是很悲哀嗎！

終身役役而不見其成功，這是指上述那些沒有悟道的人，「終身役役」指終身、終其一生，「役役」是勞苦不堪，「而」是但是，「不見其成功」是說看不見他們這些人成功保全了自己的身體，而不走向死亡。**苶然疲役而不知其所歸，**「苶然」是疲倦的樣子，「疲」是勞累、困乏，「役」是勞役，指各種現實人生的事物上。這句是指那些未悟道的人，一輩子疲病困頓的忙碌在各種事物中，而不知自己生命理想的歸向。「其」是「自己」。**可不哀邪！**這怎麼不令人覺得悲哀呢！

人謂之不死，人們說他們是活著的。**奚益？**「奚」是何，「益」是好處，這又有什麼好處？有什麼意義呢？這句還是說上述那些沒有悟道的人，他們生活在競爭、爭鬥中，用自己的生命與其他人、與外在事物相頂撞、相磨擦，即使非常珍愛自己的身體，讓自己不死。**其形化**「其」指那些不悟道的人，「形」指形體、身體，「化」是衰敗。古人說：「化壯為老。」「形化」就是形體逐漸衰敗、衰老以至於盡，以至於死亡。**其心與之然，**「其」是他們，「其心」指他們這些人的心，「與之」指與他們，「然」是一樣。這個「他們」是指人們的形體、身體隨時間的變化而逐漸衰老走向死亡，可悲的是，人的心還沒有展開，就跟形體一樣衰亡了。所以，莊子就這樣說。

可不謂大哀乎？

「可不謂」是能不說，「大哀乎」指這是一種人生的悲哀嗎？

人之生也，

這句指人生在世。

固若是芒乎！

「固」是本來，引申作真的是，「若是」指如此，「芒」是昏惑，引申作糊塗解。這句是莊子向大家提出問題，人生在世，真的就是這麼糊塗嗎？我們看多少人，談到人生，常常會說，人生如戲！怎麼就這麼糊里糊塗地走過來了！人生真是這樣嗎？莊子接下來繼續發問。

其我獨芒，

「其」是或、或者，「我」是只有我，「獨」是一個人，「芒」是如此糊塗、如此昏惑？

而人亦有不芒者乎！

「亦有」指也有，「不芒者乎」是說不糊塗、不昏惑的嗎？莊子在這裡進一步地問，人生在世人能不糊塗嗎？這倒扣回去提出問題，意思就是，人可以不必活得那麼糊塗！人可以展現生命的意義，這主要就不在於人而在於「道」，因「真宰」轉化而來才有了身體，人可以再開展人的心，只要心開展了，人生在世就不會糊塗了，那人的心要怎麼開展呢？下一章就由這生命問題繼續說下去。

是非之言

夫隨其成心而師之，誰獨且無師乎？奚必知代而心自取者有之？愚者與有焉。未成乎心而有是非，是今日適越而昔至也。是以無有為有。無有為有，雖有神禹，且不能知，吾獨且奈何哉？

「夫隨其成心而師之，誰獨且無師乎？」這一句是順著上一章「而人亦有不芒者乎？」——人有沒有不糊塗的——下來的。換句話說，人為什麼會糊塗？人能不能不糊塗？而人糊塗的原因，莊子就在這章的開頭說。

夫隨其成心而師之，這句可以這麼說，因為每個人都是隨著自己既定的主觀成見為準則，來判斷什麼為是、什麼為非。「夫」是發語詞，「隨」是依，「其」是自己，「成心」就是自己的主觀偏見，「而」是而後，「師」是動詞，是取法引申成為準則。所以我們解作，一般人都依著自己既定的主觀成見來判斷是非。莊子接著再設一問。誰獨且無師乎？「誰」是有誰，「獨」是獨自，「且」是將、將會，「無」是沒有，「師」是準則，「乎」是疑問詞，指「呢」。莊子這一問就是說，在現實社會上，誰會沒有自己的是非準則呢？

奚必知代而心自取者有之？「奚」是何、何須，「必」是一定，「奚必」指何須一定要。「知」是知道，「代」是指自然事物變化之理或自然變化相代之理，如日月的交替，一年四季變化之理等等，「知代」是知道了解事物更替變化的智者、聰明人。「而」是乃、乃是，「心」指這些智者、這些聰明人的心，「自取」指他們心中自有見識、自有定見。愚者與有焉。「愚者」指愚笨的人，「與」是參與，「有」指有自己心中的看法，「焉」是語尾詞，可作「之」字解。這句是說，不論是聰明人，還是了解大自然之理的智者，如同今日的科學家、學者等等，他們心中有其定見、偏見，即使是一般人、一般愚笨的人，其實也有其定見、偏見的，而這就是現實社會上充滿是非偏見的原因。質言之「成心」是社會是非產生的原因。

未成乎心而有是非，是今日適越，而昔至也。是以無有為有。

如果說人未有成心，就有了是非，就會如同接下來這句說的，今天要前往去越國，而昨天我就到了越國這不是荒謬嗎？這就是把無有之事，還沒有發生的事，當作已發生的事來看了，這是接上句「未成乎心而有是非」來的，「未成乎心」是指人若在成見產生之前就有了是非標準存在，這就如同前面所說，我今天要去越國，但前天就已經到了！這到底是什麼意思？不就是根本還沒有發生的事，而硬要說成有嗎？現實人生多少事不都出於臆測嗎？

雖有神禹，且不能知，吾獨且奈何哉？

「雖有」是即使有，「神禹」是指其神如大禹，代表神靈的大禹，古來傳說中「大禹鑄鼎，並能知神奸」，而認為禹是能知未來的人。這承上句「是非」是出於人的「成心」，如果人們硬要說是非是本來就有，把其間的因果倒錯，那即使是神禹，也不能判決。「吾」是莊子的自稱，「獨」是單獨，「且」是將，「奈何哉？」表示怎麼辦。這是說面對一般人的糊塗、不自覺，總是把事物顛倒錯亂，看不見自己的成見才是構成人世間是是非非的原因，連神禹都不能判斷，何況是我呢？面對這種狀況我又能怎麼樣？

夫言非吹也。言者有言，其所言者特未定也。果有言邪？其未嘗有言邪？其以為異於鷇音，亦有辯乎，其無辯乎？道惡乎隱而有真偽？言惡乎隱而有是非？道惡乎往而不存？言惡乎存而不可？

道隱於小成，言隱於榮華。故有儒、墨之是非，以是其所非，而非其所是。欲是其所非而非其所是，則莫若以明。

夫言非吹也。　「夫」是發語詞，通常用於文言文中要下議論時，「言」是言語，「非」指不是，「吹」指吹風，「吹氣」二字古人說指天籟、地籟。這是說，人類的言語，和來自自然的天籟、地籟不同，也就是說，人類言語都出自於機心，有自己的動機、企圖，以及特定的想法、成見，不像是大自然無心而吹的風。這句回叩到〈齊物論〉第一章：「夫吹萬不同，而使其自已也，咸其自取，怒者其誰邪？」表示天籟、地籟在大氣自然的吹動中與人類的言語、言論是不同的。只是這些是言論嗎？所以接下來就分析。**言者有言，**　這句直接說是，說話的人雖然說了話。**其所言者特未定也。**　但是他所說的話、所做的論述，還不算是結論。這話怎麼講呢？這是說，說話大多帶著自己的心思，如此發言，雖議論紛紛，各有各的說法，但因都有自己的心機、成見，因此「特未定」，不能成為衡量事物是非的真正標準。

果有言邪？　「果」是確實，「有言」指說了話，「邪」是疑問詞，指「呢」。**其未嘗有言邪？**　「其」是或、或是，「未嘗」是未曾，「有言」是有過話。從這角度來看，這些說話的人確實講了話嗎？這句的意思就是他們那些全憑己意的說話，都是從自己的私心出發，這樣的說話是真說話了嗎？或是他說了話卻等於沒說話？莊子這段對世人的提醒是很深的，他提醒一般大眾，整天咕咕呱呱地說話，在沒有自覺下就等於沒說話，這跟後來的古諺裡說的，「鸚鵡能言，不離禽獸」意思相同。

莊子何以在這裡針對什麼是「言」，有如此嚴厲的評論，這其實牽涉到，春秋以至於戰國從孔子提出「必也正名乎」，所謂的正名論——「名不正，則言不順；言不順，則事不成」的「正名論」，而後發展出「名實論」，凡名言的陳述一定得是事實，而後「名不實論」，也就是「名」與「實」無須相符，「名」是「名」，「實」是「實」，莊子在〈逍遙遊〉裡就講「名者，實之賓也」，「名」只是事實的客體符號而已，「名」與「實」各有指涉。而後惠施、公孫龍則以「名」為「實」，這比較接近西方邏輯性的概念，每一概念都從各種「實物」上抽取出來的共同性，也就是事物的「共相」，根據這「共相」給一「名」，「名」是所有實物的「共相」，因此似乎比實物更「真實」，西方以概念為真理，也就是從這觀念而來。

而人之言語、言論都是由概念組成，所以「名言」是同一類，如此只有「名言」是真理嗎？更何況若名言又都出於人各自的私心、心機，如此說得再多，有合乎事實嗎？不合乎事實，說得再多，等於沒說。尤其是一般人常根據自己顛倒錯亂的想法，就判定是非，這非但不能成為是非的準則，且說了半天的話，等於沒說話一樣呀！

其以為異於鷇音，

「鷇音」是小鳥要孵出時，用喙敲擊蛋殼所發出的聲音；古人也解為小鳥即將破殼而發出的聲音。「鷇音」只是單純的本能性所敲出的聲音，而那些自以為的發言辯論是具有思想性的，是「異於」小鳥將破殼而出的聲音。只是我們深入去問，這些自認為有思辯的言論，乃真是有思辯嗎？還是並沒有？

亦有辯乎，　「亦」作乃字解，是乃有思辨嗎？

其無辯乎？　「其」也作乃字解，引申作還是，「無」指沒有。

這段文字有著深刻的反省性，也就是生命自覺性。首先他提「言非吹也」，人類的言語、言論，與自然中吹出的風不同。凡人類之所言一定有其自身的思辯性，只是這思辯能不能成立呢？人類的言語、言論是具有生命性，但這生命性就如同小鳥破蛋而出的聲音，「鷇音」是一種自然無思辯的聲音。但人認為自己的言語、言論不止具有生命性，還有思辯性，只是一般人的言語中真有所謂的思辯性嗎？莊子質疑，如果真有思辯，社會何來這麼多紛紜且不確定的是是非非呢？人世間有是非，就是人失去了對真理——道的認識，是以莊子接下來如此說。

道惡乎隱而有真偽？　「道」是指真理，「惡」是何，「隱」是隱藏、遮蔽，「道惡乎隱」道被什麼遮蔽？或者說，道隱藏到那裡去了？「而有真偽」就是如此有了真假的分別。這句話含著一項重要的涵義，就是「道」本身沒有真假的分別，「真假」始於人世間，莊子提出是什麼遮蔽了人們的視角，看不見真正的道，以至有了真假的爭辯。

言惡乎隱而有是非？　「言」是至言之意，也就是合乎於「道」之言，代表最完整古樸之言。「惡乎隱」是說這樣的言論被什麼遮蔽住了呢？如此產生出人世間的是是非非？

道惡乎往而不存？　「往」是前往之意，引申作「在」字講，這句話的前提是「道無所不在」，「無所不在」

也就是「無所不往」，「道」任何地方都能到，一切皆因「道」而存在。而今「道」因什麼原因而使它不再是無所不在了？

言惡乎存而不可？

「至言」是一切因道而來的言論，本來是無所不可的，是什麼原因使「至言」無法再作為準則了呢？

這段文字，莊子是說「道」與「言」是相互依附的。「道」是一切存在的真實本源，是「真宰」，是「真君」，一切因「道」產生，人的言語、言論也因「道」而發展，是以依「道」而來的言語、言論必然是整合一體的，是不會分裂的，所以莊子在這提出，是什麼時候人們失去對「道」的認識？以至言語、思想對立、分裂，人間社會是非言語變得如此紛擾？而這段「道」與「言」關係的文字，後來發展到老子思想就成了「道可道，非常道；名可名，非常名」的觀點。

而在莊子思想中，莊子認名言思辨、名言分析，並不能完全符合人類的心情與知見。如果只就語言概念的延伸，很容易違逆了人類原本的知見與心情，所以名實不盡相符合。莊子又說「書不盡言，言不盡意」，這是說言由人之意而生，言所代表的是意，但言常不能盡意。但常常那不能盡的意，才是合乎「道」，才是最重要的，人要能知道那不能盡意的部分，才能知道、體會「道」，如此才能知真君、真宰。否則根據己意，依自己的心機而言，「道」就被遮蔽、隱藏，社會是非也就增多了！

接著莊子說言語的問題。

道隱於小成，

「小成」指成於小智見者的有限知見，前人說「一孔之見」，如有人以管窺天，就說天如何如何，以為自己看到了天的全部，這也是我們常說的「井底之蛙」或「夜郎自大」的知見。這些全是粗淺地見識，「道」和「真理」就被這些粗淺地見識遮蔽了！

言隱於榮華。

「言」還是至理之言，是說至理的名言。而「榮華」是浮誇不實的言辭，「榮」與「華」都是指虛有其表華美的言辭而言，引申作浮誇而不實的言辭。「言隱於榮華」的至理名言，被浮誇不實的言辭掩蓋遮蔽了。

再說人何以看不見真理，只會說浮誇不實的言辭呢！如果就一般日常現實人生，人多受制在生物性、動物性爭生存的層面上，在這個層面上人們自然會從自己生存的利害上考慮問題，人的心機也是從這爭生存的立場出發，而有了種種的計較。當人有了這種種的計較，人們就容易失去面對真實事物的能力，也會失去觀看、認知整體事物的能力，而「道」是整體的展現。各種事物也有其整體性，宇宙與萬物其實也是一整體的存在，是有其密不可分的關聯性，不能做絕對性的切割。當人們只從一己之私看事物，人整體的認知力就消失了，如此就有「真的道」、「假的道」的爭辯。

我們在日常生活中有時也會看到某些宗教團體拉出好大的招牌，指斥他宗是假信仰，或斥責某某團體是邪教、是異端！「道惡乎隱而有真偽？言惡乎隱而有是非？道惡乎往而不存？」莊子這三句的質問值得深思！若再更直白地說，道——真理在人世間是怎麼發展的？怎麼竟然就不在了？言語的真理性，都是依道——真理為準則，在人世間怎麼就不再以真理為準則了呢？道——真理是被什麼遮蓋、隱蔽了？

「道隱於小成，言隱於榮華」這句背後的深沉含意，挑出人乃是主因呀！換言之，這句藏了一個人在裡面，「小成」則是人的私我之見。「唉呀！我看到了！」「噢！我終於了悟了！」「唉！這才是真理呀！才是真相呀！唉！大家竟然都不明白呀！」「好了，別再說了！我認定這就是真理！」「我看你們都被沙子迷濛了眼，看不見真理！」當然其中再加上權力大小的因素，使「真理」、「道」就變得更迷濛不清了。再不然大家儘講不現實的漂亮話，用討好大眾的語言取媚大眾，「道——真理」自然就被遮蔽，傳道的至理名言也就自然消失不見了。這也就是萬物論述不齊的原因，儒墨的是非不就是這樣起來的嗎？莊子接下來以儒墨兩家為例，這表示當時儒墨是「顯學」，道家還未有盛行。

故有儒墨之是非，以是其所非，而非其所是。

所以說社會上就有了儒墨兩家相互非難而產生的是非。「以」是因此，「是」是肯定，「其」指對方，「非」是否定，「所非」就是所不確定的觀點，是說儒墨針對對方認為是對的觀點，另一方就加以否定，認為是錯誤；而對方認為是錯誤的觀點，另一方就認為那才是對的、正確的。換言之，只要儒家肯定的觀點，墨家就一定認為是錯誤，反之亦然；同樣，只要儒家認為是錯誤的觀點，墨家一定認為那才是對的，反之亦然。因為這樣，所以有儒墨思想、學術是非的爭論。莊子在這裡批判了儒墨，認為這兩家各自認為自己的主張才是真理，「道」就在這種自以為是的爭論中分裂、喪失掉了。

莊子在「道」的分裂、「至言」的消失中，以儒墨兩家為例證。我們前面已說過，在那個時代的思想界，學術界真正成立而流行於世的，還只有儒墨兩家，這足見那時老子的道家尚未出頭。而儒墨兩家各自思想的確立，乃是先秦思想爭鳴的先河！所以莊子在這篇章的最後說，欲是其所非而非其所是，則莫若以明。想要消弭兩方的爭論，最好的辦法就是讓雙方站在對方的立場思考，相互明白各自的觀點，「以明」就是以超越執見的清明心，明白萬物的齊平之理。

無限宇宙的整體性

物無非彼，物無非是。自彼則不見，自知則知之。故曰：彼出於是，是亦因彼。彼是，方生之說也。雖然，方生方死，方死方生；方可方不可，方不可方可；因是囚非，因非因是。

物無非彼，物無非是。古人說「彼」可解作那方面，「是」可解為這方面。凡是「物」有那方面，也即有這方面，因此如從那方面的觀點去看、去觀察，所見「無非」是那方面，如從這方面去看、去觀察，則所見「無非」是這方面。自彼則不見，自知則知之。人見了那方面，就不見這方面，見了這方面則不知那方面，而依自己知道的一面，就總認為是真的一面。故曰：彼出於是，是亦因彼。其實那方面是因有這方面，而這方面則因有那方面而成立。每個物、每個人都有這方面。所以下一句就說，彼是，方生之說也。莊子說「彼是」就是彼此，其實是並生的。「方生」是並生，因為沒有「彼」，沒有「此」；因為有「彼」，所生「此」。「彼此」是互相相對而生，這有點像佛家所說相待而生的因果，因有「彼」才有「此」，因有「此」才有「彼」；若無「彼」則無「此」，若無「此」則無「彼」。宇宙間的彼此是如此產生的，人世間的彼此更是由此而產生。這也就是「彼此」、「對立」都是並生的。莊子特別強調並生，這是同時產生並帶有整體性的，整體性是中國人看待世界、看待事物的方式，與西方是從絕對性看事物、看世界不同，是以西方好分析，把事物一再剖析切小，最後在人世、人事上只剩下自己，如同宇宙中最後的本源，只存最後不可切割的單一本質，他們認為這才是真理。中國則認為所有事物綜合相同相應整體出現的，才是真理、真象。這兩種不同的觀點，那該怎麼辨？先了解自己，並了解別人。

莊子在接下來表示。

雖然，方生方死，方死方生；方可方不可，方不可方可，因是因非，因非因是。

「雖然」是即是如此，天下萬物都是並生並死，並死並生的；是並可並不可，並不可並可的。這個觀念到了老子，老子說：「致虛靜，守靜篤。萬物並作，吾以觀復。萬物芸芸，各復歸其根。」意思是說，把自己的各種雜念拿掉，好好地守住、保持這份清靜的思維認知。如此在這份虛靜空靈的認知中，就能看見天地萬物的並生、並起、並消、並滅。如此我們就能看見天地萬物的循環，由無而生，而成有，再由有而滅，而入無。天地萬物，看起來紛紛擾擾，各自生生不已。其實在這從無生有，再從有而入無，並生並起、並滅並無的反覆循環規律中，最後一起沿著「道」而行，一起回到「道」中。

質言之，宇宙在這整體的運作中，事物總都有其兩面，人人要是沒有覺悟於此，則會「因是因非」，「因」是順，「是」指這方面，「因是」表示人只順著這方面去看，那就自然認為自己一定是對的；「因非」則是人們只順著自己認為錯的去看，那一定是錯的。其實宇宙、天地、萬物是個大的整體，一切都是相關聯而相關聯而死，一切都有其相關聯的可，一切都有其相關聯的不可。天地萬物都並生並死、並可並不可的。即使是生死都是一體的，不是絕對分立的。

只是人生不能脫開時空的有限性，在此時空界限這邊是「我」與「生」，這也就是「是」，在此時空界限那邊的就是「物」、是「他」、是「死」，那就是所謂「彼」。因此，有「是」，一定有「彼」；有「彼」，一定有「是」，而「彼是」、「彼此」，還是同時並起，是平等存在。在「此」就曰「是」，在「彼」就曰「彼」，當然「彼是」、「彼此」雙方又可對待的互相對換。「彼此」同時消失，這是「並死」。如此，他們可以同時是「死」，同時是「可」，同時是「不可」。為什麼呢？這就要再從人的感受認知說起，人的感受認知是帶有情感的，人們常見「此」為是，認為「可好」的，這就是「可好」，如此就認為「彼」是「非」，是「不可好」的，於是就認為「不可好」，是「惡」的。這種認知判斷是帶有情感的感受認知，是由現實的人生界而起的認知與判斷。如果由這種認知、判斷，從現實人生界乃推知全宇宙，以有限判斷無限，那就是是非非、紛擾不停了。所以人一定要有生命覺醒，使自己有能力知道什麼是有限的、什麼是無限的。也要知道人生界、宇宙界，並有能力從宇宙界看人生界，依照宇宙界來看宇宙是一個渾然整體，根本沒有這些分別、對立的種種界限。但又得知「道」在無限的宇宙界，確有這有限的人生界，而人又確存在於這有限的人生界中，人免不了會從有限、對立、分界、是非、可好、可壞中看世界。並因此而知道，有此有彼、有我有他、有生有死、有可有不可，這樣可以看到無限界中的有限界，有可不受限在有限界，而知「方生方死」、「方可方不可」。能懷有如此的認知，即是「聖人」了。莊子接著說。

是以聖人不由，而照之以天，亦因是也。是亦彼也，彼亦是也。彼亦一是非，此亦一是非。果且有彼是乎哉？果且無彼是乎哉？彼是莫得其偶，謂之道樞。樞始得其環中，以應無窮。是亦一無窮，非亦一無窮也。故曰「莫若以明」。

是以聖人不由，而照之以天，

「是以」是因此，「不由」是不走，「由」是走、行的意思。不走什麼？不走這條專門分辨、分析是非的道路，而是從天的高度照耀世界、觀看世界。「照之以天」就是「以天照之」，「以」是用，「天」是大自然、大宇宙，來光照整個世界、整個天地。換言之，就是站出對立，這對立不止是有限於人世間展現的對立，更站出人世與宇宙間的對立，站到更高處，從更大的自然、更大的宇宙高處來俯瞰這世界。這是莊子闡發出的傳統知識論、認知論，莊子不同於孔孟，乃是從人事走向自然，教人放大眼光，從大自然、大宇宙、無限宇宙的高處，認知事物。

當人們不走分析、分辨的小路，而由天照耀之，那自然就看見大宇宙的整體性，是以接續如此說。亦因是也。這是說聖人不專由人生界來看外在的一切，而是從大自然來看，如此這世界，即便是人生界「無一不是一是」。所以莊子說，也就是一是而已，若再更擴大，從更高處來看宇宙與人生也是一個整體。這也是「亦因是也」，如此只有是了，而沒有非了。

是亦彼也，彼亦是也。若再從人世界事物對立的雙方互相轉化的觀點來看，「這」也就是「彼」，那「彼」也就是「此」，彼此是一個。彼亦一是非，但從現實人生界的「彼此」分別來看，就「彼」所形成的系統而言，自然形成自身一連串的是非。此亦一是非。同樣從「這」方面來看，他也有形成自身一系列的是非。如此他有他的是非，這有這的是非。可是站在更高的層次——聖人「照之以天」的層次，宇宙、自然、天地、萬物只是一個整體，他們真的、確實會有絕對彼此嗎？或者他們在大道中確實會沒有彼此的分別呀？果且有彼是乎哉？果且無彼是乎哉？這句話的兩個「果」就是確實、真的，兩個「且」都是乃的意思，作助詞解。莊子再次提出反問，以促使讀者再度進行深沉地反思！彼是莫得其偶，「彼是」是彼此，「莫得」是不會再有，「其」是那個，「偶」是對立。這句是說，彼此不會再有對立，也就是能超出是非彼此對立之上。謂之道樞。這就叫做掌握了道的關鍵，「道樞」是道的樞要，也就是關鍵的意思，人在認知上不再有彼此是非的對立，就是掌握住道的樞要了！莊子認為人能掌握住「道的樞要」的認知，才是人的真正認知。所以莊子再接著說。

> 樞始得其環中，以應無窮

掌握了道的樞要後，「始」是才，「得」是能，進入「環中」。「以」是而、從而之意，「應」是應付，相沿、相尋，相互糾纏無窮無盡的是非發展。這句的關鍵詞是「環中」，什麼是「環中」？古人說：「是門上下兩橫檻之洞，圓空如環，所以承受樞的旋轉者。」而「樞」就是關門的橫槓，引申為開關大門的關鍵處。由此，我再引申就是「知識判斷的中心」，是人認知事物做出智慧判斷的最根本處。這有點像佛教《金剛經》所求的「無上正等正覺」，這也就是當人的「認知」，超脫了六識眼、耳、鼻、舌、身、意的感覺知覺，又跨越了第七識末那識——人的記憶庫，而後進入人的第八識——阿賴耶識，在此轉識成智，就是脫開了感覺知覺的限制，而進入更為超脫、全面的認知中，而後再開展進入「無上正等正覺」的大覺中。「大覺」就是能認識宇宙真象的認知，也就是能認識「真宰」、「真君」、「道」的認知。當能進入「真理」、「道」的認知，開展出這份人的最高認知，就是得其「環中」。掌握道的樞要，就是以「道」的認知為準則，這是外在真理的準則，「得其環中」則是開展出最高認知，能從最高認知處認知世界，就是「始得其環中」，以應人世之間無窮無盡的是是非非，而不糾纏在是非之中。

> 是亦一無窮，非亦一無窮也，故曰莫若以明。

要知道只在有限的人世間求個是非判斷，單就「是」來說，就是個可無窮盡辯論的是非系統，單就「非」而言，也同樣是個辯論不完的是非系統。人的生命須要在這辯論中辯個不停嗎？所以莊子才在這章最後說出與上章相同的結尾——

莫若以明沒有比用空明若鏡、若太陽的心靈俯看這世界，以及所有的是是非非更為合適了。

這段文字可說是莊子重要的知識論，他從「言非吹也」，由此從「天籟」提出人的言語背後的心機（各自的心機），使言語不同於天籟，也使言語受到極大的限制。而這些人類的心機，則是人沒有覺悟到自身生命受制在有限的生物層次中，只能死守在有限的立場，爭辯不停，如此若明白了「大道」，了解整體的宇宙真象，知道了「道」，自己也開發出認識「道」的大認知、大覺性，就明白什麼是真理、真象、真宰了！

莊子這篇文章層層轉換、層層推出，細膩、深邃，而又恢闊。請大家耐心多讀幾遍，就能看見、理解莊子從人的生有限性到大自然、大宇宙，又再回到現實人生，而後再脫空而出，回到「莫若以明」。

何謂是道？

以指喻指之非指，不若以非指喻指之非指也；以馬喻馬之非馬，不若以非馬喻馬之非馬也。天地一指也，萬物一馬也。

這一章是繼承上一章談無限宇宙的整體性，莊子在這一章更用具體的事例來說明。

以指喻指之非指，「以」是用，第一個「指」是自己的手指頭，「喻」是說明，第二個「指」乃是專指那支手指頭，「之」是乃，「非指」是說不是我的手指頭。

不若以非指喻指之非指也；

「不若」是不如，「以」是用，「非指」是說不是我的手指，「喻」是說明，這裡的「指」代表別人的手指頭，而不是自己的手指頭。這句是說，不如用不是自己的手指來說明，那手指不是自己的手指。

以馬喻馬之非馬，不若以非馬喻馬之非馬也。

這是說，與其用馬這一概念來說明，白馬不合乎單一的馬這一概念，不如用白馬的概念來說明，白馬並不合乎馬這單一概念。

前一句說，用自己的手指來說明，那支手指不是自己的手指，不如不用自己的手指來說明，那不是自己的手指。這從具體的事例上來說明人常以自己為例，強調那是不對的，如同別人的手指頭，不是自己的手指。這也就是我說的手指，乃是以自己的手指所代表，此亦是也，用一切「不是」來說自己的「是」，而第二句則就概念說，白馬與馬不是相同的概念，莊子說既然不是相同的概念，那就不要用馬這一概念來說馬不是白馬。要知道白馬不是馬，這概念可概括的，既然都用了馬，但在同一概念之下都屬馬的概念，他們就都是「馬」了。所以下一句，莊子就這樣說。

天地，一指也；萬物，一馬也。

這是說宇宙、自然、天地、萬物都是在一個整體之中，所謂「道通為一」，天地與一指，萬物與一馬是渾然一體的，沒有對立和區別。因此從這渾然一體的相同處看，天地雖大，但相對更大的無限而言，和一指沒有絕對區別，再說天地與我同體並生、同一根源，如此不就是天地一指嗎？再則萬物雖眾，從渾如一同體的相同處去看，萬物如一馬都是天地存在中的同一類事物。莊子在這認知論上，除了開出超脫現實各自區別、對立的一般、現實的認識論，提出超越現實的認識論，更從這超越現實的認識論裡，確定「道」的認知——宇宙、自然、天地、萬物，都存在於一個道中，而道就是總合一切的總體存在。從這前提下，混同彼此，泯滅是非，認為即使是天地與手指、馬匹與萬物，都是可以不從區別上去看，而是沒有區別的。

古人說，這是莊子破除公孫龍的「白馬非馬論」，白馬就概念而言，不是馬的概念，兩者是有絕對區別性的。公孫龍還有「指物論」，簡單地說，這也是公孫龍以「指」來做形而上的名言概念；「物」則是指具體存在的東西。公孫龍提出，怎麼能拿這形上的名言概念來指稱這些具體的物呢？人憑什麼以這抽象、形上的名言概念來認識具體存在的現實之物呢？這是不同而有區分的呀！因為《莊子・天下篇》中，從莊子的立場批判了公孫龍的這一切事物都有區別性，是以許多人都認為這段是莊子來打破公孫龍的，因此提出一體混同的觀念。

我個人的想法則是這樣，公孫龍是戰國後期的人，他曾擔任戰國四大公子趙國平原君趙勝的幕僚，他晚了莊子一百多年。所以應該是公孫龍想破莊子的一體論，而提出白馬非馬論、指物論。至於〈天下篇〉，是《莊子》這部書的序，古人的序可以放在正文之後，其完成已到戰國晚期了。因《莊子》這書是莊學的總集結，從內篇到外篇與雜篇，也經過了相當長時間。到一百多年後公孫龍來破莊子的一體，甚至也是破惠施的天地一體論。

可乎可，不可乎不可。道行之而成，物謂之而然。惡乎然？然於然。惡乎不然？不然於不然。物固有所然，物固有所可。無物不然，無物不可。故為是舉莛與楹，厲與西施，恢恑憰怪，道通為一。

可乎可，不可乎不可。

這是說在「天地，一指也；萬物，一馬也」的前提下，我們了解人們之所以認為可的立場，我們也認可它，不否定它。人們認為不可的地方，我們也能理解，並不否定它。這就如〈秋水篇〉裡所說：「因其所然而然之……因其所非而非之。」請留意有許多版本解釋這句是，人家認可，我也跟著認可；人家不認可，我也跟著不認可。這從表面上看，莊子似乎有些滑頭，以至模稜兩可，其實不是，而是了解人們之所以認可，所以不認可，而不去否定，不去對立。這有點像《論語》中孔子所說：「攻乎異端，斯害也已！」這是說，凡是面對相反的意見、看法，就要去研究、了解他們何以與自己立在完全不同的立場上，這樣因陋之害也就停止了！要知道，是非爭鬥其實就是固陋之害。孔子教人要「君子不器」，君子──一個高度的生命自覺者，要能開闊不受限制，莊子於是進一步從人存在的時空上，讓人看見「人」自身的限制，進而再從語言上看到人經驗的限制，再加上人因私己而來的心機的侷限，以至於看不見「道」，失去了「道」。而今如何能去看見「道」，認識真理、真君，那就開展自己的認知力，超脫出人的私己與有限的經驗，如同太陽般照見一切，看見宇宙天地的整體性，如此了解每個人的立場，了解他的認可，於是就認可他的認可；了解他的不認可，就接受他的不認可。這樣就沒有是非、爭辯。這讓我想起禪宗公案中，有兩位僧人去問大法師，一人說禪是如何如何，大法師聽了說「對」，另一位則說不是，大法師聽了也說「對」。有人問大法師，怎麼可能兩個都對？大法師說「你也對」。

道行之而成，

「道」是路，「行」是走，「之」是助詞無意義。這句是說，道路是人走出來的；也是說，任何理論系統、是非系統，都是人走出來的，人對立、爭辯就有是非之路。這「道」是是非系統、理論系統之道，因人天天去辯而形成的。

物謂之而然。

「物」是指萬物之名，「謂之」是叫之、稱呼之來的。這也就是說，萬物的名稱也是人叫出來的。

惡乎然？

「惡」是何、為何的意思，這句是說，為什麼這麼叫？為什麼這麼認定？必有其系統，有其脈絡，有其緣由！

然於然。

既然已如此叫、如此說了，我就接受他如此說。這不是「鄉愿」式的認同，而是理解而接受。這裡面是有同理心的，有同理心就不會有爭辯。

惡乎不然？不然於不然。

他們何以不認為如此？有他們的言論基礎、立論前提，同樣他們若是不同意，也有他們不同意的基礎與前提，去理解他們，不須爭辯、反對，物就不會因此不齊了！這重要的就是去理解，而理解之前得先有自我超脫的認知，而後從更高的超越性來看，這也就是「莫若以明」。

物固有所然，

任何事物本來就有因本身而成為的立場、作為理論基礎的地方。「固」是本來，「有」是固有、本來就有，「然」是如此，「所然」是之所以成為如此的樣子。這句是說任何事物本來就有其成為自己本來樣子的藍本，而這些藍本也就是構成自身系統的前提或基礎，或不成為這樣的地方。

物固有所可。

各個天地萬物，本來就有本身可以如此的地方，或不可以如此的地方。這如同孔子、孟子所說的：「人各有其天命。」人各有成為自己的特殊處，當有這樣特殊處，就不可以、無法成為其他不是他的他。人要有這分解的認識能力，人雖能超脫一切，從渾然一體看事物，但不是模糊不清地看，而是能看清楚萬物的特殊性。這就如人一方面要知人的有限性，又要知宇宙的無限性，但待知道宇宙的無限性還要回來看現實人生。這種論述、分解，就是後來到了老子的總結：「故常無，欲以觀其妙；常有，欲以觀其徼。」這是說構成天道萬物的「道」，既有具體存在的「有」，又有非具體存在的「無」，因此認知這世界，就得有能力認知事物時，能看到「無」的整體性，人能從無來看，就可以看到萬物由無到有、由有到無的奧妙變化，但也要能不忽視，具體存在「有」的各個成立、存在的特殊處。不過老子要認識的是「道」——知「道」，而莊子在這裡看重的是「物」，即人當能從不同角度「知物」，物之所以為物，也有各種面向與角度。孔孟則強調「知人」。從這裡即可見孔孟莊老思想的變化與進程了吧？

無物不然，無物不可。

能從「莫若以明」、「照之於天」的角度看事物，天下沒有什麼事物不如此的，沒有什麼事物是不可並存的。

故為是舉莛與楹，

「莛」是草莖，言其小，「楹」是木柱子、是屋樑，言其大，大與小在人世間看來似乎是絕對差別的東西。

厲與西施，

「厲」音ㄌㄞˋ，本指癩瘋病，引申作醜惡、難看之人。西施是春秋後期的人，中國歷史上傳說的四大美人之一，意謂這兩者的差距在人世間也非常大。

恢恑憰怪 「恢」是宏大，「恑」是詭，指「狡猾」，「憰」是欺詐，「怪」指不同尋常古怪之事，莊子用這四字概括人世間所有千奇百怪之事。

道通為一。 但從「道」的角度來看，萬物並沒有絕對的差別，萬物是可以相通的。

其分也，成也；其成也，毀也。凡物無成與毀，復通為一。唯達者，知通為一，為是不用，而寓諸庸。庸也者，用也；用也者，通也；通也者，得也。適得而幾矣。

其分也，成也；其成也，毀也。 「其」是指稱詞，指那些，「分」是毀，「成」是成就、完成，也可引申作產生。這可以說，就人世現實事物有分、有毀，但從無限宇宙的大勢來看，也就是從「道」來看，任何現實有限事物的毀壞或分解，卻是另一種新事物、新可能的產生。這是莊子在宇宙論上的看法，認為萬物在大道中生生化化地流轉，不會完全地消散、毀滅，一切都只是事物間的轉化而已，如同水中之魚，在長時間的流轉中，會轉化為鳥。魚與鳥在現實的人世間似乎是絕對的差異、對立，不僅在物質、物體的絕對不同，在生存空間上，一在水中，一在空中，但在無限時間的流轉中，魚竟化而為鳥。這是說，萬物皆從氣而來，由氣化生為物，在具體成為物的物質上似乎有其不同，但其根本上是一致的，都由「氣」產生。不論物質本身的質變或是量變，其根本都只是氣的轉化，一旦轉化與變化雖都是氣，但因時間的不同，而有了不同。

莊子的宇宙論和西方的宇宙論最大的不同是，西方是將宇宙視為一個大的框架與結構，物質則由本質構成，探求物質的本質是宇宙論最重要的課題；此外，了解宇宙本身的構成也是最重要的課題。質言之，西方哲學的宇宙論，其基本著重在空間結構，其探索的物質構成的本質，仍是限於物質的本身。而莊子的宇宙論，其實也是傳統中國的宇宙論，強調的是時間，一切物質都由大氣構成，並在大氣中流轉、轉化，而大氣則是無限流動的時間長流，物質在這無限時間長流中分分合合、成成毀毀。**凡物無成與毀，**每每一旦新成一物，其實就是原本舊物的分解與毀壞，所以「成」也是「分」、也是「毀」，「毀」也是「成」，也就是「分」。由此來看天地萬物在無限時間長流中，也就是「道」中，並沒有絕對的「成」與「毀」。**復通為一。**「復」就是回到、返回，「通」是通向，「為」是成為，「一」是一體，就是「道」，道無所不包，又可稱為「大一」。他們最後流轉回歸到無限的「大一」上，而「大一」就是「道」，「道」統合一切。後來〈天下篇〉說：「至大無外，謂之大一。」**唯達者，**「唯」是只有，「達者」是通達大道之人，就是得道之人，也就是通達事理之人，換言之就是大覺之人、大智慧者。**知通為一，**「知」指能真正的知道，萬物分分合合、成成毀毀都是通向大道的，「一」是大道。**為是不用，**「為」是因，「是」指此，「為是」即因此，「不用」是指達者因此不會用自己的聰明智巧去分辨萬物的成與毀，也不去理睬萬物的種種不同而評論是非，而是站在「道」上看待萬物。**而寓諸庸。**「而」是然後，「寓」是寄託，「諸」是於，「庸」是常，指常理，這常理就是「道」。這句是說，因此不再用自己的私智、私心去分辨生死、對錯、是非，不再理睬萬物中的不同、分辨，而是將自己的認知寄託在大道上。

> 庸也者，用也；用也者，通也；

「庸也者」是指這永恆不變的常道，「用」是日常用的常道。獲得了這「道」之用處，人的思想就通達無礙了。「通也」就是通達無礙。

> 通也者，得也。

指做到思想通達無礙，也就是得道了，「得」指得道了。

> 適得而幾矣。

「適」是至、到、到達，「得」是得到，「幾」是近，近什麼？與「道」近了，這也就是指獲得大道了！

因是已。已而不知其然，謂之道。勞神明為一，而不知其同也，謂之朝三。何謂朝三？狙公賦芧，曰：「朝三而暮四。」眾狙皆怒。曰：「然則朝四而暮三。」眾狙皆悅。

> 因是已。

「因」是依照，「是」指此，指前面所說的「不用而寓諸庸」的道理，這道理也可以說是齊物的妙用，一切都從「道」上看，「物」就不會不齊了！「已」是矣。

> 已而不知其然，謂之道。

「已」是指事情已經發生了，什麼事呢？是整個大宇宙、大自然，以至天地萬物就已然發生了！「而」指但是，「不知其然」是不知其所以然，「然」是原因。不知道大宇宙、大自然，以至天地萬物為什麼發生！這就如同即使至今科學已經這麼昌明，天文學、天文物理學、大空科學已經這麼發達，人已可以登陸月球，甚至上達火星，還遠去探查天王星，但人還是不知大宇宙怎麼發生的，其發生的道理是什麼？同樣，人在生物學上甚至都走向基因改造，但生命何以會發生？人們也還是只知其能知者，而不知其所以然。「不知其然」就是不知其根本的原因，既然不知根本的原因，何來論斷其中的是是非非呢？所以這無法知其所以然，但已發生的事就「謂之道」，我們就叫他「道」吧！這就好像西方人對一切的不可知，都歸之於上帝一樣！人類的認知，是有所知，有所不知的。所以孔子說：「知之為知之，不知為不知，是知也！」這是說，當我們確實，什麼事是我們清楚知道、確實能知道的；而什麼事，哪樣的事是我們不知道或還不知道的，甚至可能是人類永遠不可知道的。當人在這方面弄清楚了，這就是清楚地知道了！莊子的〈齊物論〉似乎擴大了孔子在《論語》中的這番說法，只是莊子更細密地碰觸到人的不可知，並歸之於「道」，用「道」來說明整個世界、宇宙、自然、天地萬物的發生，並進而從「道」的前提下可以認知到宇宙、自然、天地萬物，有其一體性，一切存在沒有絕對的差別。同時再從改變的人生上回看人在生存上的自以為是，並提出各種意見、理論，互相否定、攻擊以至使人世間充斥著各種是非的爭辯，使人心不得安寧。

勞神明為一，而不知其同也，謂之朝三。

在上述的情況下，多少人去刻意追求「齊一」。「勞」是煩勞，「神明」指人在心智的精神、智慧，「為一」是刻意去研究、追求萬物是齊一，而不去認識萬物本來就是同一的。莊子在這裡指的是墨子，墨子強烈主張「天志」、「尚同」來說明世界的統一性、同一性。同時莊子也批評好朋友惠施用名家理論說：「天地一體，萬物為一。」他們似乎都是不去面對萬物本來就是齊一的，而非要自己用私智去說萬物是齊一的，這種說法就像「朝三」的故事。

何謂朝三？ 什麼是朝三的故事呢？ 狙公賦芧，曰： 「狙公」是養猴子的老翁，「賦」是分給，「芧」稱山栗，又名橡子。這句是說，養猴子的老人平常分橡實給猴子們時對猴子說。朝三而暮四。 每隻猴子早上給三個橡實，晚上四個橡實。 眾狙皆怒。 所有的猴子都生氣了，於是老人改口說。 然而朝四而暮三。 如此，那就早上給四個，晚上給三個。 眾狙皆悅。 這樣一來，猴子們都高興了。

名實未虧，而喜怒為用，亦因是也。是以聖人和之以是非，而休乎天鈞，是之謂兩行。

「朝三暮四」或「朝四暮三」的總數都是七個，其間沒有變化。 名實未虧， 指橡子的名與實都是七，沒有變化、改變，「虧」是改變。 而喜怒為用， 「而」是但是，猴子們卻因此在情緒上就有了喜怒的變化。

這是什麼原因呢？莊子用這故事來說明人世間總爭執在各種不同的「名」上，並製造出許許多多的「名」來說明什麼是他們各自認定的實，而後爭論不休、憤怒異常，或是因此而開心異常，其實從大宇宙、大自然、大世界，整個天地萬物而言，其中名實未有任何變化！如果我們再講佛家所說的一切事物都是因緣所生，而也因為是因緣所生，所以一切事物、一切具體的存在都是暫時性，一旦構成事物的某個因有變化，或某個緣有了變化，這事物就變化了，進而消散了。所以佛法說，一切現象都是空的，而我再看見現實的人事中，人們常為「空」爭吵不休，痛苦不堪或高興異常，這是不是有些滑稽、有些荒謬？所以莊子就說了。

亦因是也。

「亦」指這也就是，「因」指是、此原因，「因是」就是因不懂、不深入此事理的，什麼是不深入此事理的緣故？就是「執一而不知其同」，什麼是「執一」？就是固執在自己所認定的單一名詞上、概念上，甚至用今天的話說，是單一的意識形態上。

就像今天標榜自由、民主、人權的人或政治團體，認為這三者是絕對的真理，但從未進一步思考什麼是自由？如何能達成真正的自由？在現實人生的自由中，在西方標榜的自由中，其有沒有界線？自由與自律間會不會有關連？再說，什麼是民主？如何真正達成民主？難道只有兩黨或多黨的輪替，選舉投票，所謂的保障一人一票就可以做到嗎？而人權僅是私人財產權的保障嗎？人的生命權難道不是最重要的嗎？看看在新冠疫情的肆虐下，許多政府強調國家主權，而犧牲人民的生命權，許多政府為了保障國家利益或某些財團的利益，而犧牲了人民的生命權，這其中有許多是標榜自由民主的國家與政府，如此人有真正的人權嗎？然而世界在這兩百年來，以至於今，許多國家總在這名辭上爭論，責備不休，並且開戰，這不就是猴子朝三暮四的故事嗎？猴子不懂齊物的原因，他們偏執地執守在自己認定的名實上，並任由自己的偏見，訴之情緒，隨意高興，隨意褒貶，論就是非。面對這種現實人生的情境，莊子這樣說。是以聖人和之以是非，「是以」是因此，「和」是合，可作混同解，「和之以是非」，就是「以是非合之」，「以」是把，把是非彼此混同起來，不再去隨世人之見來分彼此。而休乎天鈞，「休」是止，「休乎」是止於，「天鈞」就是天均，「鈞」作均字解，指天然的均衡狀態，是一種「齊同」，指的是「大道」，渾然一體的天道，這是說，面對人世間這些荒謬不休的是非爭吵、爭鬧，聖人從就混同是非、齊同萬物的觀點出發，最終就如這章最後一句所說。是之謂兩行。「是」是這，「之謂」表示就是，「兩行」是指萬物、物我，不再對立各得其所，萬物、物我都齊一混同，和諧不再有對立與衝突。即使彼此不同，也各行其是，這好像做陶器，把陶土放在輪盤上，向右轉能成器，向左轉也能成器，一切是非都得以止息，而回歸大道之上。

這也就是說，回歸大道方能平息是非，這是齊物的根本走向，也是人在認知上的正確起點。我們前面說過這一章是莊子開始從「道」上提出不同於儒家、墨家的認知論與宇宙論，老子由此再提出「道可道，非常道」的「道論」哲學思想。

道的境界

古之人，其知有所至矣。惡乎至？有以為未始有物者，至矣盡矣，不可以加矣。其次以為有物矣，而未始有封也。其次以為有封焉，而未始有是非也。是非之彰也，道之所以虧也。道之所以虧，愛之所以成。果且有成與虧乎哉？果且無成與虧乎哉？有成與虧，故昭氏之鼓琴也；無成與虧，故昭氏之不鼓琴也。昭文之鼓琴也，師曠之枝策也，惠子之據梧也，三子之知幾乎！皆其盛者也，故載之末年。

古之人， 指古時悟道之人。 其知有所至矣。 「其」指他們、悟道之人，「知」是知識、智慧，「至」是最高境界，「有所至矣」代表有所最高的境界。 惡乎至？ 「惡」是何，什麼是「惡乎至？」是這種悟道的知識、智慧能達到什麼樣的至高境界？

有以為未始有物者， 「有」是有些悟道者，「以為」是認為，這世界、整個宇宙開始，「未始有物者」是說從來沒有存在過事物。這是古之至人，最高智慧的表現，他們認為天地之始，一切都是無有的。這種認識是最高的認識。 至矣！盡矣！ 這想法已是盡善盡美。 不可以加矣。 無法再加，再往上想了！在這種認識中，這種人已進入全然「空無」的境界了。這是從「無」看世界之始。

其次以為有物矣，而未始有封也。 「其次」是次一等的高人，「以為」是認為世界、天地是從「有物」開始，「而」指只是，「封」是界線，「未始有封」是說在剛開始，物與物間還沒有「彼此」的分別、界線。 其次以為有封焉，而未始有是非也。 這句是說，再次一等的智者則認為萬物已開始就有了區別，只是還沒有是非的爭論。

是非之彰也，　「彰」是彰顯、明白、清楚的意思，這是說，當人世間的是非開始明顯了！

道之所以虧也。　「虧」是失、虧損，是不足。這是道不被認識的原因，換言之，也就是「道」虧損的原因。第四章說過「道惡乎隱而有真偽？……道惡乎往而有不存？」從這裡來說，「是非之彰」即「道隱」、「道往而不存」的原因，這其實也就是物之不齊的原因。

道之所以虧，愛之所以成也。　這裡的「愛」是偏私、偏愛的意思。這句就是說，當道有了虧損，不足以再彰顯，就是人偏私偏執的開始！可是更將深入思考，從大宇宙來看，真的有成與虧嗎？

果且有成與虧乎哉？果且無成與虧乎哉？　「果」是真，「且」是乃，大宇宙中真的有成與虧麼？還是真的沒有成與虧呢？

莊子接下來舉例，有成與虧，故昭氏之鼓琴也；　「故」是即，作就是解，「昭氏」代表善於彈琴的高手，他名叫昭文，不過根據《呂氏春秋．君守》說：「鄭太師文，終日鼓琴而興。」還有其他文獻上也說「鄭太師文鼓琴的事」，從這推測「昭文」就是「鄭太師文」。這句是說，有所謂的成與虧啊！就表現在昭文彈琴上。這是莊子用演奏音樂來比喻，音樂的構成是聲音，而宇宙的聲音是無限的，當音樂家譜成了音樂，並加以彈奏出來，他所選擇的聲音則是有限的，但凡一曲子的完成與演奏後，許多聲音成形了，但多少聲音被遺失了。若是音樂家沒有寫成曲子，保持緘默，如此聲音就沒有遺失，而得其全了，這也就沒有成與虧。莊子這「得其全」的觀點，而後形成於中國美學上，更在傳統音樂的聲音上，「無聲之聲」是一個非常獨特的美學觀、美學範疇，是最美的聲音，也是最「全」的聲音，也是最接近「道」的聲音，寂然無聲就是天籟之聲，所以傳統中國音樂中有聲無聲是可以相互為用的；西方音樂的聲音就得飽滿，充滿一切，五線譜上的休止符不是無聲之聲，只是聲音告一段落而已。而後這「無聲」的觀念也影響至所有的中國藝術，例如繪畫的留白、文學的空靈性，都是來自這觀念。

回到「昭氏之鼓琴」這兩句。若從現實的人生來說，表現出現實中的成與虧，最直接的例子，就是昭氏的彈琴了！

無成與虧，故昭氏之不鼓琴也。

相反來說，昭氏不彈琴，就沒有什成與虧了！用此引申保持緘默，不論是非就萬物混同，得其全、得其道了！

莊子進一步再說。

昭文之鼓琴也，

像昭文彈的琴。

師曠之枝策也，

「師曠」是春秋晉平公時代的著名音樂家，「枝」是持、拿的意思，「策」是打擊樂使用的棒子，古人說：「枝策以擊樂器。」師曠在當時不止是大音樂家，也是大演奏家，在打擊樂上也很有名氣；孔子對師曠的音樂也大加贊美。這裡就以師曠的打擊樂為代表。

惠子之據梧也，

「惠子」就是惠施，莊子的好友，「據」是依據、依靠的意思，「梧」是梧桐樹。這句就是說，惠施靠在樹上講道理。〈德充符篇〉就說，惠子「倚樹而吟，據槁梧而瞑」，可見惠施喜歡靠在樹上論說。

三子之知幾乎！皆其盛者也，

在臺北故宮有張宋朝的畫作，幾個人在樹下說道，其中就有一個人靠在彎彎的樹幹上說道。「三子之知，幾乎其盛者也。」「三子」是三位先生，「知」是智，「盛」是程度之深。這句指他們的智慧與技術，都是最精熟高超的。

故載之末年。

「載」是事、從事，

「末年」是晚年。這是說，這三位先生從事他們這最精熟拿手的事，終其一生。

唯其好之也，以異於彼，其好之也，欲以明之彼。非所明而明之，故以堅白之昧終。而其子又以文之綸終，終身無成。若是而可謂成乎，雖我亦成也。若是而不可謂成乎，物與我無成也。是故滑疑之耀，聖人之所圖也。為是不用而寓諸庸，此之謂以明。

唯其好之也，以異於彼，「唯」是只因為，「其」指這三人，就是昭文、師曠、惠子之所好，「以」是乃，「異」是不同於「彼」，「彼」是指其他人或一般大眾。這裡有含著他們三人認為自己之所以超出其他人的地方、有比其他人優越的地方。其好之也，因為他們愛好自己技藝、知識，所以想傳授。欲以明之彼。「欲」是想要，想教大家明白自己所愛好的這份技藝、知識。非所明而明之，「非」指不是，「所明」指那些其他人所需要去明白的，「而」是乃，「明之」表示他們硬是想要教這些眾人明白，他們所知、所據之道理技藝。故以堅白之昧終。所以他們都像惠子一樣，終其一生都在堅持著「堅白」的糊塗觀念裡以至於終老。

我們曾經說過有些莊子的版本，在〈秋水篇〉談到戰國末年公孫龍的「堅白論」時，就把這裡說的惠子「堅白論」誤以為是公孫龍的。其實我們前面說過，這裡所說的「堅白論」是惠子的，而惠子是強調的是「堅」、「白」同異，在於一個「合」字，這是認為天地萬物之異，都只是相對性差別而已。我們從大處來看天與地，是同樣的「卑」，山與澤是同樣的「平」，為什麼呢？因天與地的差別在於「天高地平」，這只是有限空間的比較，若從更高的天來看，人所看的天，也同樣是卑的；山與澤亦同。所以從這個角度看，人世間所見的天與地、山與澤同樣都是卑與平的。以致最後他推論出天地一體、泛愛萬物的觀念。在這些論述中，似乎與莊子的觀念有相類似的地方，但是又有所不同，莊子所見是從人的直觀上認知，也是從人的感覺知覺中出發，只是擴大了人的感覺知覺，放大人的日常認知，使之能看到無限的時間與空間，同時並看到更深邃處，不要受制於人現實的功利價值之中，這是從感覺認知再擴大發展到人最高的意識認知。而惠子則是透過理論概念的分析，在理性辯論思考的證辯中，談事物的同一性。到了戰國末年公孫龍則與惠子學派的觀點針鋒相對，講「白堅異」強調事物的差別性，甚至人的感知，眼睛所見的與手所觸的是同一物件，卻是有不同的認知，如石頭，眼所見是白石，但手所觸到則是堅硬的，所以在認知上，眼之認知與手之認知是不同的。所以請不要誤以為莊子用公孫龍的說法來反駁惠子的「堅白合異」。而〈秋水〉已是在莊子的外篇，是莊子後學所作的文章，在時間上是有不同了。

而其子又以文之綸終，終身無成。

「而」是然而，「其子」指惠子之子，「文」是文章，「綸」是緒，指事業，「文之綸」是文章事業。這句是說，惠子的兒子也以文章辯論為其終身事業，結果呢？其子終身無成。莊子的意思是惠施的論述有其限制性，因此在思想發展上是有侷限的，所以兒子繼承，也無所成就。

若是而可謂成乎，

「若是」是如此、像這樣，「而」是乃，「可謂成乎」意謂可以說是有所完成嗎？這是指昭文對鼓琴、師曠對枝策、惠子對辯論的堅持可算是一種完成嗎？如果是，那一般人也都有他們的完成。

雖我亦成也。

「雖」是即使，這裡的「我」是泛稱，指一般人。

若是而不可謂成乎，

「若是」指如此。像這樣，乃不可說是一種完成！那麼萬物與一般人也都不算有所完成了，這為什麼呢？這是莊子再度從「道」的立場上說，就「道」而言，這些一技、一術，或僅是一些學術知識的派系都不能展現「大道」，他們都只是「大道」的一小部分，談不上是一種完成，真正的完成是「道」，有時候反而因這一技、一術、一些學術知識派別的成立，反而遮蔽了「大道」，使自己和人們看不見「大道」。

是故滑疑之耀，

「是故」指所以，「滑」是滑亂人心，「疑」是使人疑惑，「耀」是炫耀，這句是說，所以滑亂人心，使人對「道」有更大的疑惑，這種炫耀自己聰明的行為。指昭文、師曠、惠子以至世上這一類的人，他們彰顯了個人有限的聰明，使世人反而更看不清事實的真相，並阻擋了他們認識真理的機會，甚至還誤導世人進入認識真理的歧途。像這一類的行為、成就就是如下所言。

聖人之所圖也。

「圖」是「鄙」字的訛寫，鄙是摒除、摒棄、鄙視、輕視的。

為是不用而寓諸庸，

「為是」是因此，「不用」是不行此道，不行這種小技、小術、樹立學派，「而」是乃，「寓」是寄、寄託，「諸」是於，「庸」是常道。這也就是說，聖人不做炫耀這種小技、小術、建立學派的小道，而是把大道真理付諸於生命的大道中。

此之謂以明。

這就

是用光明的大智慧照耀於世了！

宇宙之始

今且有言於此，不知其與是類乎？其與是不類乎？類與不類，相與為類，則與彼無以異矣。雖然，請嘗言之。有始也者，有未始有始也者，有未始有夫未始有始也者。有有也者，有無也者，有未始有無也者，有未始有夫未始有無也者。

今且有言於此，「今」是目前、當下、現在，「且」是將，「有言於此」是莊子表示他現在有一番話將要在這裡說。不知莊子要講的這番話與昭文、師曠、惠子，這一類小愛、小智所說的話是一樣嗎？只是偏在大道的一隅而已嗎？不知其與是類乎？「其」指莊子要說的話，「是類」是此類嗎。就是像前文所說的那些小智、小愛的人，堅持在自己所想、所思之中，沒有弄明白大道的根本真象，所講出來的話一樣。其與是不類乎？我要說的那番話，還是與他們說的是不同類呢？類與不類，是一類還是不是一類。相與為類，還是與他們的言論相互間有相同之處，如只偏在自己認定的一番話中，這與其他小智、小愛的人言論沒有不同，因那只是會挑起是非而已。則與彼無以異矣。那麼這樣的講話，與那些言論也就沒有差別了！雖然，請嘗言之：「雖然」指即使如此，意謂在這前提下「請嘗言之」，還是請允許我，試著來談談這世界起始的問題。

有始也者，「始」是指天地之始。這句是說，有人主張天地有一個開端，宇宙有一個開始。有未始有始也者，「未始」可作天地未嘗有開始解，「有未始有始」即有未嘗有始，也就是說，天地、宇宙未曾有這個開始。有未始有夫未始有始也者。這是說，在天地宇宙還未開始之前的更前面，「有未始」指一切一切都還沒有，這種狀況還在那個未始有始之前呀！這句中間的「夫」字是作那個解。

有有也者，有的人主張天地宇宙一開始就有物質的存在。有無也者，有的人主張天地宇宙的開始，是從「無」開始的。也就是說，天地宇宙有物質的存在。有未始有無也者，有人則認為未嘗有無的階段。有未始有夫未始有無也者。這是主張在「無」出現前的天地宇宙。

這兩段話，莊子是探討天地宇宙以萬物誕生為始源。一是「有始也者，有未始有始也者，有未始有夫未始有始也者」，這是講天地宇宙之始；而另一段「有有也者，有無也者，有未始有無也者，有未始有夫未始有無也者」，這是指天地宇宙的存在物質從何開始，從何開始化生？

在西方古希臘時代，乃從「有」開始，哪怕是古猶太教、古基督教也是從「有」開始，因上帝先天地宇宙而生，上帝再創造天地宇宙，以至於萬物。即使更古老的拜火教，「光明」是天地宇宙誕生後已有之物。古埃及以太陽為中心的眾神教、古希臘的多神教也都是從天地宇宙有始，萬物是已有天地宇宙後的誕生之物。在人類探討宇宙起源的哲學，幾乎都從「有始」，有「有」、有「無」開始，似乎只有莊子追溯到一切尚未真正開始的開始之前，這真是不得了的思考，這思想是何等深遠，也因此莊子強調「自然」，因那實在超乎於人可想像、可認知之外，只能說一切「自然」發生，天地宇宙就是自己如此。最後老子總結於「道」。

俄而有無矣，而未知有無之果孰有孰無也。今我則已有謂矣！而未知吾所謂之其果有謂乎？其果無謂乎？

「俄而」是不久，忽然間「有無矣」，指世界就有了存在和空無，世界進入有和無的世界。

俄而有無矣，而未知有無之果孰有孰無也。

「未知」是不知，「有無之果」指存在和空無，「果」是真實狀況如何？誰是真的存在，誰是真的空無？古人曾說，這句是說有果真，可被認為是真有，這無果真可認為是真無？古人更說，在最早最早之前，本來沒有「有」，也沒有「無」，忽然有了「無」，而後便生出「有」，不知這「有」、「無」真的就是「有」、就是「無」嗎？

莊子提出這問題不僅是知識性問題，也是宇宙論的問題，也就是人類提出天地宇宙萬物的起源，真的是從一切皆無，或無上之無開始嗎？這真是宇宙的真象嗎？而後天地宇宙有了「無」，由無而後產生「有」，有了萬物，有了一切的存在物！這真的合乎客觀的事實嗎？今天這問題在科學實證論下，也還是個大問題。在古希臘時代更是個大問題，所以才產生知識論，二十世紀英國實證主義的大哲學家羅素（Bertrand Russell）就首認為古代探討宇宙「有始」、「有無」的形而上學，都只是臆測。而莊子對這問題也提出討論。

> 今我則已有謂矣！而未知吾所謂之其果有謂乎？其果無謂乎？

莊子說，現在我已提出質疑，說了一番話，但從天地宇宙的最高無上處來看，不知我所講的這些話是真的講了呢？還是等同沒有講呢？

宇宙、萬物與我

天下莫大於秋豪之末，而大山為小；莫壽乎殤子，而彭祖為夭。天地與我並生，而萬物與我為一。既已為一矣，且得有言乎？既已謂之一矣，且得無言乎？

> 天下莫大於秋毫之末，

「秋毫」是指秋天獸類，準備禦冬而長出新的毫毛，「毫毛」是毛的尖端，是極微小之物。這句是說，站在最高的天地宇宙處，站在天地宇宙無限的極處，「天下」——整個人類世界，並不比秋毫來得大！莊子這觀點在今天的天文學上似乎被證實了，地球在太陽星系中只是一小點，整個太陽星系中，只是無可數的星系中一個極微小的星系，由此來看，這「天下」在整個天地宇宙中是最大的，但也不會大過秋毫的尖端。

> 而太山為小；

「太山」就

是山東的泰山，從這角度來看，太山也可說是非常微小的。莫壽於殤子，「殤子」就是短命的人，古人有的說是未成年而死者，相對於更短命的，即使未成年也算是長命了。而彭祖為夭。相反來說，相對於無限的時間來說，即使是彭祖也算是短命人了。「夭」是夭折，指少壯而死者。這句說，從天地宇宙中剎那生滅的無限時間來看，有時即使是早殤，其實也是屬長壽的了。

天地與我並生，而萬物與我為一。從整個無限的宇宙而言，天地與我是同時存在這宇宙中，並且萬物與我也是整體存活在這整體的宇宙之中。「並」是同時，「並生」是說同時存活。既已為一矣，這是說，既然是合為一體了。且得有言乎？還能再說些什麼嗎？這表示如果再說些什麼，就會滋生出種種分別的觀點了，如此就破壞了一個整體。既已謂之一矣，表示既已說出「合為一體」的話。且得無言乎？這樣還能說，還是沒有話說、不必發表言論了嗎？

一與言為二，二與一為三。自此以往，巧歷不能得，而況其凡乎！故自無適有，以至於三，而況自有適有乎！無適焉，因是已。

一與言為二，「一」指的是萬物一體、萬物與我為一的事實是「一」，「言」是指表述萬物與我為一的言論，如此萬物一體加上表述萬物一體的言論，這就成為「二」了。二與一為三這樣此「二」如果再加上表述我為萬物之一，這樣就有三種言論。這論述是莊子表示，只要有言之後，就能逐步生出許多其他的玄思、其他的言論。

自此以往，「自」是從，自此從這樣的思考方式，「以往」是往下推論，表示這樣逐步往下推論，就會滋生出許多其他的思想。巧歷不能得，「歷」是計算，「巧歷」是巧於計算者、善於計算者，就是善於計數者或說數學最好的人。「不能得」是說也推算不出會滋生出多少不同的觀點，那不同言論的總數會是多少！而況其凡乎！「而況」是何況，「其」是那些，「凡」指一般凡人。這句是說何況是一般普通人呢？他們就更弄不清楚到底怎麼回事了。

故自無適有，所以說，我莊子自稱為了說明大道的大致狀態，就從「無」開始說起，並說了萬物的誕生，也可以說，我從無言說到有言。以至於三，並論述到三的地步，這就是天地宇宙萬物本身是一個整體，而後論述為天地萬物是一體的，之後再論述萬物與我是合一的。由此而有三種論述，本來「道」是無可說的、是無言的，但我說了，我有言了，甚至我再加以論述，這就有三段論述了。而況自有適有乎！表示何況是從已有的一切去說呢？這是說，何況是社會上百家的辯士從已有的各家論述，再去做各種各樣的論述、論辯呢？古人說，社會上就一般而言，總是根據各人之所知，辯論不已，鼓動不休，如此個人的知與言不斷地增加——不止有儒墨，還有其他各種言說，而即使是儒家，在當時已有八家，墨也有好多家，此外還有名家——形名法術之家，各炫自身的榮華，「姚佚啓態」，叫人如何去分辨呢？

因是已。

無適焉，這話直接說就是不要再往下說了，也就是莊子說我不要再往下說了。「因」是按照、順著，「是」就是此，指「道」，「已」是止，就順著「大道」去行吧！這也是說明莊子作〈齊物論〉是出於不得已，不是要透過辯論壓到別人，這點要請大家特別留意。而也因這段論述，或許大家就更明白老子進一步提出他自己的「齊物論」，而言「道可道，非常道；名可名，非常名」了！

人行走於道

夫道未始有封，言未始有常，為是而有畛也。請言其畛：有左，有右，有倫，有義，有分，有辯，有競，有爭，此之謂八德。六合之外，聖人存而不論；六合之內，聖人論而不議。春秋經世，先王之志，聖人議而不辯。故分也者，有不分也；辯也者，有不辯也。曰：何也？聖人懷之，眾人辯之以相示也。故曰：辯也者，有不見也。

夫道未始有封，「封」是界限、界域，「夫」是發語詞，或可作這、那，「未始」可能作從來沒有過，「未始有封」是說從來沒有過界限。這就是說，「道」從來沒有過界域。換言之，大道無往而不存，無往而不在，他從來沒有彼此的分界限，莊子曾說，「道在稊稗、道在瓦礫、道在屎尿」，天地、宇宙、萬物中「無」不是「道」的顯現，所以說「道未始有封」。

言未始有常，「言」是至言，什麼是至言？就是展現大道之言，凡至言順「道」而說，不會有定見。「常」是定見，古人說「常」是執定不化，「常言」是執定不化之言，也就是會產生是非之言。而至言依「道」而言，不絕對分出彼此，也不會絕對地說是或非，否定不同於自己之言。

為是而有畛也。「為」是為了，「是」指是非，人世間的是非都是為爭得一個「是」字，「而」是才，「有畛」指有許多的畛域，「畛」是田間小路，引申作界限解。這句是說，人世間的人們常為了爭得自己是對的，以至於產生出人世間的是是非非、各種學說，以至於相互間辯論不休。儒墨的是非也只是為爭自己是絕對得對，對方是絕對得錯，以至於有了彼此、是非、人我的區別，以至爭吵不休，而這也就是無法齊物的原因。

請言其畛：「請言」是古人常用的敬辭，就是敬請允許我。「言」是來說明一下，「其畛」指那些界限。就是說，人世間那些界線產生的原因。

有左，有右，譬如社會以左或以右來區分，就像今天西方社會根據西方民生的資本主義社會說這是右派，社會主義社會說這是左派，如此百多年來，左派、右派就打個不停，滋生出多少是是非非。有時左、右又被說成上、下，右被認為是上、是尊，左被認為是下、是卑；但有時，左又是上、是尊，而右是下、是卑，如老子以左為尊、為上，以右為下、為卑。如此就是人世間畛域的開始。

有倫，有義，「有倫」是指人與人之間的親疏之理，也可以發展為有尊卑的秩序。「有義」的「義」字作「儀」字解，是規範、是貴賤等級。社會上發展出尊卑的秩序、貴賤的等級，這也使得社會、人世間有了畛域。

有分，有辯，「有分」是指人們開始剖析天地，宇宙萬物，「分」是剖析，「有辯」的「辯」是「辨」，就是辨識。這也是分別彼此，有了是非的成因。有競，有爭，「競」是競爭，古人說：「並逐曰競。」「爭」是對辯曰爭，也就是透過角逐分勝負，透過辯論爭是非。此之謂八德。意謂這就是「八德」。什麼是八德？八種具體的表現，這是人世間是非爭執的八種畛域，也就是當時儒墨等各家所執爭辯而生的八種對立，相互不容的具體界限。「德」指具體行為。

六合之外，「六合」指天地四方，就是天地加上東西南北四方稱為「六合」，這也是指人間世。「六合之外」簡單來說，就是人世以外的事。聖人存而不論；聖人保留了他，但不深入議論。「存」是保留、是擱置，引申是任其自然的存在。「不論」是不妄加討論，因所有的討論，都帶有臆測性，更不會把它作為絕對真理，用其衡量一切。六合之內，指人世間的事情。聖人論而不議。聖人只是客觀地去論述，但是不加以主觀評論。春秋經世，「春秋」泛指古代史書，也就是說，凡古史書都是記載先王、治國之事。「經」是治理，「世」是社會、國家，「經世」指治理國家。先王之志，「先王」指歷代聖明君王的記載，「志」是意志，也指先王的理想。聖人議而不辯。聖人根據客觀事實評議而不進行辯難。

莊子這論述是根據古來聖人討論事物的方式提出，凡「六合」以上形而上的事物，任其客觀自然的存在，而不妄加討論，這是避開臆測，更不要因臆測而爭辯，對「六合」內的人事，則是根據客觀事實加以論述，但不做絕對性評論。因世間人事是多元而複雜的，做絕對性評論常會掛一漏萬不合事實，而凡歷史紀錄，多是歷代聖明君王治國、治世的理想，聖人根據客觀的事實加以討論，但不去辯難、批判。這是避開以今非古，或是以古非今，一切討論都以客觀自然的事實為依據，如同以大「道」為準則一樣。

故分也者，有不分也；

這是指天下事物以至於天下人，有的人注重去分別事物，也就是好把事物區分，有的人——如聖人——不注重去分別事物，而用整體去看待事物，著重在區分事物。

辯也者，有不辯也者。

同樣的，世人好論辯，在論辯中強烈地分出彼此。而聖人則從大道來看，不著重在論辯上。

曰：何也？聖人懷之，

「曰」是問，「何也」是為什麼會這樣呢？「懷之」指藏在內在，這有兩層意思，一是聖人含光內斂，以不辯為懷，「含光內斂」就是開展自己內在的智慧，不向外炫惑；一是指聖人在認知上囊括萬物於胸中。而一般世人呢？

眾人辯之以相示也。

「相示」是爭辯向世人炫耀誇示，或說以己見爭辯誇示於人，而忽視大道的整體性。

故曰：辯也者，有不見之也。

「故曰」是所以說，「辯也者」指那些好辯者，「有不見也」是助詞，可作為不見，是指不見大道。「有不見也」乃不見大道，是以好辯，透過辯論來誇示自己之所見。其實所表示的只是個人一己、一時所見。

夫大道不稱，大辯不言，大仁不仁，大廉不嗛，大勇不忮。道昭而不道，言辯而不及，仁常而不成，廉清而不信，勇忮而不成。五者圓而幾向方矣。故知止其所不知，至矣。孰知不言之辯，不道之道？若有能知，此之謂天府。注焉而不滿，酌焉而不竭，而不知其所由來，此之謂葆光。

夫大道不稱，

「不稱」是無名可稱，也就是用一般言語無法去說明、去稱呼他，為什麼人們的一般言語無法去稱呼道、去說明道。因「大道」是個整體，而人類語言都是根據有限經驗產生，「名」更只是基於這有限經驗歸納、抽取相同事物的共同部分，而給予一「名」。這「名」只表達某一類事物的特徵、特性，他不會將「大道」做一完整的概括，所以莊子說「大道不稱」。

大辯不言，

「大辯」直接說就是最大的辯論，什麼是最大的辯論？簡單而言，從平常經驗來說，就是最激烈的雄辯，而真正最激烈的雄辯，就是不辯。這說法很特別吧！這是以「大道」為前提，任何最好的論辯都不會周全，因此最周全展現大道的大辯就是不言，不言可以涵蓋一切，毫無遺漏，這也就是老子所說，「大音希聲」、「善辯者不言」。

大仁不仁，

「大仁」就是大愛，最寬泛的愛，真正的博愛，能施予的最大的愛，就是沒偏愛。這句第二個「仁」是偏愛，是有特定對象的愛，如此的愛，自然無法博施濟眾達成最大的愛。

大廉不嗛，

什麼是「大廉」？此指真正的廉節，直接講就是什麼都不要的意思，引申就是最大的謙讓、謙退。而在最大謙退、謙讓上的表現，就是不露出任何自己的鋒芒。「嗛」是隒的意思，作崖岸解，就是自己彰顯出「廉」，表示我什麼都不要，這就如高峻的崖岸讓人看到自己的「廉」，莊子認為這不自然，這是一種人為造作。而「大廉」就是順自然，不彰顯其廉，使人不以為其是廉者，這才是真正的廉。而再就人內在修養來說，當一個人真正無欲無求，一切順自己之無欲無求的性情，他所表現出來對物質、對名譽等的無求，絲毫都不沾滯，一切自自然然，都是自己平常的表現，人們也就不會以廉去認定他。

大勇不忮。

「忮」有狠、傷害的意思，「大勇」是真正的勇力，不狠、不傷害人的。這不只是真正的勇氣，且不逞血氣之勇，不以傷人，要狠為主，而是展現人最高的承擔力和無所畏懼的勇氣。

道昭而不道，

「道昭」是說當「道」被言語說明了，「昭」是指說明清楚，「不道」指這就不會是完整的道，不是真正的道了。

言辯而不及，

「言辯」指過於著重在言語辯論上，「不及」是無法達到「道」的展現，也無法觸及「道」的真理。

仁常而不成，

「仁」是愛、愛人，「常」指固定的愛。這句是說在愛上有特定的愛，使愛在固定的對象上。「而」是乃，「而不成」是乃不成，「成」可用「周」解，也就是周全。這句是說，愛有固定的對象與偏好，愛就無法周全。

廉清而不信，

「廉清」是刻意表現自己全然的清廉，「而不信」，指反而會不真實，「信」作真實解。

勇忮而不成。

「勇忮」是逞血氣之勇，盡量表現自己的狠勁，「而不成」是說反而不能成就真正的勇氣。

五者圓而幾向方矣。

「五者」指不稱、不言、不仁、不嗛、不忮，這就是以「大道」為前提，能不以有限概念去概括大道，不用多餘的言語對大道說明，在愛的表現中，不會有偏愛，也不會刻意彰顯自己的清廉，不逞血氣之勇來代表真正的勇氣。因大道本來就是圓融混同。如果一味用稱、用言、用仁、用偏愛、用嗛、用忮，用有限制、有形跡的方式去表達大道，那麼就把「道」說成方的了，而使「道」不再是個整體了。「圓」代表整體，代表無所不包，相反來說，「方」就是有稜角、有排他性、有偏限性了！「幾」是近，「幾向方矣」的意思就是，這樣就近乎向「方」轉變，不再圓融渾同於道了！

故知止其所不知，

「故」是所以說，「其」指自己，「知止其所不知」直說就是，知道停止在自己所不知之處。「不知」是指人存在以外的世界。莊子說，一切存在的外界乃是無限流轉的時間，無限多重多元的空間，萬物在這無限變化的時空中並生並死，變化不定，人若一味以外界為知的對象窮追不捨，不止的探究，其實會使人心神不安的。同時也非真正認識大道的方法，所以「知止不知之處」即是人的心智，能止於人們自己無法真正認知的外界。而回到自己的性分之中，去做認知的努力，也就是人生命自覺的努力。

至矣。

這才是最高的認知啊！「至」指人最高的認知、最高的智慧表現。

孰知不言之辯，

「孰」是誰，「知」是真正知道，「不言之辯」指不用言語辯難的道，誰能真正理解。

不道之道？

第一個「道」是言語，如同老子的「道可道」的第二個「道」，也作言語講，「不道之道」是說不用言語說明的道？

若有能知，

如果能真正的知道，真正的理解「道」。

此之謂天府。

這就是「天府」，「天府」指包容天地渾同萬物的博大胸懷，也就是無所不容的心胸。古人說，自然的府藏，涵容大道的心胸。人能包藏「道」的心竅，在這時打開了！這是人在人性上的開展，屬於人性所特有的認知。這不是人生物性上的單純感覺認知，而是人性上的高度認知，以至最高認知就是人能包藏天地萬物，包藏道、認識道、理解道的心竅打開了，人對「道」有了認識能力。

注焉而不滿，酌焉而不竭，

這兩句話是承上句「天府」而來，是對只有「天府」的心胸與認知進一步說明。當人的天府認知開展了，也就是人最高認知及能力打開來了。如此「注焉而不滿」，「注」是注入、加入，「焉」是之，指天府的胸懷，也就是聖人包容天地萬物的胸懷。有了這種胸懷無論再添加什麼，也都不會滿溢出來，聖人都會虛心接納，而不驕傲。反過來說，或從中取出什麼？「酌」是酌取，「酌焉」指從聖人那裡取出什麼，聖人這種天府的心胸也不會用乾、用盡地枯竭。

而不知其所由來，

「而」指然而卻不知，聖人理解一切、創造一切的靈感從何而來。「所由來」是所由何來，由何而來的省句，就是說其來源是從什麼地方來的。

此之謂葆光。

這就是「葆光」，「葆」是藏，隱藏之意，古人說：「藏其光而露。」指的是隱藏在人內在深沉的心智、智慧。如同佛家所說「無上正等正覺」，只是這種最高的覺識是隱藏在人性的性分之中，必須待人覺醒才會顯露。待顯露人就可以跨出人的生物性限制，不從單純生物性感官知覺出發，人不再為爭自己的生存而說、而做、而活，人能看到整體的世界，了解人的存在不是單一個體的存在，而是活在渾然天地萬物的一體中。這種人性的智慧與心智是作為人該努力追求的。〈齊物論〉的終極，就是從現實眾生的是非紛擾中開展出「天府」，發展出「葆光」。如此就會真正感受到「天地與我並生，萬物與我為一」了，而這樣才是莊子所說的「真人」。

〈齊物論〉的論述到此結束，我們可以看到莊子思想在孔子的「生命自我覺醒」的基礎上，比孟子的心學的「盡心知性」又向前進了一步了！將人的「覺性」作了更大的發揮。而往下的幾章是莊子又建立了三個故事為例，曲折而深入地闡明〈齊物論〉的這一宗旨。

故昔者堯問於舜曰：「我欲伐宗、膾、胥敖，南面而不釋然。其故何也？」舜曰：「夫三子者，猶存乎蓬艾之間。若不釋然，何哉？昔者十日並出，萬物皆照，而況德之進乎日者乎！」

這是第一個故事。

故昔者堯問於舜曰：我欲伐宗、膾、胥敖，南面而不釋然。

這句是莊子舉例說明「天地與我並生，萬物與我為一」天地人一體的例子。他藉著歷史中，人世的紛擾來說。莊子說，從前堯曾經向舜問道。堯說：「我每次想要去討伐有罪的宗國、膾國、胥敖國，可是每次臨朝聽政要做決定前，心中總是不安。」「宗」、「膾」、「胥敖」是莊子虛擬的小諸侯國家，「南面」本是君位，在中國的地理位置來說，「正位」是坐北朝南，不論一般房屋或宮殿都以此為正位，因冬天寒冷北風由北邊下來，房屋坐北可避寒風，而朝南則是因太陽東升西下，南方受太陽的照曬，比較暖和。因此君位也是坐北朝南的概念，省稱即「南面」，這引申為臨朝聽政。「釋然」的「釋」是「懌」的借字，「懌」是悅，「懌然」是喜悅的樣子，不懌不開心，引申作不安。**其何故也？** 這是什麼原因呀？**舜曰：夫三子者** 「三子」指那三位小國家的國君。**猶存乎蓬艾之間。** 「猶」是還，「存」是存在、保留、停留，「蓬艾」是蓬草、艾草二種雜草，本義是雜草叢生的荒野之地，在這句指這三個小國，在文明上、在地域上都還處於蠻荒卑小的位置。**若不釋然，何哉？** 「若」是你，「不釋然」指不安。是說堯每次要攻打他們就不快樂，就覺得心不安。為什麼呢？**昔者十日並出，萬物皆照，** 「昔」指從前，「十日並出」指十個太陽同時出來，把萬物都照耀得清晰。換句話說就是，這三個地處偏僻的小國，他們的文明程度還停留在蠻荒時代，所以他們作亂，為什麼每次當你臨朝議政，要下決定的時候，心裡就會感到不安呢？這是因為你內心有著大慈悲呀！在人類歷史上，曾經有過十日並出而普照大地萬物的時候，在這時候一切都清清楚楚地顯現，天下無所偏私。**而況德之進乎日者乎！** 何況現在你無私公正的品德超過十日並出的狀況，你面對那三個小國的動盪，他們雖然不對，那只是他們尚未有文明，因此真要去討伐、懲處他們，你心中自然會不安呀！

這例子說明真正體會、知曉道的聖人，自然就有包容萬物的胸懷，不會斤斤計較做各種區分。

孰是孰非

齧缺問乎王倪曰：「子知物之所同是乎？」曰：「吾惡乎知之！」「子知子之所不知邪？」曰：「吾惡乎知之！」「然則物無知邪？」曰：「吾惡乎知之！雖然，嘗試言之。庸詎知吾所謂知之非不知邪？庸詎知吾所謂不知之非知邪？且吾嘗試問乎女：民濕寢則腰疾偏死，鰌然乎哉？木處則惴慄恂懼，猨猴然乎哉？三者孰知正處？民食芻豢，麋鹿食薦，蝍且甘帶，鴟鴉耆鼠，四者孰知正味？猨，猵狙以為雌，麋與鹿交，鰌與魚游。毛嬙、麗姬，人之所美也，魚見之深入，鳥見之高飛，麋鹿見之決驟。四者孰知天下之正色哉？自我觀之，仁義之端，是非之塗，樊然殽亂，吾惡能知其辯！」

齧缺問乎王倪曰：

「齧缺」是莊子虛構的人物，「王倪」也是，但王倪是得道者，《莊子・天地篇》中：「堯之師曰許由，許由之師曰齧缺，齧缺之師曰王倪，王倪之師曰被衣。」這些多是莊子的虛構人物，莊子常虛構畸形怪狀的人物，去說明當人的精神全面開展。他們在形體上雖然殘缺，但心卻是對「大道」多有體會，以至於人的最高智慧與精神全面開展起來，人們都不會以他們的殘缺為怪。但是有些注家則會根據這虛構的人名，以真實人物來注釋，有時就是穿鑿附會了。如有古人說：「齧缺是表示道不全者，王倪是道之端。莊子想要說明道全與不全就寄言在這兩人身上。」子知物之所同是乎？「子」是您，「知」是知道，「物」是天下萬物，「所同是」是共同公認的標準，「是」是正確標準。這句話也就是，您知道天下萬物有公認可以劃定齊一的準則、標準嗎？王倪就回答，吾惡乎知之！「惡」是何、怎麼，王倪說：「我怎麼會知道呢？」這表示對萬物認可的標準是不可知的。於是齧缺再問，子知子之所不知邪？這是說，對萬物認可標準既然不可知，那麼你能知道自己何以不知的根由嗎？王倪再問答說，吾惡乎知之！這句是說，我怎麼能夠知道呢？於是齧缺再問，然則物無知邪？「然則」是如此那麼。人既然不能真正知道客觀外界事物的根本準則，又不能確定自己的認知，這樣說來人是無知的嗎？王倪回答說，吾惡乎知之？雖然，嘗試言之。這句說，我怎知道呢？即使如此，我還是來嘗試說說這問題吧！庸詎知吾所謂知之非不知邪？「庸詎」是那裡怎麼？「庸詎知吾所謂知之」是說，你怎麼知道我所說的知道。「非不知邪」的「非」指不是、不知，指他人所說的不知，這意思是說，你怎麼知道我所說的不知，未必就是他人所說的不知呀！庸詎知我所謂不知之非知邪？這句是，你怎麼知道我所謂的不知，未必不是他人所謂的知呢？這意思是說一般世間人的知與不知其實是沒有一定的。

這裡要請大家注意，莊子把大家提升到一個層級。這層級高於一般世間之見。一般世間之見，即使是學者之見，也不盡然就是真知灼見。因此在人間世，一般常是公說公有理，婆說婆有理，這就是「是非」的起因，所以他說，我所說不知並不與一般人所說的不知一樣，這是說我所說的不知，乃是經過更深沉地反省而提出的知的觀點，這如同有些真正的大科學家，如研究太空的專家即使拿了諾貝爾獎，當有人說他已知天地宇宙了，他通常會回答說，沒有沒有！我們只是看到了太空邊緣的一小角。是以我所說的不知，就一般人來說，這也就是一般人的已知了呀！一般人的認知，即使是學術性認知，都只是掀起無限宇宙的一個小角而已，這如同十九世紀德國大文豪歌德（Goethe）在《浮士德》（*Faust*）中所說：「人們皓首窮經研究一輩子的太空科學知識，都只是宇宙世界的一個小角落，如同掀起地氈的一角而已。」

讀《莊子》時請留意，要嘗試隨著莊子飛到高空用俯看的方式，來認知事物，以至於世界。那將是不同的情景、情境，會有不同的認識。

且吾嘗試問乎女：「且」是再則，「吾嘗試」指我來試試，「問乎汝」是問於你。民濕寢則腰疾偏死，「民」是人，「濕寢」是「寢濕」，「寢」是睡，「濕」是潮濕，這是說人如果睡於潮濕的地方會「則腰疾偏死」，「則」是就，「腰疾」指腰病，大概就是今天的風濕病；「偏死」是偏癱，就是今天所謂的半身不遂。鰍然乎哉？「鰍」是泥鰍，「然」是如此、這樣，「然乎哉」是會這樣、如此嗎？

木處則惴慄恂懼，「木」是樹，「處」是居，「木處」是居住在樹上。「惴慄恂慄」這四字都是驚恐戰慄的樣子。這句是說，人要是居住在樹上，一定會驚恐的發抖。猨猴然乎哉？「猨猴」就是猿猴，意思是猿猴會如此驚恐嗎？三者孰知正處？「三者」指這三種生物，「正處」是正確的居住的地方。這句是說，誰知道哪一個是最好的、最適當的居所呀？這句話、這個議題，其中就會有在這無限的大自然、大時空、大宇宙中，人類能以人類為絕對的真理嗎？人類能以人類的經驗與需要作為天地萬物的準則嗎？

所以莊子繼續說。民食芻豢，「民」是人，「食」是吃，「芻」指用草料餵養的牲畜，「豢」指用穀物餵養的牲畜；「芻豢」指的是家畜，也就是牛羊豬的肉烹調的肉食。麋鹿食薦，「麋」是哺乳動物，有點像鹿，毛是淡褐色，雄有角，角像鹿，尾像驢，蹄像牛，頸像駱駝，從整體看，什麼動物都不像，所以又稱四不像，是鹿科動物。「麋鹿」吃的是「薦」，「薦」是美草，也就是今天所謂的牧草。蝍蛆甘帶，「蝍蛆」是蜈蚣，這是蜈蚣的別名。「甘」是動詞，以什麼為美食的意思，「帶」指小蛇。這句是說，蜈蚣以小蛇為美食。鴟鴉耆鼠，「鴟」指貓頭鷹，「鴉」是烏鴉，「耆」是嗜，喜歡的意思，引申作愛吃。這句是說，貓頭鷹、烏鴉愛吃老鼠。四者孰知正味？「四者」指人、麋鹿、蜈蚣、鴟鴉這四者，他們愛吃的東西、甚至於說他們的味覺哪個是最正確的？他們所吃的哪個是最好的美味？「正味」是最好的美味，同時也指美味的標準，這句用今天的話可以這樣說，米其林要依誰的味道為標準呢？這裡還是以天地萬物一體來立論，在萬物一體中，為什麼只以「人」作標準呢？請注意莊子所謂「齊物論」的齊一準則，並不是以「人」為天下萬物的唯一標準，而是從萬物平等、眾生平等中出發。儒家說：「人，天地最貴者」或「最靈秀者」。但道家莊子則從天地萬物一體的角度看，人只是天地萬物的一種品類而已，是以人們要從無際宇宙的視野來看。因此「齊物」的「齊一性」，不是從「人」出發，而是要「莫若以明」，如太陽般地高高在上，透照天下的萬物所成之形，自然就明白其中各自的系統。由各自系統所形成的論述，這是是非非的緣起了。因此尊重這各自的系統及各自所形成的是非論點，才是「齊物論」的齊一性，這「齊一性」是在天，在大自然，在「道」來看，因此以「道」齊一，方有達成齊物的可能。能知「道」，即是運用了大智慧——人的天府、人的葆光。是以「齊物」的齊一不是將現定的天地萬物用一條直線，整齊劃一的規範好，而是從「大道」處，回看天地萬物，如同坐乘飛機，飛上天空俯看大地，山川河流各有系統，各成區域，重要是在論述時，各歸其位就好。是以莊子在開宗明義章時，就舉出大鵬鳥，高飛九萬里之喻。

猨，猵狙以為雌，「猨」就是猿，據說「猵狙」是如同猿的同類動物，體形略大，「以為雌」作為雌性伴侶，據說雄猵狙喜歡以雌猿為伴侶。不過這句可解為猿與猵狙互相為配偶。麋與鹿交，「交」是交配，麋與鹿可以互相交配。鰌與魚游。泥鰍與魚則互相交往。接下來莊子會提到兩位古代美人——毛嬙、麗姬，透過她們的故事展開論述。在一般古文獻上多談毛嬙、西施，很少有提到麗姬的。毛嬙是何許人？資料太少，不可知；西施則是春秋後期有名的大美人，她曾以自身的美麗顛覆吳國，協助越王勾踐復仇，至此開啟了戰國時代。莊子在這提到的麗姬，她是春秋早期時的美人，是麗戎國之女，為晉獻公所虜，而專寵於晉獻公。

毛嬙、麗姬，人之所美也，毛嬙麗姬是眾人認為美的美人。但她們到了水邊，**魚見之深入，**魚見了害怕深潛入水中。**鳥見之高飛，**鳥見到她們，嚇得高高地飛入天空。**麋鹿見之決驟。**麋鹿見到她們也急速地逃跑，「決驟」就是不顧一切地快跑。**四者孰知天下之正色哉？**這四種動物中，誰能知道天下最美麗的準則在那裡呢？

這一段通過人與幾種動物有關居處、飲食、審美的不同習性和意識，說明認知與判別是各有不同的。如此堅持自己的特殊性是當然的正確性，就值得商榷，是非之起，就顯而易見了。所以後面莊子就說，**自我觀之，**意謂在我看來。**仁義之端，**「端」是論點、頭緒，「仁義」二字在這裡其實指的是孔子思想以及墨子思想，或說儒家思想、墨家思想。為什麼莊子會這麼說？因「仁」是孔子所主張，是儒家思想的核心。在《論語》的思想中，重要的關鍵字是「仁」和「禮」，「仁禮」也有並稱，「禮」在《論語》被論及四十三次，而「義」只論及二十次。但到了墨子則將「義」代替「仁」，也可以說將「仁」——愛人的範圍擴人，提出兼愛，平等之愛，並用「義」來表達這平等之愛。若將墨子的定義賦予「義」，「義」就是天下大利，就是天下人共同的大利。是以就當時的思想來說，「孔子言仁，墨子倡義」，是以莊子在這裡說「仁義之端」，指的就是孔子、墨子的爭端。**是非之塗，**「塗」是途，引申作發展講，也就是是非發展的途徑。**樊然殽亂，**「樊然」是紛雜，其本義是指用竹子木條交錯編紮的籬笆，引申作「紛雜」解。「殽亂」本指酒殽飯菜陳設得杯盤狼藉，引申作雜亂解。**吾惡能知其辯！**「辯」

是辨，作區別講。這整段話的意思就是，從我的觀點來看，孔墨兩家在仁義的論點上相持不下，互相攻詰，使是非發展的紛雜，混亂糾纏在一起，我如何去區別他們呢？

莊子提出人們一味的「以是其所非，而非其所是」，只肯定自己是對的，否定對方；面對自己的錯誤也認為一定是對的，而對方連一點正確性都沒有，如此怎麼能打開心胸看到自己的盲點，而接納對方、了解對方呢？並由此看見「道」、看見真理、看見事實的真象。

莊子提出「莫若以明」來看清真象、看見「道」，「莫若」的意思是不如、沒有比，「以明」的「以」是用，「以明」是用明來觀照儒墨的是非。這是什麼意思呢？前人說，我們不如拋開儒、墨的是非爭論，站到更高處，用空明若鏡，沒有任何是非成見的心靈來觀照萬物。如此我們就可以看見儒家之所以為儒家，他的立場在何處？墨家所以為墨家，他的立場又在何處？這樣就清楚他們各自的主張了！

其實「莫若以明」的「明」，也是指太陽，太陽超然在一切之上，由最高處照下來，一切都清楚了！我們能否讓自己重新站回一個清明、沒有私我的心的認知處，如同太陽般俯看一切發生的事事物物。

齧切曰：「子不知利害乎，則至人固不知利害乎？」王倪曰：「至人神矣！大澤焚而不能熱，河、漢沍而不能寒，疾雷破山，飄風振海而不能驚。若然者，乘雲氣，騎日月，而遊乎四海之外。死生無變於己，而況利害之端乎！」

齧切聽了王倪的這番回答，於是問道，子不知利害乎，「子」是您，「不知利害乎」指不分辨利害嗎？這話怎麼說呢？這是說萬物各有不同的居處環境，不同飲食嗜好，不同的審美性，一切因不同需要而產生。如「民濕寢則腰疾偏死」，這是人之害，但對魚來說，卻是利的；「木處則惴慄恂懼」這對人有害，對猿猴則有利。在天地萬物一體之下，什麼是有害？什麼是有利？都有其相對性，沒有絕對，有時也得視其生存需要而言。是以齧切問道：「您因此不去分辨世間的利害嗎？」並接著再問，則至人固不知利害乎？「則」是乃、如此，「至人」是明白大道，超乎生物生存限制之上的至人，「固」是確實，引申作「真的」解。這句話就是，如此凡是明白大道，修養到可以超乎生物生存限制的至人，都真的不去分辨利害？不在乎生死利害嗎？

王倪就回答他說，至人神矣：「神」是神妙，也是不可測的意思。當「至人」已擺脫生物性生存限制明白的大道，並有了至高修養後，他在心性、智慧上的表現是神妙不可測的。大澤焚而不能熱，「大澤焚」是說連大沼澤都著火燃燒起來了，「而」指但是，「不能熱」是至人都不感覺到熱。這就像近年來氣候變化，歐美許多地方的森林都燃燒起來，即使是有湖的地方也燒個不停，無法撲滅。但「至人」都不覺得熱，這真的嗎？其實這是強調「至人」超脫了生物性的爭生存的自己，不再一天到晚擔心在生死、利害上會有損失，用佛家的話講，就是不困在生物的貪瞋癡的自我中，如此沒有了我，不再受外力的干涉，也不受外界的傷害，是以大澤焚也能不受傷害。河、漢沍而不能寒，「河」是黃河，「漢」是漢水，「沍」是結凍，冷到這程度，「至人」也不會覺得寒冷。疾雷破山、飄風振海而不能驚。「疾雷」是迅猛的雷霆，「破山」指震破了大山，如此強大的自然威力，「飄風」就是暴風、狂風，「振海」是說掀起大海浪，而「不能驚」就是也都嚇不到他。

若然者，像這樣的「至人」。乘雲氣，騎日月，他們的生活，如同駕御著雲氣，乘騎著日月。而遊乎四海之外。指遨遊在世俗的人世之外。死生無變於己，即使是生與死這樣的大事，再也不是他們擔心記掛的事了！而況利害之端乎！何況是世俗中的利與害這樣的事情呢？

自我與大覺

瞿鵲子問乎長梧子曰：「吾聞諸夫子，聖人不從事於務，不就利，不違害，不喜求，不緣道，無謂有謂，有謂無謂，而遊乎塵垢之外。夫子以為孟浪之言，而我以為妙道之行也。吾子以為奚若？」長梧子曰：「是黃帝之所聽熒也，而丘也何足以知之！且女亦大早計，見卵而求時夜，見彈而求鴞炙。予嘗為女妄言之，女以妄聽之，奚？旁日月，挾宇宙，為其脗合，置其滑涽，以隸相尊。眾人役役，聖人愚芚，參萬歲而一成純。萬物盡然，而以是相蘊。

接著我們再來看莊子的這一段舉例。「瞿鵲子」是莊子虛構的人物，不過這次似乎是虛構為孔子門下，所以瞿鵲子稱呼「夫子」，可能即指孔子，因下文中還有長梧子說：「是黃帝之所聽熒也，而丘何足以知！」當然這也是莊子提出他道，大自然的理論，是超越孔子的！「長梧子」也是莊子虛構的人物，不過古人說，長梧是地名，在《戰國策》有梧下先生。註解《戰國策》的東漢高誘說：「梧下先生之稱先生，是長者而又有德之尊稱。其家有大樹，因以為號。經釋文中則有長梧封人的稱號。這或是莊子借用其名。」

瞿鵲子問乎長梧子曰： 這句就是說，瞿鵲子向長梧子問說。若詳細點說，乃是孔子的門人瞿鵲子向道家的長梧子問「道」。

吾聞諸夫子， 指我聽我的老師說。

聖人不從事於務， 「聖人」是指道家的聖人，「不從事」是不做，「務」是世務，指營謀治理天下的俗事。這句話就是說，不從事於經營、治理天下世俗之事。這也就是在〈逍遙遊〉裡說的，「孰弊弊焉以天下為事」的「事」，或是另一句「孰肯以物為事」的「事」，也就是說聖人不做世俗的具體事物。

不就利， 「就」是趨也，是接近、追求的意思，指不追求利益。

不違害， 「違」是避，「害」是禍害，指不躲避、不迴避禍害。

不喜求， 「喜」是樂也，喜歡的意思，指不喜歡妄求世俗的理想。

不緣道， 指不攀緣大道，什麼是「攀緣大道」？「攀緣」簡單說就是仍帶著強烈的利己之心，牽強造作，強不知以為知的追求，其目的只是滿足自己的需要所做的努力。換言之，仍存自利之心不順自然，努力證明自己已知「道」的表現。整句來說是，不再用攀緣之心與手段相應於「道」，而是能順自然，以無造作之心與「道」相合。無謂有謂，「無謂」是指沒有說話，「有謂」指有說話。這意思就是沒有說話卻好像說了話。有謂無謂，指說了話卻好像沒有說話。而遊乎塵垢之外。「塵垢」是指世俗社會，這句是說遊手世俗社會之外，不受社會的價值觀，或說是不受社會規範所限制，不然就是不遵循社會主流思潮，但這些社會價值、社會規範、社會主流思潮，在莊子看來都是塵垢。夫子以為孟浪之言，「夫子」指孔子，「以為」是認為，「孟浪」是荒誕、荒唐的意思，也就是不切實際、不著邊際；「孟浪之言」就是荒誕不切實際的言論。也就是說，孔子認為「聖人不從事於務，不就利，不避害，不喜求，不緣道，無謂有謂，有謂無謂，而遊乎塵垢之外。」孔子認為人不可能做得到這地步，因此這說法是荒誕不切實際、不著邊際的說法。這也就是莊子用這方式一方面強調孔子或說儒家受限在人事、人世上，二方面由此顯出道家超越現實的人事、人世，他跨越過儒家、孔子的侷限。而我以為妙道之行也。「而」指但，「我」是「瞿鵲子」的自稱，「以為」是認為，「妙道」指神妙之道，「行」是表現、體現。這句是說，我卻認為這是最完美、最神妙大道的體現。吾子以為奚若？「吾子」指我親愛的老師，「以為」是認為，「奚」是何，「若」是如，「奚若」就是何如、如何呀。

長梧子接著回答說。是黃帝之所聽熒也，「黃帝」是五帝之首，「熒」是惑，意思是，這些話連黃帝聽了都會困惑。而丘也何足以知之！「而」是如此，「丘」是指孔丘，就是孔子，「何」是如何，「足」是能夠，「以」是憑。這句是說，憑什麼能夠知道呢？且女亦大早計，「且」是再則，「女」是汝，「你」的意思，「大」是太，「大早計」就是太早計，意謂操之過急。這操之過急的情況像什麼？莊子下面舉例。見卵而求時夜，「見卵」指見到雞蛋，「時夜」是「司夜」，這裡的「時」通「司」，指負責夜間的工作，這指的是公雞，公雞到清晨天將亮時負責啼叫，故名叫「司夜」。這話的意思是，見到雞蛋就聯想到要求一隻會啼叫的大公雞。見彈而求鴞炙。「彈」是彈丸，打鳥用的彈丸，「見彈」是見到彈丸。「鴞」是貓頭鷹，古人說：「鴞鳥大如斑鳩，綠色，其肉甚美。」「炙」是烤肉，「鴞炙」就是烤鳥肉。這話是說，看見彈丸，就立刻想到吃烤鳥肉！這種說法我們日常生活中是不是很常見？有個人提一件事，另一個人會立刻聯想到其他的事，如有人提到佛教，他就立刻想到出家，或好消極、受打擊了。莊子用這兩個例子來說明，人們在認知上常用自己的聯想猜想事實，而不是真正清明的認識事情。那麼就是不容易認清楚事物的本質了，這也是是非之不齊的原因。

即使瞿鵲子說，他完全認同「聖人不從事於務，不就利，不違害，不喜求，不緣道，無謂有謂，有謂無謂，而遊乎塵垢之外」，他認為這是修道者可以達到的高度，即使他的老師孔夫子否定，他還是認為這是「妙道之行」。但長梧子並沒有贊許他，「妙道之行」的境界不是那麼簡單，是要真正要去體行的，不是嘴上說說而已。世俗之人太看輕求道的實證工夫了，所以莊子再藉著長梧子而說。予嘗為女妄言之，女以妄聽之，這是指「妙道」不可以只是言說耳聽而已，其實這也是孔子《論語》所說的「仁者其言也訒」，就是說凡是生命的覺醒者，他不會夸夸其談，一定要有所體證才開口說話。所以就說「予嘗為女妄言之」，這話是說，我嘗試為你說說妙道，不過加一「妄言」，就是「姑妄言之」，因當人真能行妙道時，許多行妙道的實證很難用日常的語言表達。人的語言基本都是概念，概念多是空洞的觀點，而人們又會執著在這空洞的觀點中，如此去認識妙道，結果越走越遠，這也就是莊子在前章所說的「道隱於小成，言隱於榮華」。但人不能不用語言來說「道」，所以莊子就說，我就為你隨便說說，你也就隨便聽聽。「妄言」、「妄聽」的「妄」雖是胡亂的意思，但這是客氣話，解作「隨便」更為適當。

奚旁日月，

「奚」是何不、為什麼，「旁」有依、依旁的意思，也有相伴的意思，「日月」指日月的運行。這句就是說，為什麼不依傍著日月的運行而運行呢？

挾宇宙，

「挾」是懷抱，這句指懷抱著宇宙，也就是胸懷宇宙。

為其脗合，

指的是與宇宙萬物渾為一體。如何與宇宙萬物渾為一體？這是指聖人或至人的精神與萬物合與為一。

置其滑涽，

「置」是任，「滑」是亂，「涽」是闇，「滑涽」是雜亂昏闇。這句是指一般世俗的見識都是雜亂昏闇的，作為至人、聖人，面對世俗人的昏闇雜亂的言論與見識，就任由他去不要在意。

以隸相尊。

「以」是於、對於，「隸」指皂隸、僕隸，是社會中位階最低等的人。這句是指把奴僕看得尊貴，就是說，世俗中的人過得昏昏庸庸的，每天逐於榮華聲利之場，他們看輕奴僕、尊崇有勢力的人。但至人、聖人則把這些分別拋棄不顧，對奴僕與尊崇者平等看待。所以即使是天子也不得而臣，即使是諸侯也不得為友，人與人之相交不看社會位階，而看是否有真心，是否於「道」上。

眾人役役，「眾人」指一般人，「役役」是奔馳忙碌，這是指一般世俗之人每天奔馳不停，勞役不息，甚至包括馳逐在是非之地以表示自己的聰明才智。而聖人與眾人的不同，就在於心胸，接下來這樣說。

聖人愚芚，「愚芚」的「愚」不是愚笨之意，而是所謂的「大智若愚」，這種「愚」不同於世俗眾人，世俗眾人好分辨、區別，盡可能挑毛病，證明自己的聰明。但聖人並不去挑毛病，細查事物間的不同，而是安於無所盡知，如同愚者一樣。「芚」是混然無所知的樣子，「愚芚」就是這樣的意思。

參萬歲而一成純。「參」是糅雜、混和、調和，「萬歲」指古今，也指古今一切事物，「一」是合一，「成」是完成、完整，「純」是不雜不亂。

這話的意思是，真正的聖人或至人的心胸、認知、精神，都是寬廣到胸懷宇宙與日月為伴，在他心中，天地萬物是合而一的。世俗眾人所牽扯的是是非非、昏闇、雜亂的言論見識都超然不顧，天地萬物在聖人、至人的心中是平等的，哪怕是世俗社會上的皂隸，都與地位尊貴的貴族沒有分別。相對於世俗大眾的勞碌、忙碌，用盡聰明追逐自身的利益，希望取得聲利榮華，聖人、至人相對這方面就好像顯得愚傻無知，因聖人、至人不在意這些事，他們把人類古今的事物，都糅雜而成渾樸一體單純呈現出宇宙共同的規律性，至於個人的生死，也只是自然中的一種現象、一種規律而已。

萬物盡然，是萬物盡是如此的意思，如何會這樣呢？這是指萬物其實都是如此，如同聖人、至人雜糅古今，及其各種人事，萬物混然成為一個整體，其實這也是至人、聖人向大自然、向萬物認知並學習的，萬物的存在完全都是如此。

而以是相蘊。

他們互相蘊積包容，而不分是非、可否、死生、利害。莊子用這一句說明聖人、至人與大自然合一的原委，這樣的用筆實在精采，否則讀者一定會問，至人、聖人如何能有此混然一體的認知呢？當「至人無己」、「聖人無功」，「聖人無名」時，那只是一自我主觀上的開展，在這開展上，促成「他」認知的對象是什麼？莊子此時告訴我們「萬物盡然，而以是相蘊」，來確定至人、神人、聖人所認知的客觀世界的狀況。

予惡乎知說生之非惑邪！予惡乎知惡死之非弱喪而不知歸者邪！麗之姬，艾封人之子也。晉國之始得之也，涕泣沾襟；及其至於王所，與王同筐床，食芻豢，而後悔其泣也。予惡乎知夫死者不悔其始之蘄生乎！夢飲酒者，旦而哭泣；夢哭泣者，旦而田獵。方其夢也，不知其夢也。夢之中又占其夢焉，覺而後知其夢也。且有大覺而後知此其大夢也，而愚者自以為覺，竊竊然知之。君乎，牧乎，固哉！丘也，與女皆夢也；予謂女夢，亦夢也。是其言也，其名為弔詭。萬世之後，而一遇大聖知其解者，是旦暮遇之也。

予惡乎知說生之非惑邪！

「予」是我，是長梧子的自稱，其實可能也是莊子的自稱，長梧子是莊子的一個假託。「惡」是何、怎麼，「乎」是語助詞，無義，「惡乎」是當時的口氣，就是現在的「怎麼呀！」「知」是知道。前半就是說，我怎麼可以知道！「說」是悅、悅生，可以說是對生命的肯定或貪戀生命。「悅生」可以說是一種學說，就是肯定活著就是好的！「非」指不是，「惑」是迷惑，「邪」指呢，「非惑邪」或說這不是迷惑嗎？不是糊塗嗎？這句話就是說，我怎麼知道世上貪戀生命，或是肯定生命，活著就是好，不是一種糊塗的認知呢？

予惡乎知惡死之非弱喪而不知歸者邪！

「惡死」是厭惡死亡，「之」是助詞，「非」指不是，「弱」是幼小、小時候，「喪」是喪失家庭、離開家庭，「而不知歸者」是說而不知回家的人呢？這句話是，我怎麼知道世人之厭惡死亡，乃是像人幼年時就離開老家，而後不知道回去一樣呢？

一般人都「悅生」而「惡死」，莊子認為一般人們之貪戀生命，難道不是出於一種迷惘和糊塗呢？而一般人之所以討厭死亡，不是出於從小離家太久，而不想回家那樣呢？莊子認為人生在世不就像流浪他鄉一樣嗎？待死亡回歸死亡時，才是真正回家的時刻呀！人們會真的知道自己的生與死嗎？於是莊子就接續舉了一個例子來說明。

麗之姬，艾封人之子也。

「麗之姬」指麗姬，是晉獻公夫人。「艾封人」的「艾」是地名，指驪國邊境上的小城，「封人」是守邊境者，這是指麗姬是艾地守城者的女兒，這個解釋又顯示了這位麗姬是莊子虛構的歷史人物。其實依據史料，麗姬本是驪戎國的公主，晉獻公攻打驪戎國時，俘虜了麗姬公主，因為麗姬非常美麗，晉獻公就娶她為妻，封她為君夫人，並逼死了自己的長子申生，又逼走其他的兒子。古老中國從古代到西周，甚至到春秋，華夷是雜處的，也就互相交錯處在古老的大地上。而華夷，或說是華夏之族是走上農耕的民族、成定居的民族，但其他即使是同族，尤其夷不見得願意定居農耕，他們仍繼續流浪，過著遊牧人生。「麗姬」的驪國也是姬姓，與西周周文王是同族、同姓的，但驪國仍是遊牧生活，故稱驪戎。而定居農耕的族群才建城，才有守城者，遊牧是沒有。古老中國到春秋時，許許多多地方出了城就是原野，就有游牧民族。我們今天的北狄、西戎、南蠻、東夷是到戰國才有的稱呼，因在戰國時代，各國都大量開墾，以盡地力，增加生產。中原才慢慢成為農耕的土地，其他民族才慢慢遷移到旁邊的土地上。莊子是戰國宋人，是以他以當時狀況稱驪姬是艾封人之子。

晉國之始得之也，　「晉國」指晉獻公之國，其地大約在山西北部，以及河北西南、河南北部，陝西一角。「始」是剛剛，「得」是獲得，「之」是指麗姬，這是指麗姬剛被晉獻公俘虜。

涕泣沾襟；　「涕泣」指哭泣，「沾」是沾濕，「襟」是衣襟，這是指麗姬剛被俘虜，嚇得半死，天天哭泣，以淚洗面，連衣襟都沾濕了！

及其至於王所，　「及」是到了，「其」指麗姬，「至於王所」是說住到獻公所住的王宮。

與王同筐牀，　這句是說，與晉獻公同睡一張舒適大牀。「筐牀」是形容有筐的牀，古代的大牀都如同是一個筐架，筐進去的牀，像個大櫃子一樣，這種牀至清朝都還有使用，臺灣也都有這種架子牀，又叫「大紅眠牀」。

食芻豢，　「食」是食用，「芻」指牛羊肉，牛、羊是吃草的，故叫「芻」，「豢」指豬肉，豬是由人雜食餵養之，故稱「豢」。這句指好吃的食物。

而後悔其泣也。

「而」是如此，「其」是自己，麗姬後悔自己哭得太多了，也就是說自己的擔憂害怕是沒有必要的。

予惡乎知夫死者不悔其始之蘄生乎！

「予惡乎知」是說我怎麼知道，「夫」是助詞，「不悔」是不後悔，「其」是他，「始」是剛開始，引申作原先，「蘄」是求，「蘄生」指求生的意願。這句是說，死者會不會後悔，他起初只有求生的意願呢？也就是這些求生的人，如麗姬待享受到君夫人的生活後，後悔當時因害怕而來的哭泣。這些求生的人，待死後會不會和麗姬一樣，認為自己原先一味的求生，實在是可笑的事情呢？

莊子再說。

夢飲酒者，旦而哭泣；夢哭泣者，旦而田獵。方其夢也，不知其夢也。夢之中又占其夢焉，覺而後知其夢也，且有大覺而後知此其大夢也，

這句話的意思是，晚上做夢飲酒大樂的人，早晨起來或許會遇到令他痛哭流涕的事；晚上做夢哭泣的人，早晨起來或許就快樂地出去打獵了。當他正在做夢的時候，並不知道自己在做夢。說不定在睡夢中，還在卜問另一個夢中自己的吉凶呢？而後醒來，才知自己只是在做夢。在人生中，一個人要領悟大道，才能有大覺，有根本的醒悟，要知道整個人生也不過是場大夢而已呀！

而愚者自以為覺，竊竊然知之。

意思是，但是世俗上愚笨的人總以為自己隨時隨地都是清醒的，總是以為自己對每一件事都是明察秋毫的，自己是一個聰明知是非的人。「竊竊然」是明

察、察察的樣子，「知之」是知道一切事物的是非。

君乎，牧乎，固哉！

這有兩種解釋，一是一般人、世俗之人，在如夢的日常生活中會分別高貴、下賤，而且堅持這種分辨與分別，真是固陋呀！他們這些人沒有醒悟到，什麼是高貴的，什麼是低下的，會是依自己主觀喜歡的，就說是高貴；自己討厭的，就說是低下。我們看不見自己的固執、固陋，他們毫無生命的自覺，看不見自己所執的偏見，真是固執而頑固呀！第二種解釋是，不論是為國君的，還是為地位低下的奴僕，一般情況都是糊塗與無知的呀！因他們都不見自己的固陋，他們都沒有生命的自覺呀！「牧」是春秋戰國對奴僕的稱呼。

我個人會採取第一種解釋，因這說法較寬廣，第二種解釋似乎莊子太高傲了。但二者都可參考。

丘也，與女皆夢也；予謂女夢，亦夢也。是其言也，其名為弔詭。

孔丘與你也都是在人生的夢中呀！我這麼說，似乎非常矛盾怪異，對不對？但是只要有一天，不論在何時，或在萬世之後遇到個真正能通解這弔詭道理的人，不論什麼時候遇到，都是生命中最好的機遇、際遇，到時雷光石火般，一剎那間也就能明其中深邃的道理了！

這段話要特別用心體會，非常深邃，這如同佛家所說，人基本上都是活在由感覺知覺所形成的自我之中，然而這個自我並不純粹，摻雜太多不是真正自我的雜質，如在現實社會上求生存形成的雜質。自己追求聲名利祿形成的雜質，還有因此形成各種各樣的偏見等等。人們得先消除這種有雜質的自我，之後再重建沒有雜質的自我，而這有雜質的自我和沒有雜質的自我差異，其關鍵在人的認知上。所以佛家就說「心無所住而生其心」，第一個「心」是人的日常雜亂又充滿雜質的心，讓這心不停住，不佔滿成為全部的心，由此產生新的沒有雜質的心，在這新的心的認知下，人們將會發現一嶄新的世界。這世界似乎較上一世界清新，相對於上一世界，它不會有「是非」，佛家說不會有「痛苦」。佛家的唯識宗說「世界為心所造」，我們所看到的世界都是由人的心識所造，而人的心識又分好多層次，不同的層次會呈現不同的世界。佛家說人有眼識、耳識、鼻識、舌識、身識、意識，還有第七識末那識、第八識阿賴耶識，而這每一識要細講的話，又可再分好些層次，每個人其實都活在不同意識所認知的世界中，而認為那都是真的，其實都是活在不同意識認知的夢中。所以莊子說：「方其夢也，不知其夢也，夢之中又占其夢焉。」人得有所覺之後，方知其夢也。所以一定得「大覺」，而後才知自己一直都活在夢中，故佛家提出「萬法唯心所造，所以萬法皆空」，這是來自印度的佛教思想，但在此與莊子所說「人活在夢中」的道理極度相近。精采的是，佛家提出「空」來作為覺醒自己從一般認知上看世界，而後看到以為世界的一切都是實實在在實有，這是看不真切的，這就是夢中之夢。而莊子則已是一個大夢之中。因他已自覺到，他說透了夢中夢的道理，並說出這道理，他說不定也還是在某一層的大覺醒者，而這種夢中之夢要何時才能覺醒呢？才能認識到宇宙中的本真呢？莊子說，即使在萬世之後，只要遇到大聖之人，這人就是大覺者，即刻就知道什麼是「真正的真實」。

萬世之後，而一遇大

聖，知其解者，是旦暮遇之也。

說明即使終歷萬世這麼久的時間，但一旦遇到開解者，剎那間你就會徹悟。在這大問題的徹悟下，即等待萬世也不算久，只要能悟，剎那就是永恆。而這徹悟者，其實也已經出現——是誰呢？大家或許好奇，其實就是莊子本人，只是他不願自居，這如佛教《金剛經》所說：「一旦自認為佛，為菩薩，為阿羅漢就不是佛，不是菩薩，不是阿羅漢了！」一人一旦自以為是，就是智慧上的一種停滯了。

既使我與若辯矣，若勝我，我不若勝，若果是也？我果非也邪？我勝若，若不吾勝，我果是也？而果非也邪？其或是也，其或非也邪？其俱是也，其俱非也邪？我與若不能相知也，則人固受其黮闇。吾誰使正之？使同乎若者正之，既與若同矣，惡能正之！使同乎我者正之，既同乎我矣，惡能正之！使異乎我與若者正之，既異乎我與若矣，惡能正之！使同乎我與若者正之，既同乎我與若矣，惡能正之！然則我與若與人俱不能相知也，而待彼也邪？何化聲之相待，若其不相待。和之以天倪，因之以曼衍，所以窮年也。何謂和之以天倪？曰：是不是，然不然。是若果是也，則是之異乎不是也亦無辯；然若果然也，則然之異乎不然也亦無辯。忘年忘義，振於無竟，故寓諸無竟。

既使我與若辯矣，若勝我，我不若勝，若果是也？我果非也邪？

「既使」是假使，「我與

若辯」是說我與你辯論，「若」指你，「若勝我」是你勝了我，「我不若勝」是我沒有勝你，「若果是也」是說你果真就正確了嗎？「我果非也邪」是說我果真就不正確嗎？我勝若，若不勝吾，我果是也？而果非也邪？「而」做「你」字解。這句跟上句相反，就是說，在辯論上，我勝了你，你沒有勝我，我所說果真就是正確的嗎？你果真就是不正確嗎？

其或是也，其或非也邪？其俱是也，其俱非也邪？「是」是正確。這段是說，其中一方是正確的，另外一方就一定不正確嗎？其中雙方都正確或是雙方都不正確呢？莊子從認知論立場提出一連串問題，這問題真的深入人的認知上是不容易真做根本的判斷，所以莊子又說，我與若不能相知也，則人固受其黮闇，吾誰使正之？使同乎若者正之，既與若同矣，惡能正之？「若」還是指你，「則」是而，「人」是指世俗人，「黮闇」是作不明，「既」是已經。這句就是說，像這樣的問題徹底追問，我與你都不可能真正知道。而世俗本來就很糊塗，我們又能讓誰來仲裁這些問題呢？假使請觀點與你相同的人來裁決，他已經與你觀點相同了，如何能做正確地裁決？

使同乎我者正之，既同乎我矣，惡能正之？這句接著上句而來，莊子說，讓觀點與我相同的人來裁決，這人的觀點已經與我相同了，他如何能來公正地裁決呢？接下來莊子再說，使異乎我與若者正之，既異乎我與若矣，惡能正之！使同乎我與若者正之，既同乎我與若矣，惡能正之？這句話的論述和前面的問題一樣，只是擴大了一點範圍，莊子說，讓不同於我和你的人來裁決，他既然已經不同於我與你的觀點，他如何能公正地裁決呢？反過來說，讓與我和你共同觀點的人來裁決我和你的問題，他在觀點上既然已經與我和你相同了，他又如何來作公正地裁決呢？在這一連串認知論的問題後面，莊子說，然則我與若與人俱不能相知也，「然則」是如此，我、你和他人都無法知道什麼是正確的，這又如何來裁定世間的是是非非呢？而待彼也邪？「而」是如此，「待」是依賴，「彼」字請留意，指的是天、是自然、是造化，也就是下面所說的「天倪」，也是前面所說的「莫若以明」的「以明」，也就是「道」，而這「道」包含自然、造化、天，故又稱「天倪」。人既然無法真正判定是非，那只有待乎「天倪」來做調和吧！何化聲之相待，「化聲」古人曾說：「是非之辯為化聲。」這也就是說，人世間人們總是變化著不同的內容、語言、聲調來相互對抗。「相待」是互相對抗，古人講：「待，敵也。」「相待者」指相對相敵也。若其不相待。其實大道在宇宙造化中如同沒有對抗，用今天的話講，這一切是是非非地對抗都是茶杯中的風暴，在大自然中如同沒有發生的小氣旋，若有似無。了解了這大道的真象後呢？和之以天倪，就用天道自然的分際去調和、渾同這些分別的是小吧！因之以曼衍，並讓那些是是非非順應著天道自然及流轉的時間去發展變化吧！所以窮年也。我們就用這方法，好好地享有我們的人生！「窮年」可解為盡年，「盡年」可解為好好享有人生中的每一分每一秒。

所以下面接著說，何謂和之以天倪？這句也可說是「何謂以天倪和之」，「以」是用，

「天倪」是自然的分際，「倪」是分際，「倪」古人說是「霓」，「霓」可作分際解，「和」是調和，「之」指世間的是非。就是說，用自然的分際來調和世間的是是非非吧！而什麼是自然的分際？莊子就說了，

是不是，然不然。

這是說，在世俗的世界，「是」同時也就包含了「不是」，當這事是這事，同時也就不是其他事了，「是」與「不是」是並存的。「然」是對、如此，「不然」是不對、不如此，當「是如此」時，也就同時包括了「不是如此」，天地萬物，就萬物而言，而萬物就個體而言，都是「方生方死，方死方生，方可方不可，方不可方可」的。所以莊子再說，

是若果是也，則是之異乎不是也亦無辯；然若果然也，則然之異乎不然也亦無辯。

這是說，「是」如果真的是「是」，那麼「是」不同於「不是」，就無須辯論了！「然」如果真的是「然」，那就不同於「不然」了，同樣這也就無須再辯論了！

莊子為這章下了結論，

忘年忘義，

這樣人生的享受，也就是忘記了年歲，忘記了生死，忘記了什麼是是非道義。

振於無竟，

「振」是遊，逍遙的意思，「無竟」是無物之境，「竟」是「境」的意思，就是萬物不再有絕對的分別，萬物渾然成為一體之境。這句就是說，逍遙在無物之境的天地中。

故寓諸無竟。

「故」是所以，「寓」是寄寓，「諸」是之於的合音，是於的意思。這是說這樣就終身可以寄寓在無物之境了！換句話說，無物之境是指無窮的精神世界，「振於無竟」就是可以逍遙於無窮的精神世界，所以終身可以寄住在無窮的精神世界了！

虛實之間

罔兩問景曰：「曩子行，今子止；曩子坐，今子起，何其無特操與？」景曰：「吾有待而然者邪？吾所待又有待而然者邪？吾待蛇蚹、蜩翼邪？惡識所以然？惡識所以不然？」

罔兩問景曰： 「罔兩」是影子之外的微影，古人說是「影外之微陰」，「罔」是無的意思，「兩」是二，是以古人又說，彷彿在無有中又似乎又一點淡影，而與原本的影子，如此即為兩，而兩個都是影，一個是影，一個是影外之影，故稱罔兩。這是莊子神來一筆講人世間的是非論辨，看來很實，其實皆虛。「景」是「影」的本字，指影子。這句就是說，罔兩向影子問道。

曩子行，今子止， 「曩」是剛才，「行」是行走，指剛才你行走，「今」是現在，「今子止」是現在你停下，不走。**曩子坐，今子起，** 這句是說，剛才你坐著，現在你站起來。**何其無特操與？** 「何其」是怎麼如此，「無」是沒有，「特」是獨立、獨自，「操」是操守，引申作主見、作為，這是說，你這麼如此沒有自己獨立的作為呢？

景曰：吾有待而然者邪！ 影子回答說：「我因有所依賴才如此的呀！」然後又說，**吾所待又有待而然者邪？** 「吾所待」指的是吾所依賴的東西，「又有待」指又有所依賴，「而然者邪」指才這樣的吧？這是說，影子是出於形體，影子依賴著形體而動。形體動，影子就動；形體不動，影子就不動，影子自然無自己的獨特作為。莊子用影子的微影的設問，來突顯影子之有所待，而無法自己有獨立的作為。如此「形體」自己能自主嗎？其實也不能，為什麼呢？因人的形體也好，物的形體也好，基本上都是因「道」、因「真宰」而存在。他們必待「真宰」，必待「道」而後才有動。所以下一句莊子再說，

吾待蛇蚹、蜩翼邪？

「吾」是影子自稱，「待」是依賴，「我待」是省句，其原本是，我影子待形體而動，如同蛇蚹。「蛇蚹」也是一句省句，其會句就是，如同蛇依賴牠肚下的鱗皮而動；「蜩翼」也是，就是如同蜩依賴其翅膀而飛。莊子用「蛇蚹」、「蜩翼」來說，人單純只有形體，同樣是不能作主的，也無法有真正的主見的，所以說，

惡識所以然？惡識所以不然？

在這人不知真宰，不知大道的前提下，如何作主，如何確實知道自己以至天地萬物之所以這樣的原因？又如何知道什麼原因使人、使天地萬物又不如此的原因呢？

在〈逍遙遊〉裡莊子提出人與天地萬物存在於大自然中，在種種的大自然的限制下，人的感官認知是有限的。莊子提出「天之蒼蒼，其色正也」，我們所見蔚藍的天空，這是天真正的顏色嗎？不是呀！「其遠而無所至極也，其視下也，亦若是則已矣！」只要我們達到相同的高度，往下看地球也是藍色的呀！我們說過，這是人存在的大氣，人的視神經，人在的空間，光線穿過大氣折射出來的結果。不把自己提升，用心靈的知去認識「道」，認知「真宰」，人的有知就有限，人要不「自覺」自己存在的有限性，還自以為知道的都是真理，這就是不知以為知了，而後又認

自己之知就是絕對的真理又相互爭辯，是非紛擾就是這樣產生的。而這一切其實如同罔兩與影子都不真實，〈齊物論〉精采地用「罔兩」與「影子」的對話，說明大風吹起，人籟、地籟，嘈嘈雜雜，一開始也不過是大家撲風作影、虛幌一招而已。文章到這裡回叩前文。

莊周夢蝶

最後他用「莊子夢蝶」來下一個總結。

昔者莊周夢為胡蝶，栩栩然胡蝶也，自喻適志與！不知周也。俄而覺，則蘧蘧然周也。不知周之夢為胡蝶與，胡蝶之夢為周與？周與胡蝶，則必有分矣。此之謂物化。

昔者莊周夢為胡蝶，栩栩然胡蝶也，「昔」通「夕」，指夜晚，莊周作了一個夢，夢見自己是隻蝴蝶。「栩栩然」是形容蝴蝶飛舞得輕快自如的樣子。自喻適志與！「自」是自己，「喻」是愉、愉快的，這句說自己覺得非常愉快。「適志」是愉快得意，古人也有說「自喻」是自己覺得適當，所以愉快得意。不知周也。這是說，完全無意識到自己是莊周。也可說是，完全忘記自己是莊周。俄而覺，「俄而」是不久、不大一會兒，「覺」是醒過來。則蘧蘧然周也。「則」是就，「蘧蘧然」是覺醒、醒過來、驚覺過來，「周也」指才意識到自己是莊周。

不知周夢為胡蝶，胡蝶之夢為周與？

在人生是個大夢的概念來說，不知到底是莊周做夢夢到成為蝴蝶？還是蝴蝶做夢夢到了莊周。這句回應前章所說，人生乃是一場大夢。莊子說：「夢飲酒者，旦而哭泣；夢哭泣者，旦而田獵。方其夢也，不知其夢也，夢之中又占其夢焉。」人生就是一層層的夢境，人們活在一層層的夢境之中，用今天的話來說，人透過意識認知這世界，人活在意識之中。而人的意識是一層層的，待從這一層覺醒，看前一層的種種恍同做夢。待再覺醒，再揭一層意識，進入另一層中，又覺前面的生活如在夢中。人什麼時候才能「大覺」？在未大覺前，即使是聖人孔子也還是在夢中生活呀！那什麼是「大覺」？「大覺」就是「悟道」，真正體悟認知到「道」，天地宇宙生命的真宰，如此才不會活在夢中還不自知。而在夢中，莊周做夢夢見蝴蝶，還是蝴蝶夢見莊周，其實在人生如夢中這沒有絕對的差別，只是在人們一般的現實世界中是有區別的。

周與胡蝶，則必有分矣。

就是說兩者乃一定有分別。

此之謂物化。

這就是「道」的物化現象，之謂乃就是。什麼是「道」的物化現象？也就是「道」轉化為物相就自然而有區別了。所以這種物化的現象，並不需要人們一定不被限制住，而是提醒人們當從現實中提升人的認知能力，認識「道體」，掌握「道體」走向有生命的大覺。

〈齊物論〉的重點即在「生命的大覺」。有了「生命大覺」才能「齊物」，當生命大覺時人籟、地籟才會平息，而走向天地和諧、萬物一體並存的天道，相對人籟、地籟的衝突嘈雜，或各說各話，天籟則平息安靜，萬物渾然一體而不再絕對區分！能如此只有達到「吾喪我」才行，由此回叩〈齊物論〉第一章開頭，「南郭子綦隱几而坐，仰天而噓，嗒焉似喪其耦。」

〈逍遙遊〉的文章一氣呵成，〈齊物論〉的文章則相當冗長，全文綜論齊物，但各章節又各自獨立為文，各有論述，不過大家仔細去讀各章節之間又是漸層推進，自有連繫，層層深入。莊子的思想真是細密、深邃，句子與句子之間，句子本身又各有環節，在許多子句和省句的再聯結下，留出一些空間，讓讀者推敲細思，而後恍然有所悟。這「悟」進展到最後讀者心思開解，恍然大悟，沒有大悟其實都還在層層的「意識」，層層的「夢」中，用今天的話「夢」即是人的「意識層」認知的展現。惟有大悟，生命的大覺，就能齊物與道合一了，這真是精采絕倫的文字。

原本覺得〈齊物論〉太冗長了，僅挑出幾段來講，而後講著講著覺得非要講清楚不可，因這文章太好了，它是《莊子》一書的核心。〈逍遙遊〉是《莊子》一書開宗明義的大義所在，而〈齊物論〉是莊子提出的神妙宇宙觀下，人怎麼建立人的新認知或說新認知論。我們知道儒家是從人出發，而莊子則盱衡上天下地，人與萬物只是生存或存在其中。在這樣無限流轉的時空中，人要如何認識自己，人要如何真正的自覺？莊子將「人」的第一性生物性、動物性，開展到第二性「至人無己」、「神人無功」、「聖人無名」，真正能自覺的人性，這也是孔子所說的「學而時習之」的自覺性，只是莊子似乎在無限流轉的宇宙中俯看人，似乎更看見了人的第三性，也就是人的自我創造性、實現性，這或說人的神性吧！

養生主

透過生命自覺，能看見自然的多樣性、複雜性，順著生命結構生活，就不會存在對立衝突，使自己保持完整與和諧的狀態。

〈養生主〉顧名思義就是養生的準則，「主」字作準則講。

生命之善

吾生也有涯，而知也无涯。以有涯隨无涯，殆已！

吾生也有涯，「吾」可以引申作我們人類，「生也有涯」是說活著有一定的限制，「涯」是水岸，引申作邊際、限度，「有涯」就是「有限」。這是說，人類的生命是有限的，因有生死。

而知也无涯。「知」是无涯的，在這裡表示對外知識的開展，指人們對外在事物的追求，這包含對外在知識的追求，或者說拚命追求認知外在的事物與知識；「无涯」是無限。這句是說，對外的認知則是無限量的。

這裡有一個很有趣的意思，人在生命的發展中是從本能出發，為了達成生存的目的，人類先天有一種衝動，就是對一切可以讓自己活著、生存下去的事物，有不可遏制地追求性，如生存機會，甚至是權力、地位、利益、名聲，也包括知識。自古以來多少人認為讀書最好，文人都認為就要讀一輩子書啊！甚至認為讀書的生存價值最高。

莊子是個讀書人、是個淵博的讀書人！所以莊子真是有趣極了，他對人世間不好的事物，做深切地思考；但對好的事物，同樣提出反省與質疑。他可真是一個哲學家，一個真正的哲學家呀！

> 以有涯隨无涯，殆己！

「以」指用，用有限的生命；「隨」是追求，追求無限對外知識的探索。這是說我們以有限的生命，然後完全、被動的、被生存本能推著走，去對外在的事物作無限地追求。這是會引起生命本身不安的呀！

這個可以用今天西方科學的知識探索來作例子，西方科學上有些無限制地探索是不是有絕對必要性？如果大家覺得，傳統中國科學為什麼不發展，讓近代中國人抬不起頭來，這是不是我們祖先實在很爛？其實這部分要罵莊子，因為莊子不贊成科學性、機械性力量的製作與運用，因為這會和商業利益過分緊密地結合，如此結合是會傷害人心的平正心呀！這觀點對傳統中國社會影響很大。今天人們老罵孔子，孔子就像近代的蔣介石，反正他做了領袖，所有的黑鍋就由他揹起，但其實很多事情是與他無關的。傳統中國歷史上孔子是主張發展知識的，莊子則反省從人生的生命性上提出有這個必要嗎？

中國歷史上好幾個時代，有了大機械的生產工具，但有意識地停止使用！為什麼？這一方面也就是莊子所說的機械使用，將會牽涉利益，有利益就會有私心，則會有損人心的完整性；也牽涉到另一方面傳統中國對「人」的觀點。

在西方，現代哲學家雅斯培（Jaspers），也就是存在主義的哲學家，還有一個海德格（Heidegger），他們問，什麼是一個真正的「人」，以至甚麼是真正的「自由」？他們說，真正的自由是人在強烈的生存驅動下說：「我要！我要定了！」這固然是人的一種表現！但他們又說，在這種巨大力量之下，有能力說：「我可以不要！」這才是真正的獨立自主，才是所謂的自由，是所謂的人。

其實傳統中國說人就是這樣，當人能夠面對我們所有的發明，發明足以讓我們獲得最大的利益，但從總體考量來說，也會帶來壞的因素，對人類具有一半的傷害性，所謂「一半」是說，對人類的好只是一半，會有一半壞的副作用。傳統中國站在人的立場，在這巨大利益的引誘下，有能力說不！不發展！如此才是人能力的展現，這樣才是一個自主者。這是道家莊子提出，並因此影響中國的國家社會發展。傳統中國在物質發展上深受莊老思想的影響，而不是孔子、孟子的影響。儒家只在意社會物質發展的方面，當然更在意如何成為真正的「人」。

孟子在社會經貿的發展上，則反對壟斷——資本壟斷、資源壟斷。他只是不贊成這種壟斷、獨佔的方式，孟子是世界最早反對寡頭獨佔事業的。而莊、老則再往前跨一步，今天從世界各國的經濟新局面來看，由於寡頭資本的壟斷事業帶給人們貧富不均！看看這思想是不是仍值得我們注意。當人們競相發明新式武器時，莊子的觀點是否仍具有思考的價值！當人真正具有思考力真能澈底地反省，我們回看這個世界，就不至於盲目地說：現在的一切都是對的，如此就可以保持我們人特有的反省認知力，還有人真正的自由意志決定什麼是真正的生之大善！

所以他說「以有涯」，拿我們這個有限的生命「隨無涯」，去追隨那無限制的探索。「殆已」，這是讓人生不安的。近年來世界局勢不穩、戰事頻起，全球如此不景氣，如果全球是一個村子，真正是站在「世界村」的立場思考，人有必要如此戰爭下去嗎？還是暫且擱置紛爭，去援救所有苦難的地區，讓上帝的天堂真能夠在人世間有些展現，這是不是更好呢？

在這裡提出世界問題，是想請大家對事物做反省性思考，不要遇到事物就盲目跟從或莫不關心，當人的思考力受到這種阻礙，會逐漸有遲鈍感的。其實這就是養生之道，我們思考不一定要有答案，而是使我們有能力面對人生的各種問題，可以很清楚地表達自己的看法，然後放下掛慮，去做我們可以做的事。如此我們隨時隨地都可有冷靜地思考、認知，這就是「莫若以明」了！

已而為知者，殆而已矣。為善无近名，為惡无近刑。

> 已而為知者，殆而已矣。

你已經成為對外無窮探索的聰明人，那麼你的生活中一定充滿著某種焦慮與不安。「已而」指已經，「為」是成為，「知」在這裡指無窮盡對外的探索者。

十八、十九世紀德國的歌德，他筆下的浮士德就是這樣一個大學者，他一生都在全面追索宇宙的知識、無窮止地向外探索，把自己真實的人生擱置。一個科學人、一個智者，到了年老力衰的時候，回看自己之所知相對無限宇宙而言還是如此有限，那個「無知」反而更明確並巨大地呈現在自己的面前！宇宙實在太無限了、宇宙的事物也太無限，人越鑽研，越會發覺有更多是無知的世界。但自己已年老體衰，低下頭看自己的一生，除了這些不確定的認知、有限的認知外，其他則是一片空白。這一下子浮士德慌了，他希望自己的生命重新來過、重新開始，希望能重新做選擇。他向上帝祈求，上帝默然不語；他轉而對魔鬼呼喚，魔鬼立即出現，然後做了一個交易，重新讓他回到二十歲，只是浮士德的靈魂是歸於魔鬼，在魔鬼的支配之下。

這是個很有趣的故事，大家不妨去看這本小說。這原本是日耳曼人的傳說，歌德花二十年改寫，不過歌德的改寫，最後把浮士德放到一個真正「愛」的感受上，然後浮士德開始意識到：「噢！什麼是生命。」於是上帝出來，伸手把他接到天上去。當然是一個基督教的神話，但是很象徵性。這是說，真正生命的好，不是在做一種極致的追求。真正生命之善是在於有真正的愛、真正生命的平衡。

因此莊子接著說，「為善无近名，為惡无近刑」。古人對這句的說明是，人行善，不要只為了追求名譽、聲名；為惡，則不要觸犯刑法。這種解釋有點太現實了，稱得上是鄉愿了，我們從莊子的思想來看，應該不會是這種解釋！

為善无近名，「為善」指行善、做善事。什麼是善？有利於生就是善。什麼是有利於生？什麼又是生命之善？凡是生物，天生就是求活、求生存的，善沒有比生更好的，因此基本上能利於生者，能有利於活著就是善。生命之善分很多層次，有的部分會讓人覺得活得真好，如吃飽飯，就能人感受到活得真好！而愛、而有情，更是讓人感受到活得真好，這更是真是生命之善了。佛家則說，當人隨時覺得生命之善活得真好，這就有了法喜，如此每天都喜滋滋的，每天都很開心，這時口裡都有口津，若是嘴很乾，則代表內在有火，身體失去平衡，如此方從食物中調整，從生活作息調整，而後平衡了，就會有口津了，這說來是法喜的第一步表徵。

人真感受到那份生命之善，那會打從內心湧現生命之喜悅。許多人感受不到這生命的喜悅，使生命成為生存的煎熬，成為生存的負擔。人每天都不為善，不做有利於生之事、有利於生命精神愉悅之事，或者簡單來說，就是比較並埋怨自己，或者總覺得自己得不到真正的愛。而自己想要追求的是，所謂的人家無條件給予的愛或社會的名、利、地位、權力，認為這是有利於生命之善，其實這只是概念，概念就是「名」，「為善无近名」就是追求生命之美，不要只是從概念上著手。這解釋就是如一般的人生來說，如果深一層從莊子的哲學角度來說，人的存在是宇宙中自然的發展，宇宙有創造有發展、有毀滅、有消失，因此人有生有死，人會有為善的衝動，也會有為惡的衝動，在為善的作為中，我們要透過自覺，不要讓自己停留在該去為善的概念中，而是真正感受到善之喜悅。如此，就會慢慢感受到一份生之喜悅。「生命之善」就是活得喜悅，一切從真實的善行做起，去真實感受生命之情、生命之喜悅——活著真好！

為惡无近刑。

「刑」是傷害的意思，就是說在自然毀滅的衝動下，不要傷害了自己的生之根本，意謂不要傷害自己好好活下去的機會！前面說，自然界有創造、有毀滅，這自然律其實也存在於人的心理。在生命沒有真正覺醒前，人常會有自我毀滅，或毀滅事物的衝動。我們看過好多人在生氣、鬧情緒時會摔東西、砸東西，這都是來自情緒，也就是來自自然律中毀滅的衝動，人的「為惡」也是這種衝動驅動的，人於生命過程中，天生會有生之衝動，做出有利於善，有利於生的衝動。可是另外一種來自自然的衝動，就是毀滅的衝動，這是人類的基本性格，在人沒有覺悟之前，常常是發展與毀滅並存，如同生與死並存一樣。若以現實情況來舉例，就像小孩子玩玩具，玩著玩著就摔爛自己的玩具，在成長中，人們可能會突然想叛逆、做個壞孩子，這是為惡的自然衝動！

前些年有部法國電影叫做《逆轉人生》（*Intouchables*），劇情是說一個生活無虞的富翁，更有個相親相愛的妻子，可是妻子因癌症去世，他在痛苦之餘，在「為惡」的衝動下，就去乘滑翔翼，並拒絕任何做安全措施，結果摔成重傷，從頸椎三、四節以下完全沒有知覺。不過沒想到這竟然是一個生命轉機，他從另一個文化的衝擊下，讓他即使在完全的殘障中，重新獲得啟迪，使生命重新開始。

看了這部電影就想到《莊子．人間世》裡有個名叫支離疏的人，為什麼叫支離疏呢？就是形容他的身體不好，好像被拆開來一樣，他駝背到兩頰都貼到肚子上，以至於他的雙肩高出了頭頂，一個完全不成人形的人。可是他並沒有喪失生命的可能，他仍然開展出屬於他的、而且是完全的生命活動。莊子在結尾說：「夫支離其形者，猶足以養其身，終其天年，又況支離其德者乎！」「又況支離其德」的意思是，又何況自己的德行、才能高超於世，但不顯露的人此不就更能養其天年嗎？

莊子強調的是在於我們剛才講的「為善」、「為惡」中，我們有沒有把真正的那份生命之善對生命全然肯定活出來。只要能夠肯定生命，生命本身在心理上就能起變化。

所以每一個人在全力尋求如何真正活得好的時候，就不要活在名言概念底下，如有錢才能活得好、有權才能活得好，或漂亮才能活得好，這些都是活在概念中。「為善勿近名」，不要以為活在概念中就能把人活好，活好是真正意識到、感受到生命真好。而當自己遇到挫折，記得不要讓自己喪失了生命之本，傷害到自己活下去的意願，或傷害到身體，使自己無法再活下去。要知道生命是上天在這大宇宙、大自然中最可貴、最幸運的一種聚合與際遇，所以「為惡勿近刑」。

我以前在學校講到這部分，就有學生問說，為什麼莊子不直接告訴人們不能做惡呢？惡不是不好嗎？何以他不直說不可以做惡？還有，人這種生之衝動中有惡，如果以吸毒來說，那是不是不要吸到傷身體也可以？

我告訴他，莊子是要引導我們去深入思考，而不是告誡惡不可行，他要人們思考什麼是惡。這一定要注意，為什麼莊子不直接說：不要為惡，不可為惡？只要為善！因這樣說法是教條，能直接下指令當然簡單多了，但莊子是誰呀？誰會聽呀？我們看歷史上能直接下指令、人們會聽從的，大多出於宗教，如上帝下指令，猶太教、基督教、東正教的聖典，甚至還有伊斯蘭教的《可蘭經》，這大約是要透過聖諭，人們才會信從；此外就是政治上的法諭，人們才會遵從。莊子一介平民書生，如此說，誰會聽他的？再說，莊子可說是哲學家、思想家，他提出人們當深思的問題，不是教條規範，其目的在啟迪人的思想、自我認識。

這就是教條和哲學之間的差距。哲學要問：你懂得惡嗎？你真了解惡嗎？你了不了解人在生之追求中，隨著大自然所賦予的那種對生之追求與生命的完成中，是會全力以赴去完成一個「生」，卻又在某種特殊的狀態下會摧毀它，這是人的生物性，自然人性中的特性，是自然所賦予的。所以西方人常常說，天使跟魔鬼是同時存在於一個人的身上，這個「魔鬼」就是自我摧毀性。這裡面也有很深沉的心理學成分，如果感興趣的讀者，可去閱讀近代人本心理學、人本哲學的心理學書，特別是心理學家弗洛姆（Fromm）的書。

面對大自然給予人的複雜性，莊子提出這句話，基本上蘊含在自然賦予人的生存衝動和活動中，人天生會去追求如何讓自己更好，但是不要受限在單純的概念底下，這個概念也可指社會性教條。要知道任何好的事物變成了教條，也容易對人有傷害，所以人一定要思考反省。而同樣的，在我們沒有達到覺醒的時候，在生之衝突底下，忍不住有一種毀壞性的時候，我們要保持高度的理性，不走上絕路，傷害了生之能力與根本。

就像社會新聞講的鬥毆，其實起先也不過是爭吵，然後越吵越來勁，就開始扭打，拚個你死我活，最後大喊一句「讓你死！」就把一個人打死了，這就是「惡近刑」的毀滅性。所以在這種情形下，我們能不能知道生命本身，不是單純的達成生命都是善。在自然性中，人有自我的毀滅性；在自然性中，人有雙重性、多重性，人如何透過生命自覺慢慢將它調整、合一，這就是莊子的養生之道。

莊子的哲學非常細膩、非常深刻，請大家深入體會。但莊子也不是只單純要我們做好事，而是要人們反省思考人生，在思考中認識自己、認識生命、認識我們所居處的這樣的世界！

西方老覺得末日要來臨了，我們是不是就跟著一味感受末日的威脅呢？如果問莊子：「面對末日，怎麼辦？」莊子或許會說：「等它來了再說！我們現在好好擁有我們的人生吧！」因為這是整個自然中的事，例如在以地球出發八大星系（冥王星已經除名）裡都沒有人，有許多人不斷說可能有外星人，美國人也喜歡研究外星人，我們就等這些專家的研究與發現吧！世界末日至少目前還沒有到來，那先不要杞人憂天，先享有我們仍可擁有的人生，解決我們該先解決的事吧！不要因為憂慮世界末日，而放棄明智的人生，即使有一天世界末日了，那也是大自然的運作，就順大自然而為吧！這是莊子常用的語法，我講得不一定對，不過我試著揣摩。莊子常用啟發人思考的語句，這些地方大家也絕不可以忽略。

緣督以為經，可以保身，可以全生，可以養親，可以盡年。

這是莊子提出的生命哲學、生命教育，強烈對生命肯定的呼聲。在「為善」與「為惡」宇宙自然的衝動中，透過生命自覺形成自我協調、自我平衡的能力，這就如人的息氣，緣督以為經，「緣」就是沿，讓我們的呼吸和氣息經過調息，使我們的氣息沿著氣脈運行，而走入中道，這是順著督脈走向任脈，如此循環是最健康的狀態；「經」是永恆不變的常道。這句是說，讓自己的氣息可以一直順著任督二脈運行，就可以健康長壽。

這是重要的養生之道。如果你們煩躁的時候，甚至走路扭到腳，不要立刻就起來，不要立刻就動，先放鬆身體，試著吐納、調息，至少是深呼吸，慢慢心就靜下來，因為氣傳到那裡說不定就好了！這是生之氣息，也是生之能動性，表示透過呼吸、調息，將生之氣息調和，沿著我們的任、督二脈運作。什麼是任督二脈？任脈從下顎開始，一直到我們的最下面；督脈從上額開始，經過頭，沿著脊椎，同樣到我們的最下面，兩脈會合，這是人體最大的氣脈。人的氣息能在任督二脈中運行，而後我們的奇經八脈就充滿了生氣，我們就能夠健康了！

道家的思想比儒家多了對身體脈動的關注，儒家偏自我省察，道家還要落實在身體的保養上。「緣督以為經」就是用呼吸調息，將氣息這「生之能動」，隨順任督二脈，流暢地運轉，如此，可以保身，能保持身體健康。進而，可以全生，「全生」是保全人的整個生命，也就是使人的生命走向完善性，什麼是走向完善性？就是使人的身心靈隨時處在均衡和諧的狀態，這就是「全生」了，而這也就是讓我們的身心靈都在協調、均衡合乎中「道」的狀態。人在這種狀態中，心中自然會有一種喜悅，這種心的喜悅，如同心中有著好聽的音樂旋律，使整個身體裡的血氣運行都非常流暢，這就是「全生」。

如此接著就，可以養親，傳統註解的「養親」是，當人身體健康了、身心平衡了，才能活得比雙親長，然後就可以奉養雙親、孝養父母，可是這就進入儒家的價值觀中。其實這裡的「親」是指天地，因為對道家而言，人之生，不只生於父母，更生於天地。所以「可以養親」乃是可以與天地相親，人可以跟天地合而為一了。

大家早上起來，有沒有過一打開窗或門，就有一股清新的空氣撲面而來的經驗？呼吸一下清晨的空氣，而後面對著太陽，感覺到太陽的光，曬在身上很舒服，好像可以進到身體裡面，當我們享受著這種感覺，還有空氣，發出「啊！真舒服」的感嘆，那就是與天地相親了。這也代表我們的身體是開放的，而不是封閉的，封閉則是緊張，而開放、舒張即是與天地相親，與天地相親相養也是與「道」相親相養了。

最後，可以盡年。這才能夠真正享受你所享有的歲月，「年」是指歲月。一般所謂的「盡天年」，是表示人可以享受到七十歲。而這裡的「盡年」是指可以享受歲月中每一分、每一秒的生生悅樂。換句話說，人可以意識到每一分、每一秒活著的喜悅，感受到「啊！活著真好！」如此就不會覺得人生如夢或人生如戲，如戲、如夢都是因為沒有享受到「活著」這件事。

這就是莊子〈養生主〉的理論，我們說過莊子通常把理論放在文章前面。莊子的「養生」是要人能順道而行，在生命自覺中，完全享受到生生悅樂！

物我相融

莊子接下來舉了一則非常有名的故事，這故事在中國美學上是極其重要且特有的理論。

庖丁為文惠君解牛，手之所觸，肩之所倚，足之所履，膝之所踦，砉然嚮然，奏刀騞然，莫不中音。合於《桑林》之舞，乃中《經首》之會。文惠君曰：「譆！善哉！技蓋至此乎？」

庖丁為文惠君解牛，「庖丁」就是當時最有名的廚師，在春秋到戰國時代對技藝者稱呼時，習慣在技藝下面加姓，意思就是當時第一等技藝大師，等同於現在的米其林大廚。「文惠君」就是梁惠王，我們為什麼能判斷莊子和孟子是同時代的人？就是因為他們同樣經歷過梁惠王時代，惠施還做過梁惠王的丞相。莊子在這裡稱呼為「文惠君」，表示這時梁惠王還沒即位，而孟子見梁惠王時，「文惠君」已然稱王了，他好像是戰國第一個稱王的。「解牛」的「解」讀ㄒㄧㄝˋ，用這個「解」字說明庖丁的屠牛是用解（卸）的，不是用砍的，也非宰的、非殺的。

手之所觸，

他手所碰到的。

肩之所倚，

「倚」指靠的意思，他的肩靠著。

足之所履，

他腳踩著牛身的。

膝之所踦，

「踦」是頂，他的膝蓋頂著牛。庖丁手扶的，肩所靠的，腳踩著，然後膝蓋頂著，這是他在殺牛過程中的姿態。

砉（ㄏㄨㄛˋ）然嚮然，

兩個狀聲之詞，就是形容殺牛的聲音。

奏（ㄗㄡˋ）刀騞（ㄏㄨㄥ或ㄏㄨㄛˋ、ㄏㄨㄚˊ）然，

「奏」是進，進刀之意。刀子才進，「騞然」就是嘩一聲。每一個聲音，

莫不中音，

無不合乎音樂的節奏。手一頂，刀子一進，腳一踩，刀子一抽，刀子再進，肩膀頂著，手扶著，每一個動作、每一個刀子進去所發的聲響，就像一場音樂的演奏。

合於《桑林》之舞。

「桑林」是當時的最有名的舞曲，如同今天的芭蕾舞劇《天鵝湖》。所有殺牛的動作以發出的聲音，全合乎於舞曲舞步的節奏，

乃中《經首》之會。

「經首」是堯舜時有名樂曲咸池樂章的節奏。

文惠君曰：「譆！善哉！技蓋至此乎？」

文惠君說：「啊呀！可不得了啊！你宰牛的技術怎麼竟然可以到達這樣的程度？」那麼音樂性的描述，重點放在所有的「殺」都是一種對立與衝突，何以在庖丁的解牛過程中是一場音樂的饗宴呢？這難道是「暴力美學」嗎？近代的「黑色美

學」是莊子開啟的嗎？當然不是！

庖丁釋刀對曰：「臣之所好者道也，進乎技矣。始臣之解牛之時，所見无非牛者。三年之後，未嘗見全牛也。方今之時，臣以神遇，而不以目視，官知止而神欲行。依乎天理，批大郤，導大窾，因其固然。技經肯綮之未嘗，而況大軱乎！良庖歲更刀，割也；族庖月更刀，折也。

庖丁釋刀對曰：　庖丁放下刀，回答說，臣之所好者道也，　「好」作追求，我所追求的是「道」，是一個整體和諧的完成。進乎技矣。　「進」是超越的意思，代表超越技術。科學、科技也是技術，同樣在「道」之下。庖丁的解牛是在技術基礎上更進一步的表現，這是與天地萬物合一的表現。

此後傳統中國對於技術的追求，都是走向了技藝，請大家留意，「技術」和「技藝」之間有差距。何以如此？因為我們尋求的，哪怕是在具有某種對立性跟衝突性之中，我所要展現的是整體生命與宇宙的和諧與完整性。這不再是用一個技術分割性的表現，而是用技藝、藝術去完成，是一種藝術的完成。這完成所呈現的，乃是宇宙整體的和諧性及生命完善性的呈現。也意謂中國的藝術全面走向「道」的追求，它不是形象的摹寫，而形神的展現，是「道」的表現。而「道」的展現是透過創作者——如庖丁——自己個人對於生命以至於心靈、對宇宙及生命的體認後，用藝術的方式將這心靈的認知表現出來。

所以中國書法、繪畫不像西方是寫實。到了北宋蘇東坡，他很直接說，寫實是兒童們最初級的藝術表現。因為所有創作的終極性在「道」，必須要大過創作者自身對生命及整體宇宙自然的感受，然後讓自己的認知，提升到心靈，讓所有繪畫的呈現，是一個心靈與「道」的結合。

這相對於西方世界的藝術，傳統中國有自身特殊的表現法。也因為它的特殊性，在新文化運動以來，傳統中國的許多事物都被否定，但藝術並未被否定。因為中國藝術被世界、被西方所肯定，它讓西方的人看到了另一種真實，從藝術的表現上看到了另一種世界的真實。

「庖丁解牛」的過程展現，即使似乎帶有血腥，但卻超然地如一種生命的旋律呈現宇宙中「物」、「我」最大的和諧。「物」就是外在的世界，「我」就是主觀的個體。所以文惠君說：「唉呀，我沒有想到殺牛的技術可以到達這樣的一個高度。」庖丁放下刀說：「臣之所好者道也。」

這命題確定了中國哲學以「道」為最高之範疇，亦是宇宙萬物最終極之本源。在美學上也以此來說明中國藝術的形式與表現，皆以「道」為最高之表現。中國繪畫因此沒有再走上如西方「寫實」的路，而是以「寫意」來表現，所謂的「意」，最重要的就是「道」的展現。

庖丁再說，

> 始臣之解牛之時，所見無非牛者。

在我剛開始解牛的時候，就是一頭實實在在的大牛在我前面。

> 三年之後，未嘗見全牛也。

可是經過三年，我就再也看不到那種完完整整、實實在在、與我對立的大牛了。換句話說，庖丁之所以能將解牛做到與「道」合一的境界，主要是在對牛的認識上，庖丁對牛已熟悉到先將牠解構了。也就是說牛在庖丁的認識中，只是單純的自然架構而已，從牛的天然架構中卸開就行了，一切順自然的規律進行，順道而行就完成這卸牛的工作了。

方今之時，臣以神遇，

到了現在我不再用眼睛看，用我一般的感覺認知去看牛，我完全用我的心神與牠交會了。「神」是心神，指人最高的認知，通常我們對這種認知稱之為「靈」，它的表現和功能稱之為「神」，所以併稱為「神靈」。何以叫「靈」？因為這認知是超乎一般感覺知覺的認知，甚至是理性的認知，最常表現在預知上，預知一些將發生的事情。其中也包含深透奧妙的理解力，如同世上一些天才的發明一樣，這些都可稱為靈知。

我曾經聽過一個故事，有位官員的母親七十歲時開始天天抄佛經，專心抄寫了二十年，有一天她突然跟家裡的幫傭說：「我兩天後就要走了，妳不要害怕，妳先做準備。我也會通知我的孩子們，告訴他們，我將離去。」她的孩子都在國外，只由這個幫傭在家鄉陪著她。兩天後官員的母親真的就在睡眠中離世。每個人都能靜心，專注做有益於自己生命的事，也會開發出靈知的能力。因為這是每一個人的精神，如果心靜，情緒不再波濤，就能看得見許多原本看不見的事情。這種能知就叫做「靈」。

庖丁三年之前，所看到的牛，還都是與他相對的、實實在在的、毫無空隙的大實物。可是三年之後，已很熟悉牠，看到這牛只是一種組合，是透過組合形成的一種結構，不再是一件毫無空隙的實體。其實莊子藉庖丁告訴我們，世界的構成乃是一種組合，並且也告訴人們認知可發展的一種程序。

而後到了現在，庖丁可以不再用知覺去辨別了，而是完全用精神靈知、心神去面對牛，而不以目視，不用眼睛看，不用我的感官知覺去認知。官知止而神欲行。「官」是指感官，我所有的感官知覺全部擱下，暫時停止使用，而依我心神的本能，「欲」是本能，是神的直覺，不是原始直覺。這本能也不是原始要吃、要喝的本能，而是人精神開展後最高的認知，所謂的「神直覺」。庖丁說：「我就根據我的神覺去認知。」

依乎天理，順著自然的結構，依著牛天然的結構。批大郤，「批」是分，「郤」作「隙」字講，是空隙，「大郤」就是大空隙，「批大郤」就是從大的空隙切入，把牛骨分用。導大窾，「導」是「開」的意思，而後把大的骨頭與骨頭的這個關鍵打開。

因其固然，順著原本自然的組織，「固然」就是原本自然的組織。技經肯綮之未嘗，「技」是枝，是小血管，「經」是經絡，「肯」是骨頭與骨頭之間的軟骨，「綮」是骨頭與骨頭之間的韌帶。庖丁說，我順著這自然組織、自然結構卸下，以至於我這把刀，都不必碰觸到小血管，經絡、軟骨，韌帶。而況大軱乎！更何況那些堅硬的大骨頭呢！「而況」是更何況，「大軱」是堅硬的大骨。良庖歲更刀，割也；一般好的廚子，一年就得換一把刀，因為他們用刀去割肉、切骨頭。族庖月更刀，折也。「族」是簇，作眾多解，引申作一般普通。一般普通的廚子，「月更刀」，一個月就換一把刀，因為他們通常都是用砍的，「折」是砍的意思。

這裡有一個重要的觀點：面對這個世界，我們能消除對立，不是消除世界本有的對立，而是消除自己與這個世界的對立性。

> 今臣之刀十九年矣，所解數千牛矣，而刀刃若新發於硎。彼節者有間，而刀刃者无厚，以无厚入有間，恢恢乎其於遊刃必有餘地矣，是以十九年而刀刃若新發於硎。雖然，每至於族，吾見其難為，怵然為戒，視為止，行為遲。動刀甚微，謋然已解，如土委地。

庖丁繼續說，今臣之刀十九年矣，所解數千牛矣，今天臣的刀已用了十九年了，解過的牛已數千頭了，而刀刃若新發於硎。「而」是但是，「新」是剛剛，「發」是舉、是開發來的，「硎」是磨刀石，刀刃像剛從磨刀石磨過開發出來一樣。莊子這說法很形象性，中國書中常用非常形象的事物說理。

彼節者有間。這是說，牛體中的各個骨骼中間是有空隙的，因它是一種組合、一種結構，凡結構定有空隙、有空檔。「間」是空隙、空檔。而刀刃者无厚，「無厚」是薄，指刀刃很薄。以无厚入有間，「以」是拿，「有間」是空隙，拿這麼薄的刀刃，進入到結構的空隙中。恢恢乎其於遊刃必有餘地矣，「恢恢」讀ㄎㄨㄟˋ，是空闊之意，「其」是它，指恢恢的空隙，「於」是對於，「遊刃」指行進的刀刃，這句是說，刀刃是非常空闊且有餘地的。換句話說莊子是想表示，社會對我們如同全牛，然而不是密不透風的，總有某一種空間，我們能不能看到這個空間是適合我們成長發揮的，

是以十九年而刀刃若新發於硎。

所以用十九年了，刀刃還像新磨過的一樣，及有損傷。

雖然，每至於族，

「雖然」即使如此，「族」就是我們剛才說的「眾多」，前面「族庖」一詞的「族」，引申為一般或普通，這裡的「族」還是簇意，但引申為血肉、經絡密集處。換句話說，庖丁介紹自己解牛熟練到這地步，但並沒有放棄心神的專注而掉以輕心，每當碰到牛的血肉、經絡密集處，

吾見其難為，

我仍可以清清楚楚，看到它難以處理的部分，「難為」是難以處理、很難做的意思。

怵然為戒，

「怵然」指驚懼貌、驚懼警惕的樣子，其實就是指凝神、聚精會神的樣子，並且非常警惕、警戒。

視為止，

「視」可以解為專注，「止」是僅看某處，這句是說眼睛完全專注在這一點上。

行為遲，

所有動作都緩慢下來。

動刀甚微，

「微」是輕微，我輕輕地動刀。

謋然已解，

「謋」音ㄏㄨㄛˋ，「謋然」是形容牛被解開的聲音，如嘩啦一聲！

如土委地。

整條牛就像泥土堆在地上了。而這一切就是順自然之勢完成的，不必太費力氣。

提刀而立，為之四顧，為之躊躇滿志，善刀而藏之。」文惠君曰：「善哉！吾聞庖丁之言，得養

生焉。」

庖丁接續說：提刀而立，我拿起刀而後站在那裡，為之四顧，為之躊躇滿志，這是一個自我修養、心理調適的過程。庖丁提起刀，看著嘩然卸開堆在地上的牛，請注意，這裡其實是在調節自己的情緒呼吸，因人在聚精會神時，整個神經系統、身體會是緊的，這個時候喘口氣，享受一下完成一件事的喜悅，這是事情完成的喜悅。在這審美上，是一個最高審美感受與享有，而這也是自我意識的開展。

一般人在做事時，特別在做完事後會不會去環顧一下自己的成果，享受完成事情的心情？譬如大家做菜時，會把烹飪看成是一種藝術的活動嗎？做菜的時會聽喜歡的音樂，然後隨著節奏動作嗎？享受一下，隨著音樂炒菜，是不是會快樂一點？做完菜了，看看自己的成品，這就是一種生命的完成、自我能力的完成，也就是這裡說的「為之四顧，為之躊躇滿志」。今天一般人在資本主義下的競爭觀點裡：「我又殺一條牛了，幫我算算，這是第幾條了？可賺多少錢？」然後挑戰金氏紀錄，我要告訴世界我殺了多少頭牛，而且這把刀還沒換過，我是世界第一。但莊子所說的則是，一切都是一個人自我內在的生命享有，這才是人享有了自己的生命！

善刀而藏之。把這刀好好地整理，再藏起來。「善刀」就是拭刀，將刀整理好，這也是自我氣息的調整，並收束精神。日本曾拍過有關幕府時代德川吉宗的電視劇，他是讓日本走向現代的重要推手之一，戲劇中德川吉宗總是親自出馬宰制惡人，每當他宰制惡人後，一定會有「善刀而藏之」的動作。

文惠君聽完就說，

> 善哉！吾聞庖丁之言，得養生焉。

「善哉」是好呀！我聽了庖丁的這一番解牛的話，從中悟出了養生的道理。這是說，牛是譬喻為自然的生命結構，刀則譬諭是人身，人生人活著如能順著自然的生命結構去活，則不會傷人之身與生。如同順著牛天然結構用刀則無須用力，如此刀就不傷了。所以說解牛者，從空隙處入手，則恢恢乎有餘地；養生者，能避患深隱就能成其全了！換言之，個人如何面對客觀的外在世界，如何自我調適，當自我能調適，就能夠將現實世界看得一清二楚，而後調整自己，使自身身體與神經系統都在最完整而諧和的狀態裡，以求合乎天人的相遇。天與人的合一，則可以從人的呼吸調息開始。

社會因佛教的提倡而流行打坐，有的社團強調靜坐從呼吸開始，因為這是自我調整由外而內的重要基礎。在傳統中國學術是儒家入世、道家避世、佛家出世，不過佛家認為儒家與道家都是世間法，而佛家是出世間法，以此和儒道兩家有所不同。講到這裡，可以順便談談伯夷、叔齊兩兄弟的故事，他們的言行是儒家的入世？還是道家的避世？

在商末時，商朝國都東北方的有個附屬諸侯孤竹國，孤竹國的國君喜歡最小的兒子叔齊，在病重的時候囑咐，死後要將王位傳給叔齊。這是有悖於當時嫡長子繼承的禮法。伯夷為盡孝道，要完成父親的遺願，願意讓位給叔齊，可是叔齊拒絕，他說父親在病重時說的話不能算數，依禮——即使君王——在病重之所言，可以不遵循，因此叔齊不受，但伯夷也不願意違背父意，因此他們都離開國家。

伯夷、叔齊聽說西伯姬昌（周文王）敬老、敬賢，於是前往投靠。哪曉得跑到半路，周文王姬昌卻死了；其子姬發（周武王）於是以父親的愛與和平為號召，並帶著父親的神主牌，召集各諸侯的聯合大軍去攻打商紂。伯夷叔齊在半途與之相遇，叩馬而諫，說：「既要盡孝，何以父死不葬？以愛為號召，卻以父親的名義興兵，這是孝嗎？這是愛嗎？」再說：「以暴制暴，用戰爭制止戰爭，真的可為人民帶來和平嗎？」姬發無法回答，於是他們退隱山林。

等到姬發滅了紂王，平了天下，即位為周武王，在分封天下時，甚至讓被滅都的諸侯國重新復國，以表示西周建立的天下是「天下人之天下」。這是一個重要觀念，談中國文化要知道中國文化的和平性，這是建立在周文王三千年前提出的孝道觀，這「孝」不止是後世子孝父的觀點，而是代代相續的觀點，《孝經》中說：「孝，續莫焉。」孝最重要在「續」——代代相續，是以周武王在天下一統後分封諸侯時，讓曾存在過而已滅亡的部落、諸侯、都城重建、重興，這是「繼絕存亡」的天下政策，以表示「天下乃天下人的天下」，而「孝」是愛、生命愛的表現，是以可以說周文王是世界最早提出愛與和平的政治家，周武王、周公就延續這政策建立西周禮樂制度。我們可以說西周封建禮樂制度即建立在愛與和平的觀念上，三千年前世界還多以征服為主的時代，中國已經提出政治該是一個「愛與和平」的結合。

但伯夷、叔齊拒絕了，他們決定不食周粟，「粟」指的是俸祿，就是不接受周人給他們的俸祿。他們認為周武王、周公沒有達到周文王的最高生命原則，於是「採薇而食」，「薇」是野菜，採野菜維持生活，然後「餓死首陽」。這「餓死」不是絕食，是營養不良而死，這裡的「餓」是營養不良的意思。

他們死前感嘆地作了一首詩說：「人類最高的精神故鄉呀！到底能不能擁有呀？人們何時才能回到精神的故鄉去呀？」這首詩表現出伯夷、叔齊是有怨，還是無怨呀？這成了那個時代的難題，春秋時代子貢去問了孔子，孔子說：「無怨。這乃是他們在生命的覺醒後，做了深沉思考的決定，他們對自己的生命做了抉擇，完成了自己的意願，他們雖然選擇了死亡，但不是悲劇，而是自我的完成——他們以死明志。

那他們到底是道家還是儒家？如果說是儒家，孔子說就因天下社會不理想，才要為天下社會努力，他的價值就在這裡，那為什麼要隱居呢？如果說是莊子的道家，莊子尋求的是自我超脫，對社會沒有要求，亂世就避開，過自己的日子！越討論越覺得伯夷、叔齊好像兩者都不是，又好像兩者都是！講這個故事是想啟發大家思考，談中國歷史人物時，有許多細微處都要再注意、再探討的！

隨順適性

這是莊子在〈養生主〉所講的第二事例，分成兩個小故事，兩者都與心態有關。

公文軒見右師而驚曰：「是何人也？惡乎介也？天與，其人與？」

公文軒見右師而驚曰：「公文軒」人名，姓公文，名軒，宋人。「右師」是官名，楚國的監獄官，古人說：「在師者，已刖之人，為右師之官。」「刖」是去掉腿的刑罰。這句是說，公文軒看到受了刖刑的監獄官，而驚訝地說道。是何人也？這是一個什麼樣的人啊？惡乎介也？「惡」是何、怎麼，「乎」是嘆詞，「介」是獨，即一條腿，怎麼只有一條腿呢？於是公文軒問道，天與，其人與？會造成這種形貌，是老天爺所為呢？還是遭遇到了人為的災禍呢？

曰：「天也，非人也。天之生是使獨也，人之貌有與也。以是知其天也，非人也。」

這段話古來有不同的說法，有的人說整段話都是公文軒自言自語，但有人說「曰」後這段是右師的回答。我們從公文軒自言自語來說，這說法的理由是什麼呢？主要的理由是，因為公文軒看到人斷了一條腿，在那時代斷手腳很可能是受了肉刑，而受肉刑者是可擔任低階官職的，通常砍腿者會擔任監獄官或看城門，因那是比較靜態的工作。今天還可以從西周青銅器上看到有相關圖形的器皿。因此公文軒在見到一個斷腿的人就立即沒禮貌地說：「哎呀，怎麼回事？你竟然斷了一條腿，你犯了什麼罪遭砍的？噢！還是先天就少一條腿啊？」這樣去問人家似乎有些不近人情吧？因此有的人判斷整段話可能是公文軒自言自語。

不過我覺得從「曰」是右師的回答這方向來說更合適，這才能顯出深意。右師說，**天也，非人也。**這是天意使然，不是人為，表示即使受人為的肉刑，也有天意在內。**天之生是使獨也，**「是」指足，「天之生是」即天之生足；「獨」是一足。這句是說，上天使我只能享受一條腿呀！單單這句話就把人世間的遭遇，拉高到天意的高度，人生的種種遭遇，固然都有人為的因素，但在何時發生，或為何會這樣發生，何以在這時間點發生，其實皆有不可知的原因，這些不可知的原因，不就可說是天意嗎？**人之貌有與也。**「人之貌」是人的形貌，「與」是給予。這句說，人的形貌是上天所賦予的，因此每人有自己的形貌，因此人的形殘也是有上天的意思，似乎有上天造成的意味，今天右師不論是天生只有一條腿，還是受肉刑，而成一條腿，這其中都有天意在內，即使是命運，命運也就是天意了！**以是知其天也，**在命運的推動下，都是天意，因此知道，其有天意。**非人也。**不是人為可掌握的呀！

這個故事的目的是要人能知天，要人知道許多事情不是由人掌控的，儒家所言似乎人可掌握一切，莊子認為這是不對的。人當知天，要能知天，這才不走上人為中心主義。庖丁解牛是談物我相融、主客觀合一，這裡是說「天」的完成、「道」的完成，是人精神的最高表現，而不是在人現實社會中掌控一切。

澤雉十步一啄，百步一飲，不蘄畜乎樊中。

第二個小故事的主角是澤雉，也就是野雞。「澤」有的說是形容羽毛漂亮，很光澤。野雞走了十步路才能吃到一粒食物，形容其吃食之遠，得之不易的意思。百步一飲，要走到百步這麼長的距離，牠可能才可喝到一口水。然而牠對這一切有什麼想法呢？不蘄畜乎樊中。「蘄」是祈、祈求，「樊」是籠、鳥籠，牠並不祈求被養在籠子裡。到這裡應該作句號，下面是另外一段。

神雖王，不善也。

神雖王，「神」指精神，「王」就是旺、旺盛。養在籠子裡，吃得好，喝得足，看起來精神很旺盛。不善也。對生命而言不是最完善的。什麼是生命完善性呢？莊子說：「逍遙也。」就是適性、自在，也就是說養神在於自在逍遙適性，孔子贊美顏淵「簞食瓢飲，而以為至樂」是同樣的意思。孔子所言之樂，顏淵的「人不堪其憂回不改其樂」，到了莊子即逍遙適性。

淡然生死

最後一則事例很有意思，大家可以好好體會。這一則以「老聃」為故事主角，而在歷史傳統中，或說中國思想史傳統中，從戰國末年或正式的《史記》開始，就說老聃乃是老子，孔子曾向其問禮，是孔子的老師，但這一則故事的老聃，卻與一般認為的老聃不同。

老聃死，秦失弔之，三號而出。弟子曰：「非夫子之友邪？」曰：「然。」「然則弔焉若此，可乎？」

老聃死，秦失弔之，「秦失」何許人？不知，是莊子杜撰的人名，有的版本作「秦佚」。老聃死了，他的好朋友秦失去憑弔他。三號而出。「三號」乾號了三聲，「號」是大聲哭號而無眼淚。這段就是說，秦失到靈堂大聲乾哭了三聲，就吊完喪了，行完禮了。

弟子曰：「非夫子之友邪？」「弟子」有些古注說是老聃弟子，不過一般注多解釋為秦失弟子；「友」古人解為知己。這句是說，秦失的弟子問：「老聃不是老師您的知己嗎？」曰：「然。」秦失說：「是呀。」然則弔焉若此可乎？「然則」指那麼，「弔焉」是弔之，對死者慰問致意曰「弔」，「若此」是像這樣，這句說，像這樣乾號三聲可以嗎？這算盡禮盡情嗎？古時去弔喪，入靈堂得先大哭三聲，而「號」是有聲無淚，就是乾叫三聲，是以秦失的學生質疑地問他。

曰：「然。始也，吾以為其人也，而今非也。向吾入而弔焉，有老者哭之，如哭其子；少者哭之，如哭其母。

秦失再回答說：然。始也，吾以為其人也，而今非也。是的，是不盡禮盡情。「始」是起初、以前，「吾以為」我認為，「其人」是指那個人，這「其人」二字有特殊性、意義。在《史記》裡說，太史公寫好《史記》後說，這書要一份放在國家圖書館，另外一份則「傳諸其人」，這「其人」指懂得讀我這部《史記》的人，指「知己」而言。像揚雄寫《法言》，人們說，「天啊！你寫那個幹什麼？誰看哪？」揚雄本來是寫賦的高手，單單寫賦就享大名，且收入頗豐，人們請他寫一篇賦要送禮金的。結果他決定封筆，還說：「為賦者，雕蟲也。」就是說寫賦是雕蟲小技，揚雄想要寫《法言》，能像《易經》之類可傳後世的書，大家都不看好他，他卻說「傳諸其人」，傳給那些要看的人看。所以莊子在這裡用「其人」是代表特定的，指知己。

秦失這句的意思是，以前我以為他是我的知己，以為我們是同一類人。而今非也。但是今天來這裡一看，狀況不對呀！為什麼？向吾入而弔焉，「向」是時間副詞，指剛才，剛才我進去弔他，看到了一些事，有老者哭之，如哭其子；「其」是自己，「其子」自己的兒子。老年人因為他的死，哀傷地哭泣，如同哭泣自己兒子的去世。請大家注意這種心理狀態與情感，人生最慘痛的莫過於白髮人送黑髮人，所以老人如哭其子，言其傷痛之甚呀。少者哭之，如哭其母，年輕人哭得好像自己媽媽去世。年輕孩子忽然失去母親的哀痛，也是人生的至痛。如此可見不論老少哭老聃，都是有真情、有深情、有極大的依戀。

大家或許會說：那有什麼不好？這是透過我們日常經驗去看這件事。為什麼？這裡點出莊子所談的情感，人是要超乎於世情之上，不應耽溺在世情之下。而這也是老聃一輩子的主張呀！結果他死的時候，所有來吊唁的人都哭成這樣，秦失和老聃原來是知己，就因為他們有共同的主張，「而今非也」，現在怎會是這樣子呀？秦失完全不認識了。

彼其所以會之，必有不蘄言而言，不蘄哭而哭者。是遁天倍情，忘其所受，古者謂之遁天之刑。

所以秦失再說，彼其所以會之，「會」是契合，他們這一群人之所以會有這樣子的契合。必有不蘄言而言，不蘄哭而哭者。「蘄」是祈求，一定是有最深沉的、共同的感動，不必訴諸言語，大家就能會通的話語，不必約定，大家就會共同的哀痛而哭泣。這種痛苦是怎樣的狀態呢？是遁天倍情，「遁」是違背，違背了自然所賦予我們會生會死的生命狀態，「倍」指背，也是背離，「倍情」是背離了自然之情，「情」是天情。人生一定有死，人因死而有深痛哀絕的痛苦，是違背了天情。自然中有生死，面對生死當用自然之情，自然之情就是天情。順天而哀，但不要如此痛苦。忘其所受，並且忘記了自己來自於天、來自於自然。人既稟承自然、既來自於天，就有一定的時間性，到時必會走向死亡，人心中當自然接受。古者謂之遁天之刑。「刑」是傷害，「遁天之刑」指違背天理、天情的傷害。古代的人說人因死而感受到深沉地哀絕痛苦，就叫做違背、背離了天理、天情，是自己找來了傷害。

適來，夫子時也；適去，夫子順也。安時而處順，哀樂不能入也，古者謂是帝之縣解。」

如此人面對死亡該怎麼辦呢？適來，「適」是當，當來時。夫子時也；「夫子」是指老聃，是對老聃的尊稱。這句是說，夫子既然在世，就好好地活。適去，夫子順也。當離開的時候，夫子就該順時而離開，一切順其自然，毋須讓人有多餘的哀傷。安時而處順，「安時」指安於生死之間，好好享有自己所能擁有的時間；「處」是居，「處順」指以順時的方式面對生死，一切順其發展，無須多憂慮、多掛念。故而，哀樂不能入也，如此生生死死所帶來的喜怒哀樂，就不會深入到我們的內心而傷害我們了。

古者謂是帝之縣解。「縣」是懸掛，「解」是解開，「帝」是上帝，指老天。古人說達到這個地步就是我們從天地的懸綁中解除、釋放出來。這是說每個人一出生，就像被一根無形的繩索，繫吊著面對生死、不確定的命運，人總是心懷恐懼，常忐忑不安所謂的「人生不滿百，常懷千歲憂」，人若「安時處順」，就如同從這命運的鎖鏈中釋放出來。

薪火相傳

指窮於為薪，火傳也，不知其盡也。

> 指窮於為薪，火傳也，不知其盡也。

這是指個體的人生雖然短暫，就像有限的木材，火很快燃燒就盡，但是，光明的火，火的能量，能燃燒的生命能量，卻是可以傳遞下去的，而且能永永遠遠，不知什麼才是盡頭。換言之，人們要追求的，應該是這份生命能量的開展，這樣人的生命才能大、能久，不然個體、小我、私己的生命總是有限的。有古人解釋「指」是脂，就是「油膏」，將油膏裹在薪柴上以照明，一下就燒完了，但火卻可傳到下一柴火上。火這能量是不盡的，人的生命當如同能傳遞的火一樣，這才是人的真生命呀！

莊子認為，這份生命能量，在世俗現實功利的社會中，常常被約束住。我們看近代世界的網絡世界，如祖克柏（Zuckerberg）、比爾蓋茲（Bill Gates）、賈伯斯（Jobs）等等，他們的發明幾乎都是衝破世俗規則，而開創出自己的天地。在東方世界也有許多大的製造企業不受世俗功利價值所定的道路行走，而走向創造，這是他們在突破現實世俗功利觀念之後，開展出自己的生命能量。這也是人意識到自己的生命能量，並尋求了突破。這也就是〈逍遙遊〉中所說的「神人無功」的具體顯現。

〈養生主〉所談的養生，就是談如何的開展出自己的生命能量，進而超越生物性天生而來的生死恐懼，以及個人生死有限的生命侷限中，而與天地合一、讓自己的生命能量與整個大自然的生命能量合一，使自己個體的生命走向無限。這個原理也與處理人事是相同的，人體也是這世界中的一物，人要如何處理自己？所以庖丁說剛開始所見是全牛，這是物我對立，有對立就有衝突。但三年之後，對立消除，因為意識到外在世界也只是一種組合，一個結構性組合，它不是不能改變的狀態。能看到這一點，就只有自我調整，這是自我的修養，待到物我合一，也就是養生的最高完成，養生者，養神也。

老子

前言

把老子放在莊子後面，主要是一個很重要的觀點，也就是如果從中國思想史、哲學思想史、學術思想史來看，經過嚴密地考據，特別是當代國學大師錢穆先生的考據，他認為在中國思想中，老子不只在孔子之後，還在莊子之後，這不是對老子的貶抑，而是說明老子在這個思想體系的延續中，他是一個集大成者。

而後人受到了《莊子．天運篇》、《禮記．曾子問》、《史記》的影響。其中尤其是《史記．老子列傳》中，明確說「孔子適周，將問禮於老子」。老子當時是周朝的史官，或說是圖書館館長，孔子曾向他求教、問禮，在《禮記．曾子問》以及《莊子》的外、雜篇中都有事例的敘述。因此，後人就把老子放在孔子之前，作為孔子師，成為中國學術思想史的一個開山祖，這說法正式確定在漢代。漢初以黃老之術為治國之大政，崇尚老子，太史公司馬遷因而將其傳記載入《史記．列傳》中。

後來胡適在《中國哲學史大綱．先秦篇》就以老子作為中國哲學史開頭。此後許多人也就自然依照這說法來說中國哲學與學術思想了，更何況這還有《史記》作依據，而這又合乎民國初年打倒「孔家店」的新文化運動說法。但在歷史上已有學者質疑，老子確在孔子之前嗎？老子確有其人嗎？近代有更多學者，如梁啟超、蒙文通、李石岑都根據考證提出修正。錢穆賓四先生更有個密切考證說明老子思想大約完成於戰國末，甚至至秦漢之際。而根據這一觀點，尤其是依「思想」發展和依據，這些說法就更能將傳統中國思想脈絡貫穿了！

老子的年代考證

梁啟超曾針對《老子》的文字和詞句進行考證，說明《老子》這本書一定完成於戰國，因為戰國之前不可能有這些名詞。譬如我們現在讀書，讀到文句中有用「且怎麼樣，且怎麼樣」，這一定晚於前人；讀到「哇塞」，那一定更晚於「且怎麼樣」，還有如「很夯！」這一定不會是幾十年前的用語，因此即使書是舊的，或許材料也是舊的，但成書一定是現代。而後不止梁啟超，還有很多的學者紛紛地提出這個看法，包括撰寫《中國哲學史》的馮友蘭也都做這種認定。

李石岑則強烈主張老子必出於莊子之後的原因是，《老子》書中不止文字、詞句的時代感，包括裡面所用的名詞、制度都有史料可判定是戰國後期的社會狀況。同時，前面的《莊子》我們有說過，莊子所提出來的重大問題，只是從一個具體事件的經驗中去說明，而老子已經做抽象性的結論和理論的建構，而其論述是依據莊子。所以李石岑說，依據人類的思想發展，必然從經驗走向抽象、從具象走向抽象，這是人類的思維法則；經驗在前，才有抽象的可能，如果老子已經抽象到這個程度了，然後孔子還從經驗中說話，莊子還拚命從想像、故事中去發展，這是違背人類思想發展程序的。

我們可以這麼說，傳統中國思想從孔子開始，然後到墨子、楊朱、孟子到莊子。然後以莊子作為一個分水嶺，在莊子之前人們都是用經驗性事例來說明事理，而到了老子，則走入抽象理論的論述，不再以人的具體經驗、具體事件，來作為理論的表述。老子思想飛躍而出，建立起甚為純粹的抽象理論。

有些人可能會問，韓非子也是使用故事說明，但觀念仍然很抽象。是的，韓非子愛用故事，但是在他的好多故事後的理論基本上是根據老子已完成的抽象觀念而發，比如：「道德，萬物之本然也。」這個觀念，基本上在老子已經完成了。因此可以說，莊子是經驗的敘述，到了老子則是抽象觀念的論述，韓非用事例、故事佐證老子的理論論述。

我們前面說過，司馬遷在《史記》寫下老子的列傳，如果我們按照傳統文章的格式來講，雖然在文章一開始就敘述老子事例，先講孔子向老子問禮，老子怎麼評論孔子，然後老子到函谷關，「關令尹喜曰：『子將隱矣，彊為我著書。』於是老子乃著書上下篇，言道德之意，五千餘言而去，莫知其所終。」短短的老子傳講完之後，接下來司馬遷就再寫「或曰：老萊子亦楚人也，著書十五篇，言道家之用，與孔子同時云」。又說：「蓋老子百有六十餘歲，或言二百餘歲，以其修道為養壽也。」又說：「周太史儋見秦獻公……或曰儋即老子，或曰非也，世莫知其然否。老子，隱君子也。」司馬遷這種筆法，就是表示老子之人是不確定的，但他書寫歷史不能加入自己主觀判斷，頂多只能說一句：「老子，隱君子也。」最後司馬遷再加一句：「老子之子名宗，宗為魏將，封於段干。宗子注，注子宮，宮玄孫假，假仕於漢孝文帝。而假之子解為膠西王卬太傅，因家于齊焉。」這最後一段更表示，傳說孔子問禮的老子不知何許人，只是傳說。因這樣算起來，老子的年齡實在太長了，這根本不可能。是以司馬遷說老子是「隱君子」，表明真的不知道老子到底是誰呀！

至於大家說「老聃」就是老子？可是我們前面看到《莊子．養生主》中「秦失弔老聃」，對老聃的批評。至少《莊子》所談的老聃，和著述《道德經》的老子似乎有差距。而莊子對老聃的批評，認為他在世間仍有著眷戀，對死亡仍有著恐懼與痛苦，莊子說這是違背了老天自然之理，而受到老天的刑罰，生死本來就是生命發展中的自然之事，作為生命的覺醒者，當超然於生死之上，自然地看待，用平常的態度面對生死，如果生命的覺醒者對死亡仍有恐懼，對活著仍有眷戀，那就不是真正的超情者。因此，《莊子》書中的超情者，老聃不是一個超生死者。如此《老子》書中展現的清澈、純粹、不帶任何實體世情的形態似乎有差距，而在《莊子．天運篇》中，孔子是向這個老聃請教、問禮，老聃也批判孔子。孔子贊美老聃「猶龍」般的故事，都是出於這篇，甚至可說司馬遷所寫的小傳，也可能即以這篇為依據。

錢穆賓四先生寫了一本重要的著作——《莊老通辨》，說明老子之所以在莊子之後的原因。此外他還說了一個很具體的事件：老子的思想談「無為」，「無為」中有一項很重要的人的具體行為，其具體表現了「無為」在現實中的觀念，就是功成、名遂、身退。這在西元前兩百六十年以前，整個政治界基本還沒有這個觀念，因沒這觀念也算是導致前面的政治改革者最後死亡的原因，例如吳起、伍子胥、商鞅等，他們何以最後都會被判死？除了功高震主外，還有一個關鍵——他們皆為客卿，非本姓同宗之貴族，改革、發展的過程中跟舊政治貴族勢力衝突，老王一死，他們也必定失勢，舊貴族、新王一定處置他們。我們在史書上可以看到許多案例、事件。

至於貴族們也無可逃避。如晉公子申生，他的後母驪姬想除掉他，同時還要排除其他兄弟，以便讓出世子位給自己的兒子。申生的兄弟們——如後來的晉文公——都逃到國外了，只有申生留在國內，他何以沒有逃？他說，「我能跑到哪裡去？我若逃出去除了做別國的人質，還能做什麼？這是不利於國家的，我是世子，我有責任」，因此他選擇自殺。此外，屈原也因為最高貴族身分，又救不了自己國家的沉淪，所以投江而死。當時是貴族是世襲制，所以沒有功成、名遂、身退的觀點，貴族因世襲就是貴族，外姓客卿就是為自己服務的國君、貴族，服務到他去世。

直到西元前兩百六十年，范睢幫秦國打下天下，統一六國，最後只剩下幾個國家還沒有征服，但他的學生蔡澤勸他「功成身退」，功成、名遂後該身退了，他本來非常生氣，以為蔡澤排擠他，蔡澤就問他：「今天你已功高蓋世，再打下去，當天下統一，你還能加封什麼？除了威脅到君王、威脅到太子，你還可得什麼封賜？」范雎明白了，立刻告老還鄉。他是第一個功成身退者，此後，「功成、名遂、身退」成為天下人一個重大的進退之道。

然後以此成為所謂「無為」。無為是什麼意思？無為是生而不有，順其自然，然後「生而不有，為而不恃，長而不宰」。「恃」是依賴，意謂我創造一切，可是不因此而占有它；我完成一切，卻不以此作為自身的功勳；我長養一切，但是我不控制。此後，就是「功成名遂身退」。如此，「外其身而身存」，才能夠外其身，將自己置身事外，我們才能有真正的自我完成。

這在人的生命覺醒中向前跨一大步，「後其身而身先，外其身而身存」。我們置身事外，將自我抽空，不再以自己私人的生存需要作為完成這個世界的前提，這樣人才真正能夠有自我和讓事情完成的空間。如此從老子這觀念來看孔子的「進退存亡而不失其正」，「可用則進，不可用則退」，這是講禮的分寸，自我對禮的分寸的掌握，還沒有擴大到一個整體生命的完成。

錢先生的《莊老通辨》從這角度談起，他詳細地考證，說明《老子》是戰國末年集大成的書，是中國思想發展到飛躍前進的階段，從這裡可以看到中國思想的創造性。更何況《老子》一開頭就講，「道可道，非常道」，這已是一個總括性議題。如果思想、哲學沒有發展到總括其成的地步，各言其道，那「道可道，非常道」這句話就變得空洞、毫無意義了。而這一句是總括前面諸子百家之「道」而言，如果我們擴大一點講，這句話也可把全人類的哲學概括進去，凡只用言語陳述的真理，都不是真正的真理，不是永恆而完整的真理。

「非常道」的「常」，不但作「永恆」講，而且也包含完整之意。因老子的「道」包含了「有」與「無」、「無」與「有」，至少兩個部分。一般的思想陳述，如諸子百家之所說，多從「有」出發，「有」是存在，是一切事物已誕生；或說，一般思想多從人實際經驗入手，或就實際的社會而言，如孔子談「仁道」、墨子講「天志」、楊朱講「為我」、孟子講「仁義之道」、莊子講「逍遙」、陰陽家講「陰陽之道」。他們各言其「道」，老子在這說出凡用一般言語所說的「道」，皆是有限之道，不是那永恆又完整的宇宙大道。因他們都沒有碰觸到「無」的部分，就是不完整的「道」。我們可從這論點延伸，人類的哲學所觸及的都是「有」、「存在」的部分，所用的語言也都是人在「有」的前提下的經驗語言，都未觸及宇宙中「無」的部分，可見哲學所談及的真理，也只是宇宙中局部的真理，而非完整的真理。

再加上人類的語言，都是須經過人類的經驗才能成立，也就是後設的，後設於人的經驗之後。然而「道」是超越人的經驗，「道」是永恆流轉無限綿延、無限發展的。人類經驗有限，「道」是無限，如何用有限的經驗語言去說明無限的「道」？人類語言也就是時間之產物，有限時間的產物，在有限時間中的經驗裡所呈現的語言，是不足以表達一個完整而又永恆又具發展性的真理。但是老子用「道」統括了在他之前的「道」，並且提出可以跨越時間、可以包含無限空間的真理。同時這「道」隨時發衍，無限連綿、流轉，是動態發展的宇宙論，這是一個嶄新的哲學觀點，它也與古希臘以有限靜態、永恆不變的真理不同。

德經、道經的順序

近代《老子》有兩個版本出土：第一個是一九七五、七六年（據查詢是一九七一年開挖，一九七三、七四年繼續挖掘），湖南的馬王堆出土了辛追夫人墓，裡面藏有帛書《老子》，也就是抄寫在絲帛上的書，共有兩篇，稱為《甲編》、《乙編》。《甲編》抄寫的年代是在漢高祖、呂后及漢惠帝的時候，漢惠帝是高祖與呂后的嫡子，他在位的時間很短。《甲編》的次序是德經在前、道經在後，以德經為主，也就是仍以具體行為為主，以人的經驗為主。

另一篇抄寫的年代相距於《甲編》的漢惠帝時代晚了將近二十年左右，是抄寫於漢文帝時代，稱為《乙編》。《乙編》初說是把道經置前、德經在後，也就與今天讀到傳世本相近，是以「道可道，非常道；名可名，非常名」這個高度抽象的觀念來作為開宗明義章，這是老子學說的主張。如果確實如此，那麼《甲編》就是由「德」走向「道」；《乙編》則已經把「道」提前，以作為「德」的前提和原理、原則了。換句話說，德經裡所談的，全部是依據道經而來。如此漢惠帝至漢文帝這二十多年間，就是思想飛躍的時代，從經驗飛昇至抽象，這是個不得了的思想發展時代。但後來的考古報導又說，《乙編》也還是「德」在前、「道」在後，若真如此，那麼漢初至漢文帝時，思想仍是停留在經驗為主的時代。

事隔幾年後，一九九三年湖北荊縣郭店挖掘出一個楚墓，裡面有個杯子，杯上寫個傅字。這墓葬區是屬於楚貴族的，「荊」原來是楚首都，大約在西元前三百年左右，楚被秦攻佔，楚被迫東遷，這墓葬區也就廢了。所以時間底線可以很清楚地拉出來，這墓的下葬期大約在西元前三百年前。根據考據，墓主人可能是楚威王（楚懷王的父親）當太子時的老師的墓，也有人說是楚襄王老師的墓。墓裡出土了大量的竹簡，其中就有《老子》，這是目前最早的《老子》版本。不過這個版本大約可以分成三批，或許說三個編本，也就是甲、乙、丙三編。《甲編》的竹簡長度是一尺二寸左右，按照版本學的研究，古人正式讀本多半是一尺二寸；《乙編》的竹簡略短一點點。另外兩者的竹簡都是兩頭削尖的，可見這兩個版本都是當時代表老子學說的重要讀本。不過重要的在於，這兩個版本大部分記錄的多是德經的文字，跟今天傳世本的德經大致相同，即使其中有少量道經的文句，也都是強調有關行為經驗的部分。而且字數只有一千多言，不到二千言。

郭店出土的《老子》竹簡，另外還有《丙編》，竹簡只長六寸，裡面也有今天傳世本的一些字句。一般來講，在那時代六寸多的書本屬於筆記本，像《論語》裡所說的「傳不習乎？」「傳」做筆記本解，就是記在筆記本上的意思，「傳不習乎」指有沒有根據老師所授，記在筆記本上的重點去實踐呢？這到今天還眾說紛紜，未有定論，因它幾乎就是一篇宇宙論，有人說：「這就是黃老之學，黃帝之學。」它似乎還在宇宙生成論的論點上。

在郭店竹簡本的《老子》中，傳世本《老子》第一章的「道可道，非常道；名可名，非常名。無名天地之始；有名萬物之母」。這是一個高度抽象性的語句，不從正面說「道」是什麼，而是「道」不是什麼，打開了「道」極為廣闊的可能性。全世界直到今天，只有兩個思想是用這個方式表達，打開人類一個無限的、對於世界本源的思考，其一就是《老子》，其二就是《金剛經》。《金剛經》裡，同樣不說「佛」是什麼，而是說「佛」什麼都不是。

就出土的版本來看，考古學者說出土的竹簡中，《老子》基本在西元前三百年為底線，因此從考古版本學來看往上推三十年，大約是這思想展開的年代；再向上推三十年，也就是加起來六十年，這或是老子思想的萌芽時期。這是一般講思想史時，從出土文物推算其思想的發展，多以三十年為階段。竹簡《老子》的文字多還是偏在具體行為，以德行居多，是以竹簡《老子》可直接與馬王堆出土的帛書《老子》做銜結，就可以看到它們相續的脈絡。如果馬王堆的《老子乙編》，是如一開始考古人員說的是道經在前，那麼中國思想發展上，大約到漢文帝的時代，就是一個飛躍的時代。如不是，也就還是銜結在經驗行為的事例上。

我們前面曾經說過范雎「功成、名遂、身退」，這個觀念到戰國才開始在社會上流行。所以我們從這裡看老子思想的發展，大概要到西元前兩百六十年左右，然後再有進一步地發展。在那個變動激烈的時代，其實也是思想產生激烈發展時代，隨著國家的兼併、思想上尋求融合，在融合中產生新思想，也成為那時代的特徵。

在這階段中也產生許多重大的思想，如果竹簡《老子》是西元前三百年老子思想成形的初階段，西元前兩百六十年范雎「功成身退」的案例形成和社會思潮更進一步，如果辛追夫人墓出土的《老子乙編》也還是德經在前、道經在後，而後的老子變為道經在前，也還是個思想的飛躍時期。如果去看《禮記》，這部書可分二個部分，一是談人們何以需要「禮」？二是「禮」的論述；其中有驚人的思想性，到今天也仍然光耀奪目。老子的思想也完成於這時代，一則是各思想的融鑄，二則是發展出新理論。

這個時代仍在秦漢之際，這是一個思想新發展的時期，如《易經》也完成在此時，按照錢先生以及一些大學者的考據，也是出於這時代，這是一個思想融鑄，相互激盪發展的時代。

人的生命覺醒

在上一本《人人必讀的七本書：論語、孟子》有提過，之所有會有這套書，是基於錢穆賓四先生說：「當代知識份子如關心我們自身文化，則必讀之七本書。」我也就以錢先生的觀點，提供給大家做個參考。在這個階段中，其精彩處在各思想既會通又融鑄、又創造的輝煌時代，因此錢先生就說《老子》是中國從春秋以至於戰國思想的集大成者，以及思想在反省會通後的一個飛躍最高表現。

曾有人問我：「為什麼不提倡老子，而只講孔子呢？」從思想史來看，孔子是原創，老子乃是進一步發展。所以我們說，當孔子提出「什麼人」的哲學議題，然後用「仁」確定了人性的基礎，也就是說人性最重要在於自覺，在自覺中生命有了覺醒，人這才意識到生命，然後有愛、有仁，而後回過頭來才能知道什麼是真正的人，然後展現真正人的可能。這是中國學術的主題，也就是如何成為一個真正的人！展現真正的人性，而不是人的生物性、動物性。這就是老一輩的人常說的：「你這個人搞什麼！你不是人啊？」「做人得像個人，得有人的樣子！」

美國科學界曾發表一篇研究，科學家透視人類腦袋裡的神經網絡，發現共有一千五百億條。人由一千五百億條神經網絡所形成的通道認知、思考。研究者提了一個問題，足以證明中國老祖先的高明。研究者的問題是：人類和最相近人類的人猿，在基因上只有百分之一的不同，所以人可以有一千五百億條的腦神經，至於我們的親戚猿猴呢？只有幾條，並且腦的區塊還是分散的。他們問：Why？

古代中國人說：「人，裸蟲也。」人就生物性而言，的確只是一個沒毛的動物而已；然人又是「天地之至靈」，什麼靈？靈是什麼？總體來說，「靈」就是認知與思考，人認知與思考的高妙。孔子提出「仁」，概括認知、思考之外，還有生命覺醒後的愛。而這個「靈」的認知，也就是「覺」。所以《論語》的第一篇就是「學而時習之」，「學」者，覺也。當有了生命的覺醒和仁的覺醒，人們開始舒展，如鳥一般地舒展，「習」指鳥伸展翅膀，然後飛出動物、生物的侷限，人以自身的生命特質跨越出生物本能的限制。「不亦悅乎？」這不就是人最大的一種喜悅嗎？孔子的《論語》就是從有關人覺醒的學問開始說起。

到墨子則說，你不能只從個人來說，什麼是人？因為人的生活離不開社會！因此，人的社會性才是真正的人性，而「仁」只是個人的生命意識、自我意識而已，即使「仁」以生命的同情、生命的關懷或愛人來說，也還有所不足。墨子認為，這生命的同情、生命的愛，必須把社會性算進去，所以「仁」應該從「兼愛」的觀點說起。墨子提「兼愛」、補「仁」的不足，他將孔子學說中的「義」代替「仁」，談天下之大利。凡是言利（天下之大利），都從實際的生存出發。而人的生存價值和生命意義必須建立在這基礎上，不是站在「仁」的基礎上，人的價值在於人的群體！

但楊朱卻站出來說，這不對！楊朱確立人的個體性，他主張「為我」。孟子隨後將「仁義」結合，重新回到人的生命覺醒上。莊子再從生命的覺醒，展開人精神的最大可能，人脫開本能的侷限，展現人的自由性，是以莊子以〈逍遙遊〉為第一篇。莊子展現人的精神的最大可能，請注意！不是生物人、不是半獸人人性的最大可能，而是特有的、在生命覺醒上，精神的最大可能。這也是說人在生命覺醒之後，才有真正的人性可言。這是中國學術會從人談起的原因。

到了老子的時代，這些都不再是問題了，他總括所有人的學問、所有人的「道」，直接講一個「道」，講一個世界的最大共同性。我們知道，在孔子言「仁」、墨子言「義」、楊朱「為我」、孟子言「仁義」，莊子講「逍遙」、陰陽家講「陰陽」、五行家講「五行」、農家講「耕食」、法家講「法」等等，諸子百家各有其道，各有其真理以及行真理之道。在莊子還只是「天地一體」、「萬物為一」，老子就直接以「道」統而合之，進而說「道可道，非常道，名可名，非常名」。然後教人如何認識「道」？這就是人在生命覺醒後共同可認知的宇宙真理。

傳統中國的思想是連續發展的，大家不妨從這個角度去看所有中國經典，其中的問題都將迎刃而解。這義理也可說明漢代的「哲學思想」，魏晉南北朝的「玄學思想」，隋唐的佛學「空性哲學」，以至佛教思想下的禪宗，甚至擴及到宋明的理學與心學。從「生命自覺」入手，再看宋明理學——宋理學、明心學，一樣會迎刃而解；不從「生命自覺」入手，就會陷入現在社會流行性的言論中。

傳統的學術，以「人」為主體，而人最重要的其中之一就是人的認知性的確定與開展，隨著時代進步與發展，人的認知性是連續前進的。今天人們以西方哲學為例，他們似乎是一個時代的議題，推翻另一個時代的議題，似乎總有新議題，且充滿了革命性，於是認為這是西方思想開闊的結果。所以民國初年以來，許多學者認為戰國時代也是中國思想最開闊的時代，諸子百家各說各話，是中國思想的黃金時代、是中國最自由的時期。其實中國幾乎代代都有思想的發展與創造，因此每一個時代都具有高度可看性的思想。只是它的議題其主要的部分，總以人為主，大家誤以為中國思想從西漢以後不再發展，只以儒家思想為主。而清朝的思想限制，一切都在道德的規範上，人們更認為中國是有道德。

今天一般學者責備董仲舒，說他幫助漢武帝「獨尊儒術，罷黜百家」，這是獨裁、是思想箝制。其實我們不帶偏見地去看董仲舒，這是傳統中國到了漢代，經過老子思想的飛躍，又發展出《易經》哲學，一個嶄新宇宙論的提出。這宇宙論不同於西方的宇宙論，而是以人作為宇宙的重要元素，所謂「天、地、人」三才的宇宙論。董仲舒將人的地位拉高，人不再附屬於天地宇宙，而是與天地並列、與天地相參，人成為天地宇宙中的構成元素，這是此後宋明理學的源頭。

漢代是以「人」為主的宇宙論發展及創造的時代。這個時候，人們消化了老子將整體宇宙完全籠括進來，以作為人認知的對象，這就與西方的宇宙論不同了。西方宇宙論永遠是站在人之外的客觀事物，人只要用感官知覺，再用理性認知分析即可。而老子則是要用「心」去認識感官，單純的認知是認識不到「道」的，理性認知的分析則會破壞「道」。唯有用「心」，才能與「道」合一，而認識「道」。在莊老的道家，「道」即無限宇宙、無限天地。

西方的哲學之祖泰利斯（Thales），提出了「水」是萬物的本質（substance），他的徒弟就說，不！本質不是水，而是「不確定性物質」。因為水不足以說明何以水可以化成萬物。到了泰利斯徒弟的徒弟則說，不是「不確定物質」，而是「氣」。然後來畢達哥拉斯（Pythagoras）說是「數」，然後赫拉克利特（Heraclitus）說是「火」，德謨克利特（Democritus）說是「原子」，各有各的說法，但是請大家用人的覺醒性的智慧來看，他們並沒有離開「物質」，沒有離開客觀的「宇宙」！西方到今天都沒有離開這物質系統，因為西方是以外在世界的物質結構作為他們研究的對象，並認為世界真相在於物質與物質結構，西方兩千五百年來皆以物質為研究對象，至於他們的哲學何以代代會變，會有不同的議題？這當然會變！因隨著人對外在世界的認識擴大，隨著人思維的開展、人對外界的認知自然會不同。

中國哲學則認為，構成這個世界的真理，是來於人的認知。人必須使人的認知越來越清明，才可以逐漸將真理看得更清楚，人的變化不會隨著人對天地的認識變化那麼快速！兩千五百年前的人要吃飯，今天的人也還要吃飯，人在飲食上有巨大的變化嗎？基本沒有，近來考古從古墓裡發現一鍋雞湯，還有藕湯等，今天人不是還在喝嗎？還有酒也是。就以人自身的變化性來說，人自我認知的變化性，是小於人對世界認知的變化性的。因為外在世界是一個無限的世界，物質的種類繁多，隨著人的認知而不斷被認識，人的認識隨時間演進越來越大，因此學術、真理，自然變化就大；但是以人本身的研究、確立什麼樣才是真正的人，什麼樣才是真正該確立的人性？我們只以生物、動物的自然生存法則為人性好呢？還是人從覺醒出發與人為善好呢？如此人的研究變化不會太大，是以自古人類只簡單將人性分為善惡；人性本善，人性本惡。但傳統中國學術所關注的問題，從孔子開始提出生命覺醒為人性的基礎，再提出「知之為知之，不知為不知，是知也」明確說明知的界線，而後歷代學術多以開展人的優秀性、善良性，作為清楚地認知的主軸。

是以我在這裡的呼籲，不是誇大傳統中國學術，也不是標榜錢穆賓四先生的學說思想，而是請大家注意：能不能不再只接受新文化運動以來，一般流行觀點的影響？對傳統中國學術公平一點，不是為了華人、為了傳統中國，而是為了我們自己的頭腦，以及對知識的認識。

在前言的最後，我想說說我推薦的老子版本，其實隨便什麼版本都可以，重要是知其義，字句解釋清楚，若是一定要推薦一本，自古至今還是王弼注最高明，但在今天不易讀呀！真想看懂

《老子》，不妨看坊間的解注作品中，哪一個版本最接近本質性，最具根本性，而不是附會一些多餘的問題上。目前我暫時推薦張默生的《老子新釋》為入門，而後再看哪一版本在義理的講解上最完整，接下來就是多看、多體會。

一章　從宇宙談起

打開視野，不要再受限於經驗，挖掘其中的關竅，找到無限。

道可道，非常道；名可名，非常名。

這是老子的開宗明義的第一章第一句。曾有學生問過，在莊子的〈齊物論〉莊子要人超越「是非」，莊子是否要人能超乎一切「是非」之上？而莊子的「是非」其具體又有所指嗎？這可借助「道可道，非常道」這句話來總括性回答。答案是，是的，莊子的「是非」是一切人世間的是非，具體則以儒墨的「是非」為代表。由此可見，到了莊子那個時代——從學術思想的發展來看，當時還沒有老學，也還沒有道學——是以儒家和墨家為最主要的顯學。只是在儒墨的顯學之外再仔細讀，其中也含有戰國時代的一些其他思想，但是莊子著墨不多；直到〈天下篇〉總論天下學派，只不過這篇是莊子後學所作。

從莊子說的小故事中似乎也看到一些時代趨向，這趨向是戰國時代不同於春秋時的改變。戰國基本上是傳統中國社會中國家主義最興盛的時期，是天下崩裂、各國分立，戰爭、私利紛爭不已的時候，各種學說也因此紛紛而起，並各言自己所言的都是「道」。

「天下」，這也是中國特有的觀點，來自西周。「天」代表人們共同擁有的天，是人人頭上都有的天，也是人類生命共同的依據。因此集合所有人的天，並依之創立一共同理想的天，理想的生命使人人都可活下去。

西周依這理念建立了大一統，即使春秋時開始分裂，到了戰國七雄爭霸，各國紛紛獨立集權中央，完成各自的國家主義，但「天」為人人所共有的觀點並未消失。

莊子在他的學說中常提渾然一體的「天」，於是莊子講自然、講逍遙，而這一切，都在一個「道」底下，一切並沒有真的分裂。所以莊子講〈齊物論〉的「物」是「事」的意思，「齊物論」就是「齊事論」。而齊事者——齊是非，就是調和人世間的是非，使之不再分裂。是以莊子講完〈逍遙遊〉，就講〈齊物論〉，講如何調和人世間的「是非」，並提出嶄新的「認知論」。莊子提出要站在「是非」之上看人世間的「是非」，這也就是說要站在高處，看人世間的是非。而何處是高處呢？高處就是天、就是「道」，就是大自然。莊子的「道」幾乎與大自然同義，這與老子的「道」並不一樣。

老子以「道」作為諸子百家的總結。道可道，非常道。莊子在〈齊物論〉裡也曾直接說，「道」什麼時候不見了呢？人們什麼時候不再從最高的整體看事物？這「言」、「道」消失於人們為表現自己的小成就上，而「言隱於榮華」，這也是說，人們各自標榜自己的看法、爭取自己的榮耀。而老子有關談「道」的言語問題也隱藏在第一句「道可道，非常道」之中，這是說用言語可道之道，乃「非常道」，這是說「道」超越言語。換言之，真正的真理是超越言語的，非言語所能完全概括呈現的。

換句話說「可道」的意思是，可以用言詞來說的，這「道」是說話，「可」指能。「可道之道」就是能夠被人用言語所傳講的「道」，是「非常道」，「非」指不是的意思，「非常道」指不是常道。「常」在這裡有兩層意思，第一層意思是「永恆」，永恆是時間性的，同時還有「整體」的意思，整體是空間性的，因此「非常之道」乃是說不是一個永恆而整體的「道」了，換句話說，任何言語所談的「道」，不是老子要說的「道」，不是那個老子要說永恆而整體的「道」。

何以說「常」可以有兩層意思呢？這出於傳統中國的文化發展一開始就在遼闊廣大的土地上，因此丈量土地、空間的方式多是用時間來丈量。譬如說有人問，「從這裡到武聖祠有多遠？」一般老人家通常會說：「不遠，一柱香就到了。」或說「一頓飯時間吧？」在現代的情況可能是這樣的回答，「從這裡到新竹多遠呀？」「高鐵四十五分鐘吧？」一般人不會回答，噢！有三公里遠或四公里。這是中國在廣大土地上的生命經驗的關係，這不像古埃及、古亞述、古希臘，從狹小的土地上發展起來，他們以空間經驗來論斷距離。相對的，他們無時間觀，西方人到今天，哪怕愛因斯坦（Albert Einstein）的相對論把時間放進三度空間去做第四度空間；但是一般人，他們的時間也還僅是人所刻劃的有限時間，而非是一個所謂的永恆宇宙性的時間——西方永恆宇宙性的時間大概只有上帝了。今天天文物理學上發現了黑洞，說黑洞中既無空間也無時間，那是一個人類完全陌生的地方。但是若從傳統中國觀念來看，黑洞乃是一種「無限」，在「無限」中空間無限、時間無限，這「無限」無可言說，這也可用老子所說的「道」來概括。

老子為什麼要說「道可道，非常道」？這要從人類有言語開始。說起人類的言語除了人與人間的溝通，也將萬物作了分類並各取名字，以便辨認，但這也是將人類認識的事物做了切割。言語雖然使人類的認識明確，並將印象固定、維持人類記憶的準確度，可是當我們說「這是杯子」時，就把杯子從萬物中切割出來了。是以在佛學上也說，最高的陳述、最圓滿、最完整的「心得」與領悟時，常不須用言語陳述，因為任何的語言都具有切割性。言語的長處在使事物明確、確定，說「這」就是「這」，說「那」就是「那」，這明確，但是劃分，劃分就是切割，從整體中切割出來，從「道」中切割出來。如此整體的世界就裂解了。這是言語的限制。

第二點要再說的，言語是後起於經驗的，相對於人的經驗，它具有後設性。人類通常沒有這經驗，就沒有這言語、名詞或概念。由這兩點的限制，所以人所使用的言語、名詞、概念是無法說清楚永恆而又完整的「道」。換言之，人用言語去強化出「道」，當人們說，「道」是這個，「道」就已經從真正的整個大道中分割出去了。老子所要說的乃是宇宙無限而完整的大道，所以他不從「道是什麼」、「什麼是道」、「這就是道」來說，而說「道可道，非常道」，以這句命題，駁由春秋以來所有諸子百家講的什麼是「道」的言論。如此老子表明我說的「道」，就不是那些諸子百家的「道」了。他總結了諸子百家之道，沒有諸子百家之道，老子無法提出「道可道，非常道。」

名可名，非常名。

「名」就是稱呼「道」的名詞、名號或是概念，甚至於是明確的定義，但這都無法呈現什麼是永恆而完整的「道」。換言之，可以用來命名於「道」的那些名詞，都不足以成為呈現「道」的名字或稱號。

這也就是說，從春秋戰國以來諸子百家的主張，所有標榜自己是「道」、是真理的，都不是老子要說的那個「道」，那個永恆、完整又無限的宇宙真相。如此彰顯老子說的真理，這真理超乎言語之上的、非人類所使用的名號所能概括。這第一章第一段是老子開宗明義的宗旨大法。

無，名天地之始；有，名萬物之母。

前一段說人類語言、人類名號、名辭不足以去陳述那個永恆而完整的「道」，第二段就說了，為什麼呢？再則「非常道」的「常」憑什麼解為既永恆又完整的意思呢？就是因為第二段，這段是說：這個無限宇宙的構成，也就是這大道的構成，至少分為兩大部分，一部分是「無」的部分，一部分是「有」的部分。

無，名天地之始；

「無」就是不存在，用現代語言說，就是

什麼都沒有，天地萬物一切都尚未產生。就這部分我們勉強給一名號、或說給一個說法——就是天地還沒有開始的時候。請注意「始」字，跟「胎」其實是相類似意思的字，只是「胎」指女子懷孕，「始」是女子可以懷孕但還沒懷孕。中國文字的奧妙即在此，基本意思常常藏在這些基本字義的結構中。我們就以「無」這最簡單的稱呼來稱呼它，來概括說明宇宙天地尚未開始之前，天地萬物還沒有誕生之前，這是莊子的「始未未始也」。

有，名萬物之母。

「有」指存在，或者說天地萬物已具體存在了，也就是說所有的東西都誕生了、成形了、占空間了、有東西出來了。這是萬物已經誕生狀態，如女子生出孩子，就成為母親了。是以凡稱「母」即有物誕生了，故曰：「有，名萬物之母。」用「有」來代表萬物已經誕生後，一個有萬物具體存在的世界誕生了。如再從更深層的觀點來看，這「有」、「無」指存在在與不存在還是從一切存在的觀點來看：噢！這裡有東西存在，那裡沒東西存在。如此是從存在來看「有」、「無」。但還有一個非存在的世界，也即是超乎存在之上的非存在世界。這就不從存在上看世界，而也是從「道」的世界來看，那是誕生「無」、「有」的世界。當然一般人很難去想的世界，這是要用體會才能認識的。

世界基本構成是從「無」、「有」、「非無非有」三部分組合而成的，但一般人認知這世界，總是從「有」的世界來看世界，很少意會到「無」，更不會意會到「非有非無」一個整體「道」的部分！我以前講到這裡時，與學生做過一個實驗，請一位同學先出去教室，再請他進來，然後問他在走進來時看到什麼。這位同學所看到的都是上課的同學，就沒其他的了。於是我再請一位同學走出去再進來，第二位同學進一步表示他看到「一切具體存在的東西」，我就問他，「無」呢？同學說「無」不存在，只是一個概念而已。到這裡，我想問問大家，「無」真的只是一個概念嗎？

我們來看這世界，要沒有這些可以存事物存在的空間，世界怎麼能有這麼多的具體存在呢？「無」的基本意思就是容得下一切事物存在的空間。在現實世界裡，通常都是「有」，被「有」所佔領，人們自然無視於「無」。但是這世界除了「有」之外，還有容得下「這些有」的空間，這空間中什麼都沒有，這叫「無」，所以「有」才能存在。此外，整個無限的宇宙中還有各種星辰的存在，容得下這些星辰的不也是「無」嗎？以至無限宇宙誕生之前呢？另外還有在人意識之外的「無」。如此「有」、「無」以至何以如此合成的「道」，也是「無」呀，因「無」超脫在一切「有」之上！這樣由此「存在」、「不存在」、「非存在」，無限宇宙的構成才有基本的完成！「無」之後還有超乎人意識之外，人所不知的「無」，如此合起來才是「道」。

所以「道」具有兩個特點，一個超乎於人對「有」的認知之上的「無」，包括無有一切，無形無相或為人所不能認知的什麼；第二個在人意想不到的過程中，「道」可以不斷、無限地發展。因此「道」超乎於人類經驗，是以人類語言不足以概括的。加上人有生死的侷限，即使所談的「道」必也自然有限，再則一切又只從「有」出發，這樣如何說出完整的「道」呢？如何用有限的名詞去稱呼那無限的「道」呢？因此，自然「道可道，非常道；名可名，非常名」了。

老子打開了人的視野，是不是比莊子的〈逍遙遊〉抽象？這是思想的發展，也是思想的飛躍，到了這個時候，是春秋戰國以來人的生命經驗累積到相當的厚度後，思想就飛躍出來了。這是人思想的質變，是人智慧的大開展。

我在這段的斷句與某些版本不同，有些版本表示《老子》有「道常無名」之句，所以注說「道本無名」，是以這一句的標點就點在「無名」之後，也就是「無名，天地之始」，這是說「無名」是天地還沒有開始之前；下一句「有名，萬物之母」，有了名字，表示萬物已經誕生存在。

不過，我把逗點，點在「無」之後，司馬光、王安石、蘇轍也都是這麼點的。其實，「道乃無名」從上下文來看，應該已經是結論了，這句在第三十二章是回應「道可道，非常道；名可名，非常名」來談的。如果斷句為「無名，天地之始；有名，萬物之母」來說，宇宙、天地、萬物似乎完全由人所給的，是人所賦予，「道」就在人之下，附屬於人了。

再說「無」，不是因有沒有名字來決定，而從「無」表示不存在，以至於到非存在，超越存在的這條線，表示一切超越人感官所能認知，是人不能確知和預想的部分。也因有這部分才能把人的意識認知打開，不然人還是只停留在感覺認知，一切以經驗為認知的憑藉。而「有」就是具體的存在，「名」是人類給予的稱呼，以便人類認知。它雖然使事物明確，但也限制了事物的深層認識，同時也將事物從總體中割裂出來，呈現了局部，是以「名」不是「實」。

老子這說法把孔子的「必也正名乎」打破了。孔子說，只要有「名」一定是「實」，所以必也「正名」，這觀念到莊子還知道，只是莊子已將其分開。《莊子》說堯要讓位給舜之前，他先找了許由說：「先生，我把王位讓給您好不好？讓我們來完成這禪讓的理想。」許由問說：「你天下治理得這麼好，何以要禪讓於我呢？難道是為了『禪讓』這名嗎？」莊子為什麼要這麼說？這是因為禪讓在孔子、在儒家被推尊到人類行為的最高表現。莊子認為「名」將限制人的自然性、自由性，是以莊子藉許由的嘴說出「只為了完成『禪讓之名』嗎？」然後許由說，如果真只是為了這個好名，要知道「名者，實之賓也」。從莊子的這句話我們可以看到，「名實」改變了，「名」與「實」不相符了，新的「名實」思想開始了！莊子說「名」只是「真實」的代號、稱謂而已呀！到了這裡，「名」與「實」分開了。

老子承繼這觀點，但又進了一步說，「道可道，非常道；名可名，非常名」，這裡面有一非常重要的觀點。他先談語言的侷限，再談稱謂、名號，因為人類得先有語言，而後才能有稱謂、名號。這思想辯證得很清楚，「名」只是為了人稱謂上的方便。即使有人舉出後面「道常無名」，來說明「道」無法有明確之「名」，但這不是說明宇宙的開始。這裡「無，名天地之始」，指無限宇宙始於「無」的部分，就用「無」名一切都沒有之時，「有，名萬物之母」，用「有」命名萬物已誕生之後。二者合起來才是無限宇宙之「道」，這樣才是完整的「無限宇宙」、「無限世界」。是以我在這句以這標點為準。

故常無，欲以觀其妙；常有，欲以觀其徼。

這是第三段，「故常無」後面是個逗點，這也跟某些版本的斷句不同，請注意，有些斷句是「故常無欲，以觀其妙；常有欲，以觀其徼」，特別是道教修行的版本尤可能如此斷。

前面說了「道可道，非常道；名可名，非常名」，為什麼呢？因為我們面對的世界是這樣的一個世界，「有」、「無」共存的世界，所以我們在認知上要常常意識到「無」，就可以不受限於經驗，就可以隨時超出經驗，不會只盯著具體的事物看，只會用來自經驗的一切，作為認知的標準。

故常無，欲以觀其妙；

這裡老子還是說得非常抽象，老子說在認知上要如此做。這也就是想要面對這樣無限整全的世界，有「無」的部分，有「有」的部分，所以我們要常常、總是能意識到這「無」的存在。「欲」是「用以」的解釋，如此才能觀察到天地萬物從「無」而為「有」的奧妙變化，或從「有」到「無」的奧妙變化，這「變化」是世界最神妙不可測的地方。或說世界之妙，妙在哪裡？就妙從「無」↓而後「有」↓而後又「無」的變化上。

我們想想看，自己從哪裡來？從爸爸媽媽那裡來。再問爸爸媽媽未生之前在哪裡？這可以一路問上去。而後爸爸媽媽出來了；而後突然我們出來了。你我出來，其實是一個偶然，因為即使差個零點零零零零零零零一秒，可能就是另一個出來了，不是你了，那一個和你是同父母，有共同的DNA，但他不是你，即使基因相同，可是就不是你，你不在這個世上。請大家從這裡想想：人的生命與一切，多麼不可預測呀！多麼神妙呀！每一個人的誕生都是一種神奇的展現呀！

在人的認知上，西方或說是知識論的部分，人面對這世界、這宇宙，該用什麼的認知來認識呢？最好隨時隨地要能夠意識到宇宙的真實。或許我們都知道，意識認知是人最高、最深、最大、最具綜合性的認知、是超越反省的認知。「意識」也可以說對人認識的再認識、再確定，這意識是人能隨時隨地對自身的認識的再認識，這是人再認識、再思考、再分析、再判斷的省思。換句話說，這是人更深沉、清晰的認識，這使人在認識上會更清晰，或越來越清晰。這是人所特有的，是人與動物的不同處。這也就是傳統中國「人學」基礎，是人開展出大智慧的緣由。

傳統中國以「人」為學術、真理的主體，到了道家，莊子提出自然，老子更以「道」為人存在的憑藉，那「人」要怎麼認識「道」呢？這就是「認識」上的開展，人不能如孔孟只停留在「人」的自身，而是要展開自己的認知、認識「道」。認識因「道」所完成的無限世界，而人則是存在其中的一個存在而已。

是以這一句「常無，欲以觀其妙」的斷句，請留意，不是「常無欲，以觀其妙」。「常無」是就「無」而言，「常無欲」是指人生修養上，從修養到「無欲」來看「道」，而「常無，欲以觀其妙」是直接從「無」上認知，這是從人的「覺知」上而有的認知，人常意識到無限宇宙中「無」的存在，如此即可看見從「無」生「有」，它具有變化，從「有」又回歸到「無」的宇宙變化，最後又回歸於「道」的奧妙變化，此是「觀其妙」的意思，「妙」是變化，有些註解為「奧妙」，為什麼奧妙？何以奧妙？因為變化而奧妙。「妙」是不可預測，不可預知，奇特極了曰「妙」。不過「妙」還要含藏著一點，就是太有趣了，不有趣就不妙了。這裡包含對變化的讚美，說明奧妙、變化是宇宙完善性的一種表現，也是一種「美」的表現。

今天每一人、每一物的會存在，妙不妙？很妙吧！人能隨時意識到「無」才能看到這世界最精彩的變化、發展並感到它的美。我們再看，再過些時候，原本有的又都消失不見了，你、我也不見了，去哪裡呢？天知道。去天堂？那或許是個假設吧！去地獄？也是假設。一切變化實在妙不可言，不可思議。以至於這個地球怎麼可能會誕生？不可思議。我們看整個九大星系或是八大星系，都沒有人類，可以見得人不是常態，是在這個無可言說的狀態中化生出來的。老子用一個「妙」字說明一切宇宙的創生是妙不可言的。這是讀者要體會的呀！

常有，欲以觀其徼。

這是說，面對這樣的世界，我們要能意識到這無限宇宙「無」的存在，所有事情其實都不能忽視「無」的影響力。然而對這世界具體存在的事物，也不可忽略呀，所有具體存在也是一種真實，所以我們不能因為「無」就不看「有」，我們還同時要「常有」，意識到「有」。換言之，人看事物，當能有整體觀看的能力，不能只看「樹」而不看「林」；但也不能只看「林」而不看「樹」。

「欲以觀其徼」的「其」指那些，「徼」是「竅」，竅作邊際講，邊際也可引申以作輪廓講，引申為事物存在的特殊處，「其徼」是看具體事物也要能夠認識具體事物的特殊性。也就是要有能力認識具體存在事物的個別性及存在性。換言之，人在面對一個「無」與「有」同時俱在的世界，人的認知要如何才是完整而全面的？那是要能「常無」、要能常常意識到「有」存在於「無」之中，因為有「無」，才可能有「有」，再從「無」的觀點才可深入看見，世界生生滅滅神妙的變化。此外，還要「常有，欲以觀其徼」，站在「有」的立場，不會忽略一切存在事物的獨特性。同時「徼」也可再引申作裂解、分裂講，這是指具體事物的發展變化。人也要有能力認識具體世界事物中的種種發展、及種種不確定。

此兩者，同出而異名。同謂之玄。

老子在這裡再提出「道」是一個整體，無限宇宙是個整體，在傳統中國沒有二元對立，即是二元對立，合起來也是一個整體。不像西方，上帝是絕對的、唯一的，上帝與其創造物是分立的，物理世界本質與現象也是分立的。就人而言，感性與理性是分立的，傳統中國，不論二元、三元、四元、五元都可合為一體、合為一體才是本象。此兩者，指無限宇宙中「無」與「有」而言的，都是「道」的表現。同出而異名。「同出」是同時產生。如果要問出於什麼？就是同出於「道」，只是不同的名稱而已。此兩者，同出（於道），所以「道」是「無」與

「有」的結合，只是有了不同的稱謂。

這觀點到了魏晉南北朝玄學家郭象，還有王弼他們，都說「無者，天地之本也，萬物皆出於無」，其實這觀點是一新學說，其根據老子思想又有了新發展。老子說「無」與「有」同出為「道」，「道」是萬物之本，魏晉玄學則說：「無者，天地之本，萬物皆出於無。」這可見老子思想到魏晉時有了新發展，成了一個新的哲學思想。近代人常說中國思想除了春秋戰國——特別是戰國之後——就不再有思想，這是不正確的！

同謂之玄。

「同」是混同，是合起來，於是就稱之為「玄」。「玄」是黑色，或說是深青色，就是深夜、夜晚天空的顏色。中國人基本以生命經驗論事，在生命經驗中白天的天色很清朗，但到了夜晚，天是深青色近乎黑色，就涵蓋了一切，這叫「玄色」。如此可引申為渾沌或是融合，這是說將渾合起來就可以稱之為「玄」，一切都渾同在一起。請注意老子又賦予「道」新的名稱了，這是展現「道」的另一個面向，是「有」、「無」混同，有無並存於「道」，一種渾沌融合的狀態，而又在無限宇宙中同時發展。

所以請大家特別注意，魏晉的郭象、王弼注老子、講老子時，他們說「萬物皆出於『無』」，或說「『無』乃天地之本」，是不同於老子的。這是魏晉南北朝的新思想創造，所以玄學是魏晉南北朝的新思想、新學說、新創造的哲學。如果用現在西方語言，這是一個新的哲學議題、新的哲學概念的提出，然後發展出嶄新的哲學跟嶄新的美學理論，也因此開出了嶄新的藝術創作，還有很多其他別的創作。

記得我讀中學與大學時，老師講到魏晉南北朝通常就只用四個字概括，甚至後來在書院上課時，老師講到魏晉南北朝也是說：「哎，不必提它！黑暗時代！」其實並不盡然，魏晉南北朝在政治與軍事上有其黑暗混亂處，但即使如此，這時代還是有豐富的創作，尤其是在科技、數學上，許多數學理論都有突破性發展；哲學更不得了。而且瓷器是從那個時候開始的，所謂的「越窯」就是起源於魏晉南北朝，其實瓷器是一種高科技的產物。據說，西方科學史記載，今天太空科學的發展，其最重要的基礎之一，就是中國瓷器的發明，因瓷器是最好的絕緣體，可以隔熱，太空船才飛得出去。

玄之又玄，眾妙之門。

「玄」就是前面說過的「渾沌」，為什麼用「渾沌」來說明呢？「道」是「無」、「有」渾沌的展現。所以老子說，

玄之又玄，眾妙之門。

混同再混合，「有」、「無」不斷地交融，不斷地滲透交融，這是宇宙天地萬物誕生的關鍵。「眾妙」指這宇宙中各個不同的事物，在「無有」、「有無」中，交融變化，由從各「有」中，不斷衍化出各種系統，真是神妙極了。「妙」就是「由無而有」、「由有而無」，「有」又產生各種物質與系統的變化的過程，這也就是萬物不

斷發展與誕生之處。「門」就是誕生之處，也可以解釋為從這裡開始，也就是生生的關鍵。換言之，宇宙天地萬物，在「無、有」、「有、無」混同中產生，「有、無」在無限宇宙中相互交融，不斷地混同，展開了這世界、這宇宙。這簡單精要的說明了「道」的無限性發展。

「有、無」的同時存在與誕生宇宙天地萬物，說明了「道」的完整性。也因此，如果我們沒有（完整的）看到「道」，只挑我們所看到的來談，那麼所說的「道」就不是常道、不是常理了，如此所用的語言也不足以概括「道」了。是以才說「道可道，非常道；名可名，非常名」了，所以又說「玄之又玄，眾妙之門」。請注意老子文章相互之間的特殊反應性。

「道可道，非常道；名可名，非常名」，或者換言之也可說為「可道之道非常道；可名之名非常名」。這就是老子的新宇宙論，也是老子的開宗明義第一篇。

萬物不斷發展與誕生的關鍵，乃是從這樣狀態發展與誕生。而講「眾妙」，這裡面還有一個含義，萬物創造之後，形成不同的門類，各有奇妙不可預知的發展，所以謂之「眾妙」。這在《老子》書中常常提出，說明萬物不是一個單一的東西，是眾多因素合成，並有各自的系統、各自的發展。若只針對其中的一條，那麼所談的「道」，即「非常道」了。老子文句、文章、意簡而言賅，其中有豐富的層次來說那就是「道」。

近代有人說，《老子》不是宇宙論，因篇幅太短小，沒有像西方長篇的論述，只能成為宇宙觀，只是一種觀點。這個論點不能說錯，因他是根據西方知識論的方法所做的辨析，不是根據中國的知識方法提出的。就西方而言他沒錯，但就傳統中國而言，不適合這麼說。這部分有必要辨別，這是中國式的宇宙論，言簡而意賅。

傳統中國面對這樣的一個無限的世界，提綱挈領地拿出最精要的論點，用宋儒的話：「就像是一卷畫，捲之，在手上；展開，則可以無限地舒展。」不然怎麼去面對？《莊子．養生主》裡說，天下之可知者無限，人若一味追求無限的可知，只會使人心靈不安而已，因此要摘其精華，打開來是一個無限而又完整的宇宙，捲起來就在人真實的生命、生活之中。這是中國式的「論述」，不是西洋式要邏輯謹嚴、系統完整、長篇大論的「論述」。

二章　社會價值論

萬物運行自有其道，我們要學習放下價值論斷，依循自然。

老子所謂的「道」，已超脫開了人道，而從宇宙的本源說起。換句話說，整個宇宙無論多大，九大星系或者更擴大至無邊無際，都從「道」出來、都不離「道」，所以它是宇宙一切的本源。因此第一章開頭就說，「道可道，非常道；名可名，非常名。無，名天地之始；有，名萬物之母。」實際上，一方面老子提出了新的主張，換句話說，前面說過的所有的「道」，都不是他要說的，然後他把所有的「道」含進來，作為他的「道」的內涵。

所以我們可以分為五點來簡單地說。第一，老子的「道」基本包含是宇宙的本源；第二，它是宇宙萬物構成的規律與發展的法則；第三，它是天地萬物及一切事物功能提供者，所有一切事物的所有功能，全由它所供給；第四，它是真理，相對於知識而言，「道」是知識的真理，換句話說，一切真理、一切知識是依「道」而建立，是知識、真理建立之本之依據；第五，它是人道的基本規範，或者說是人道的基本原則，人要依「道」而行，而這個「道」不再是來自於孔子所提出的、單純的人道之德行而已。老子提出一個很重要的問題——人道的德行中有天道，人的德行當依天道之規律而出。這裡老子其實建立了傳統中國更完整的道德學，或說更明確建立出中國更完整的道德學，道德乃依天道而行的，才是德行。用西方所謂的道德學準則來看，老子的道德出於自然，不是人為，也不是上帝的誡命，更不是來自物質世界機械律的規律，而是天道自然的有機秩序。老子的「道」乃是無限宇宙的展現，自然會有很多面向，或說是許多向度。簡言之，「道」不是單一的也不是唯一的，不是絕對的，而是整體的。

如此，要用人類有限經驗語言來命名，只有用「道」來作一總括，這樣其他諸子百家所談的「道」不都是其中的一部分嗎？這自然就不足以陳述那普遍而永恆的大「道」了。是以「道可道，非常道」的「常道」，就是既普遍又永恆的。我們說過「普遍」是空間性；「永恆」是時間性。其實「道」還含著發展性、融合性、延長性、變化性、生滅性，所以最後作結，在第一篇的最後一句只得說：「玄之又玄，眾妙之門。」

目前中國有些學者認為，現在所用的《老子》傳世本把老子思想模糊化了，幸虧有長沙馬王堆帛書《老子》出土，可以很清楚地了解本意，比如「玄之又玄」在帛書《老子》寫為「玄之有玄」。這些學者說用「有」比「又」好，「玄之又玄」似乎玄到最後什麼都不知道了，「道」到底玄到哪裡是不知道的，如此就無解了；而「玄之有玄」就清楚了，因是「有玄」，一切明確多了！

當然這樣解釋，似乎也言之成理，但是古人「又」、「有」是通用的。至於「玄之又玄」，老子強調的是發展性，天地萬物在「無」與「有」、「有」與「無」中不斷相互滲透、融合、變易、發展、生生滅滅，不斷地發展，也就是在「有」、「無」混同的發展過程中，不斷地變滅、延續、衝撞、融合，不斷地發展產生新的事物。甚至「眾妙之門」的「眾」就是所有世界展現出來的事物，都是「有」的系統。只是老子何以不用「有」，而用「妙」？因為「有」就存在，這存在乃是由「無」而生，而後它再歸之於「無」，在「無↓有」、「有↓無」的變化過程中，形成一類——「有↓有」，不同品類的事物。「眾妙」也就包含指這一類事物的出生，而後又趨向消失，而這也就是天地萬物眾妙變化誕生的關鍵，這種發展變化實在「玄妙」，甚至妙不可言，所以稱「眾妙」。

許多學者就出土的帛書《老子》說出「玄之有玄」具有可掌握性，這可能確實是那個時代所想的，因那時代思想還停在具體可掌握的經驗性上。而發展到現在的通用本《老子》，思想則已從經驗的掌握進入抽象的思維，而漢至魏晉前流行的《老子》本多失傳，僅由王弼本傳到今天，以至影響天下。但要注意，王弼本則是採用了傳說中出於兩漢之際的河上公本，有說其大約也可能在漢文帝之後的版本，或許是在帛書《老子乙編》之後的版本，王弼用這版本作注解，而後遍行天下，一直通用到現在。

從這角度去看，這真是一個不知名的偉大思想家，或者不止是一位偉大的思想家，他、他們把老子思想拉高到今天所讀的高度！使思想發展不再限於經驗的事例上，走向抽象的最大普遍，這使人的思想飛昇了起來，不再只是具體事物的表達了。人開始深入的思考，綜合整體的思考。

我說這番話有兩個原因：第一，仍要重視現代的通行本，不因為有新的出土版本，就認為出土的才是對的。現在許多人常認為一般傳世的文獻靠不住，其實出土文物雖有其重要性，可是傳世通行本的流傳（時間近二千年）也是不能忽視的。若以《老子》而言，傳世本就算從王弼算起，也已通行一千七百多年，如果從河上公算起，也有兩千兩百年左右，這在世上的影響是不能忽略的，如果為了出土新證據，就否定傳世本，也會是一種偏見。不過，出土版本能告訴我們歷史、思想的演進過程，就更可以證明通行本《老子》在思想上從經驗到抽象，而走向如此具有涵蓋性的普遍性，這是一個精彩的思想演進。因此我們還是使用通行本的老子為解說依據。

第二，我也聽過有人說，老子的「道」是虛無，我們在這麼進步的時代為什麼要讀老子？甚至說老子是帝王之術、是陰謀家之書，是不正派的學說。這是老子被誤解了，《老子》書中有一重要思想「無為」，而陰謀是一種有為的作為，這是自相矛盾，不足以成立的，我們在這多元化時代，應該放開心胸來看看、聽聽，錢穆賓四先生在很多年前就呼籲大家用沒有既定成見的心，來看、來聽，根據《莊子》、《老子》文本，了解他們到底講什麼，而不是用舊有刻板的觀念說莊子消極、老子陰謀等等。

如同莊子在〈逍遙遊〉所說，人們如同惠施一樣，總是評量這東西到底有用、還是沒用，沒用的，就丟掉它！但現在好多古文物都因「沒有用」而變得「很有價值」。同時人們會因覺得沒有用，而丟掉許多有價值的東西。人們總限制在現實功利價值的判斷中，莊子、老子則教大家打破這限制，讓人可以凌空飛起，除了獲得身心的自由，更重要是開發自己的可能、展現人的可能性——這也就是發展人的大智慧！

近代也常說，儒家與道家對立、衝突。儒家講「人」，道家講「道」，其實道家的「道」包含著人，老子的「道」，最後乃是告訴人最正確的作為，說明「道」是人最重要的行為依據。在傳統中國的大傳統下，莊子、老子雖講「道」，但還是從人的基礎上說起。「道可道，非常道；名可名，非常名」，「可道」、「可名」都是有關人的活動。如同西方歷代的哲學都還是在「物」的基礎上；而印度教、猶太教、基督教總離不開神，探討生命、事物、宇宙的意義。然後這三大學術文化系統，到今天仍充滿了文化發展的活力，因為這三大議題至今仍是「人」的根本問題。

我從學術的觀點來看，老子不是陰謀家之學，陰謀只是某些人的應用，其實也可以說是誤用，不是老子本義。如同西方多少人用基督教的信仰殺人，用自由之名殺人！老子思想是在先秦時代晚期，人們開展出了新宇宙論、新人世論、新認知論，是一個思想飛躍發展的時期的見證。

所以我們可以說，第一章是老子的——我們藉西方的哲學分類暫時如此解說——新宇宙論。談宇宙的生成，談宇宙的構成不是只有「有」，不是只有「萬物存在」，還談及「無」的部分，如此一下子將宇宙展現出無限的嶄新面貌。

從「道可道，非常道」，到「名可名，非常名」的提出，這「名」的第一層意思，就是稱謂「道」的名號或名稱，也就是用語言對「道」稱呼與概念，其實每一名號名稱都是一概念，這不只是西方哲學這麼說，全人類的名詞皆如此。當然，這還可以包容所有的概念、甚至所有物件的名稱。古人的註解中將「有」說是一切的「有」，一切具體的存在。我們說過，所謂的「有」就是指一切具體的存在物。不過我強調，在名言概念上，不止代表一切的「有」、一切的具體存在物，還代表人類思維中的概念，這樣的指涉會更寬廣。或許會有人說，這概念太現代了吧？不過從老子文字中，我們會看見這種抽象性，如「無」、如「有」，這就是高度抽象概念的稱謂，「同」與「玄」也是，老子受名家思想影響，已會使用這最抽象、最具普遍的名詞了！

我之所以會提供我的斷句給大家參考，是因為這樣的標點法，或許能讓大家了解老子宇宙論的論述性，並了解《老子》是傳統中國經典中最具邏輯性的，並不是一般人說的如同打啞謎一般。讀中國經典原本有一系列的程序，現在都沒有了。原本現代語文教育至少還注意到文章的學習、詞句的鍛鍊、文學情感的培育，現在似乎也不注重這部分了。其實文字是人思考的元素與憑藉，沒有好文字、好文章的學習是無法做清晰明確的思考。而文言文的學習是觸動人精鍊的思考的學習，讓人能用精簡的文字正確表達自己的思考。

讀中國書有它一定的次第，簡單地說，幼兒啟蒙除了識字，還從詩開始，宋元以後，尤其到明，詩以《千家詩》為主，這是聽覺訓練與想像能力的培養、審美情感的開發，還有孩子們在大聲唸詩的時候，感受到快樂。小孩們所能吸收的是詩的音樂性，《三字經》、《千字文》、《百家姓》、《幼學瓊林》都是以韻文寫成，古人把這些幼兒教材寫得有音階、有音韻。有人做過實驗，在小孩三至五歲時讓他讀蒙學，從《三字經》讀起，然後讀《百家姓》、《千字文》，最後問孩子最喜歡讀哪一本，結果是《百家姓》，為什麼？因為聲韻節奏清楚。這個年齡的孩子，發展是偏重聽覺學習。到了七、八歲讀《論語》，十歲、十二歲以後讀《孟子》、《大學》、《中庸》。

古人讀書從詩歌而後到文章，再讀小品文、小賦，接下來讀一般性文章，然後讀到古文，裡面有許多義理，大都是思想辯證性的文體，讀古文是文字、思想的鍛鍊。然後讀史書，而後讀「經」，通常古人讀經大多在十六歲以上，才會懂得「經」的義理，最後讀諸子百家的子書，這有高度的哲學性。不過在經書、子書中，還要打下小學的基礎，也就學習認「字」，中國就語言學而言，「語言」與「文字」可分作兩個系統，這與西方「文字」、「語言」可以合成一個系統不同。西方是拼音文字，語言用字母拼音即成文字；而中國文字是象形、象意為主，自成一個體系，語言也有其體系。讀古書要能「識字」，經書、子書上用字精嚴，有時一個字即涵攝書中的宗旨，或說是哲學意義。識字可更深入「經」、「子」的微言大義意義之中。

人不從思想、不從深層的知識、不從人類的智慧認識世界，就只會在現象世界裡認識事物，而現象只是事物表象看不見事物的本質與真象，人永遠只會停滯在有限的時空之中，只有妄相和妄念而已。這如同柏拉圖說：「人不用理性認識來自完美世界的理念，人永遠如同被綁在洞穴的火光中，見到的都是不真實的光影而已。這樣的人永遠都只是動物，永遠不知道什麼是真理。」所以這是我們要拉高視角的原因，但不是只有形而上，因為我們一說形而上，人們就扣下一頂帽子：「從形而上講，中國有形而上嗎？中國根本沒有形而上理論，要知道這種講法是不正確的！」其實「形而上」、「形而下」是語出《周易．繫辭》「形而上者謂之道，形而下者謂之器」，若再追問什麼是「形而上」？這不就是指不受「形」的限制，而從最普遍性的事理談起嗎？

其實「常無，欲以其觀妙」、「常有，欲以其觀徼」的「常無」、「常有」，都是形而上的概念及認知。前者是觀察生生化化之妙，後者是對具體事物的仔細觀察，如此是上下都可以掌握到，這是一個人全知的培養。人有「全知」的能力才能脫開生存的功利性，脫開個人的經驗性，這樣才能看得寬、看得廣、看得遠。這樣才有大智慧之見。

是以《老子》第一章提出了宇宙論，第二章就是價值論。這是傳統中國思想不同於西方的地方，通常西方的哲學派系，宇宙論下來就是本體論，但老子在宇宙論後是價值論。有人說「道」該是萬物的本體，老子第一章是本體論，我沒有採用這個說法，是因第一章談「無」、「有」，以此說「道」，這是談「道」的構成，是以是宇宙論沒有把「無」作本體，「無」是天地之本，要到魏晉時王弼、郭象時才提出。

什麼是「本體」？本體是構成一切事物的本質者。「本體論」就是研究尋找事物之所以能存在的根本、其形成的本質及基本原因。古希臘的哲學之祖泰利斯首先提出水是構成事物的本質，並談宇宙的構成，而後西方哲學衍此而下成其學術傳統。到中世紀後，十七世紀再發展出唯心論、唯物論、機械論，西方從這裡談世界的基本構成，一切都是物質化的世界。有興趣的朋友不妨找書來看看，不過初讀西方哲學最好由淺入深，西方哲學到了亞里斯多德（Aristotle）分成兩部，哲學本部是西方哲學最重要的部分，本部包括宇宙論、本體論與知識論。這要確立後才有哲學分部，分部是倫理學、政治學、歷史學或價值論，而這些規律都決定在哲學本部。

但《老子》第二章所談則是價值論，這是因為傳統中國以「人」為主體，這就必然牽涉價值問題，有所謂意義的產生。我們知道在第一章談宇宙的構成，是「有」與「無」同時存在，又混同產生的世界，人是這個世界的一部分，人會不會受這世界的影響呢？當然影響就在於人的心理上。什麼樣的心理影響呢？就是善惡的判斷，價值的判斷。宇宙有「無」與「有」，人心有「善」與「惡」。

天下皆知美之為美，斯惡矣！天下皆知善之為善，斯不善矣

天下皆知美之為美，「天下」指整體社會、世界，「皆」是都，「知」是確定認知，也就是說，認知判斷認為一定是這樣，這個「知」，不止是知道，而是確定、一定這樣。這句話就是說，當世界人們都認定這美是唯一的美。

斯惡矣！「斯」指這，「惡」指不好，代表為「醜」

的、不美好的。「美之為美」是美之所以為美的意思，其引申也就是唯一的美，這句話的意思是當天下人、整個社會都確定，這個美是社會上唯一的美，這美就有所不足了，也就是惡的開始了！為什麼？因這宇宙、世界不是單一構成的，至少是由「無」與「有」同時存在而構成的。換言之，宇宙是多元的構成，至少是二元的，單一絕對不是宇宙的真相。是以若天下人都認定這種美是宇宙、世界唯一的美，這就違背了宇宙法則，違背了「道」，這就有所不足了，也就是醜、也就是惡的開始了。

如果我們從現實社會來看，現在的人認為瘦是美，於是許多女孩子為了追求這種唯一的美，就把自己瘦成紙片人，這不就是一種「惡」嗎？如此美的認定不就有不足、有缺陷了嗎？古代戰國時「楚王好細腰」，於是楚國「宮中多餓死」，許多女孩子拚命為了纖細的腰身而不吃飯。西方崇尚大胸脯及細腰為美，於是就用束腰把腰勒小、如此好把胸部撐大。好萊塢知名電影《亂世佳人》女主角郝思嘉把自己的腰縮成十六寸，而她生了孩子後身形有變，只能強勒到十八寸，就是這社會現象的側寫。西方電影也常常會看到十八、十九世紀的女孩，聽到什麼驚人的事就昏倒了，而後大家就要為她搧扇子、拿嗅鹽，觀眾都以為是電影太誇張、亂演的，其實那是真實的。為什麼呢？因為腰縮那麼小之後，肚子裡的五臟都往上走、亂了位置，壓迫到胸，女孩肺部的呼吸量變得非常小，就很容易暈倒，那個時代女孩子的平均壽命只有三十六到四十歲左右。

天下皆知善之為善，斯不善矣！

同樣的意思。當整個社會都認定這種善是唯一的善、絕對的善，這就是不善了，因這就有所不足、有缺陷了，因道是整體且又是多元的，至少是「無」「有」並生、「善惡」同時存在。

所以人類社會中，如同無限宇宙都是不單一、絕對的存在，也是多元的存在。在現實世界裡，人從這無限宇宙天地中誕生，而無限宇宙天地既然是「無」、「有」並存，合而成為「道」，人誕生於這無限宇宙，在心理認知上若違反此多元而趨向唯一，絕對就是違反此宇宙的規律，這就有所不足、有所缺陷，就是惡，就是不善！老子反對「絕對」和「唯一」。他談「道」，談整體；並且整體還不是靜態的，是發展、變動的延續，連綿不斷的。因此「道」超越人的經驗，就人的經驗言無法輕易論斷。

再說就人的心理好惡，如果固執的認定這觀點是唯一的好、唯一的善，這就是不善的開始。再則社會是眾人會聚而成，眾人各有好的認定，若只認定這是唯一的好、絕對的善，社會必然就會有不同的聲音出來。如同今天政府一旦反對什麼，禁止什麼，社會常常就反其道而行。以傳統中國學術為例，漢代今文經家被政府立為博士，認為此是經學權威，民間就是古文經學家的流行；當古文經學家也立為博士，魏晉南北朝則談莊子、談老子，甚至佛學，因為人們需要有一個更開闊的天地。

所以老子說，當天下認為這是唯一的美、絕對的美，「斯惡矣！」「斯」就是「這」，這就是惡的開始、不足、不美好的開始。更直接地說，這其實有三層含義，一層是人的心理反應；一層是單一的本身所形成的絕對性會造成排他性，引起的對立和衝突。第三層宇宙、道，不是一元、單一的，而是多元一體，是整體的。

故有無相生，難易相成；長短相較，高下相傾；音聲相和，前後相隨。

這六句話，我視作這樣的組合：「有無相生，難易相成」這是較抽象的一組；「長短相形，高下相傾」這是有形態的一組；「音聲相和，前後相隨」這是更具抽象性的一組。三組之間是分號。

故有無相生，難易相成；

「故」字承接上文，作所以、所以說，而後下面的六句話「有無相生」、「難易相成」等指在現實的具體存在世界，既成多元一體的「道」而來，我們就看見的是「有無並生」、「難易相互並成」的世界，「有無相生」的「相」可作「並」字講。這「有」與「無」是指現實的世界的「有」與「無」，同時也是回叩到《老子》第一章「道」的「無」與「有」之上，指形上的世界。「難易相成」的「難」和「易」，也是同時存在而後才的彰顯。換言之，沒有「難」，也就沒有「易」可言；沒有「易」，「難」也無法形成。「難」與「易」雖是矛盾但同時又是並存，這是矛盾的統一，如同「有與無」，「無」與「有」同時並存，統一而成一體，相互間及有絕對的衝突。

有人問「空」與「無」到底有什麼不同？簡單來說，所謂「空」是佛家語，指萬事萬物都是由因與緣和合而成的，這是說世間一切現象都是因與緣的一種組合，因此到了一定的時候，或因時間、或因空間、或因主因、或因各種條件，其中一旦有項目變動、元素變動，因緣和合而成的東西也就會解散，這就叫「空」。「空」是針對實質性、實體性的事物而說的，告訴大家世上無實體、實質上的事物，一切皆會散；「無」是沒有、是不存在，這是針對「有」而說的。如同生命本身，每一個人都有一個看起來實實在在的我，但這「我」是一種組合。而後在特定時候誕生，到了一定的時候死了，這「我」也分解、分散了，佛家稱這種狀況叫「空」。所有的東西，到時都會解散，不會永恆存在。但是在人未出生之前，則可稱為「無」。人有誕生，東西也有誕生，這叫「有」，誕生之前叫「無」。老子說「無」，針對「有」而言。我們說過，「無」是一切尚未產生，若就宇宙而言，就代表宇宙中一切都尚未出現，人就稱這種狀態為「無」，而後等到一切萬物都被誕生了，人們稱這為「有」。此外，「無」也可以稱為不存在或沒有東西存在的空間，如空無一物的廣場或是沒有東西存放的倉庫。而「有」則是有存在物的、有東西擺放的狀態。「空」與「無」各有指向，不能混同模糊了他們各自有特定的意義。

長短相形，高下相傾；

這從具體的現實世界裡來看，所有的事物形態都有長短形式或形態，要放在一起並列，才會顯現出來，顯現出有長短大小的形體出現。這如同高下，「下」是低，高低同時俱在，才看得出其中的差別。「傾」是傾斜，因高低同時存在，相互高下傾斜就顯出來了。

音聲相和，這是語言與音樂的構成，也都不是單一的，語言的每一個字都是開口音與閉口音合起來才完成的。如「音」字，注音為ㄧㄣ，「ㄧ」音「ㄣ」音合起來，才有所謂的「音」字。音樂的構成也一樣，不是單一的聲就可成立的，乃多聲和合才成的。所謂拼音文字，也是有母音、子音合起來才是一個字。**前後相隨**。時間與秩序也是由前、由後，同時存在並延續發展才呈現出來。「隨」指前後不相離，它們分不開的，一個連接一個的延續，人們才看得見、意識得到。

所以面對這樣子的「有、無」、「難、易」、「長、短」、「高、下」、「音、聲」、「前、後」的世界，一切都是相對而生、相反但相成。宇宙中一切都是矛盾的統一，沒有絕對的對立與衝突。因此，若從無限宇宙最高處的「無」、「有」而後「玄之又玄，眾妙之門」的形上世界，一切也都是相反相成，矛盾的統一，這也還包括形下的人心及價值的論斷，因此「好、壞」、「善、惡」、「是、非」是一種並存，當人為的割裂，將一切都變成「絕對」，那就是「惡」的開始、衝突的開始。

是以聖人處無為之事，行不言之教。

是以聖人處無為之事，

「聖人」在這可作聖王講，這是老子繼承墨子觀念「聖人可為聖王」，意思是最好的領導者，如同西方哲學的哲王。他從無限宇宙到具體現實的人世間，了解到一切事物都是「相反相成，矛盾統一」的前提下，最好處事的原則，就是「處無為之事」。「處無為事」就是「以無為處事」的倒文，這句話的主題在「無為」，即要以「無為」的方式處理事情。而什麼是「無為」？所謂「無為」，基本就是依道而行，沒有自己特定的目的、刻意的想法、個人的好惡去做事，或干涉事物的發展，就叫做「無為」。「無為」不是什麼都不做，這要請大家注意！「無為」是無特定私人或團體的目的，無主觀、無刻意的想法、無自私的意願等等而去做事，「處」是動詞，作治也，即處理現實中事物的意思。這也就是說，聖王——一個最好的領導者以「無為」作為治天下的原理、原則，及方法。

行不言之教；

就是「以不言行教」。傳統中國政教是合一的，政治必要有對人民的教化性，所以「行不言之教」就是「行不言之政」，也就是「以不言行政」。或許大家可從這裡了解，傳統中國的政治其實就是社會教育的推動，是一個大社會教育。政治必須含有社會教育，才是適合人們所要的政治。而傳統中國教育一定是與人為善，有利於生的，政治亦然，政教都必須合乎善、合乎道。

如何是「行不言之教」？那就是不要只是一味的命令、宣導政令等等，從中只想達成政治目的。「不言」指刻意的作為，「不言」與「無為」是相應的，「不言」即「無為」。因言語有限，又有強烈的個人主觀性，故「行不言之教」。

傳統中國哲學、學術一切以「人」為本，並以達成生命的完善性為宗旨。西方科學、自然科學是從實驗室出發，然後回歸實驗室印證才具有知識性、真理性。中國則從「人」出發，一切的道理、一切的研究，必須回歸真實的人生，達成生命的完善性來作為檢驗，這才具有知識性、真理性。質言之，現在中國的人文學、社會學、政治學，甚至中文、中國歷史的教學都可以再反省、再思考，進而知道傳統中國學術的特殊性——有關「人」生命哲學的部分加以闡揚。使之不受制於西方自然科學方法論下的附屬品，並進而教導人開啟覺醒與智慧，使人有更多能力，擺脫生物性、動物性的限制，有機會擺脫人生因之而來的苦難。

傳統中國的學者，不是只關心中國、不是只關心知識而已，他們還關心人類，不斷為人類找尋更大幸福的可能。今天若能將中西思想、學術無偏見的結合，就可以更了解人類社會的發展，更了解人性的多重性，而幫助人類了解自己、改善自己，為現代社會解決許多問題。今天即使是華人學者，都欠缺自我的覺醒性，只一味用西方研究物質的知識方法論來研究傳統學術，如此不只見不到林，也可能見不到完整的樹，只見到一些扭曲的枝節，這對人類世界的未來不會有貢獻，也無法為人類社會找到新的生命大道。人們只會陷在西方從十六世紀以來，以欲望為主的價值觀中，在一個霸主代替另一個霸主、一場戰爭替換另一場戰爭之中。人們只懂得在生物的生存線上奮戰，而不知提升人性才是根本解決之道——這也可說是一種以「無為處事」、一種「不言之教」。

老子從「道」——無限宇宙出發，由此俯看人世，他帶領、啟導人們換一個角度來看人生，如同莊子面對是非紛擾的人世，其最好的角度就是「莫若以明」，以「明」——太陽的角度來俯看！透照「是非」，這也就可以看到「彼亦一是非」、「此亦一是非」。老子從「道」的角度來看，帶領人從「道」的高度來看，甚至從「道」的多面向來看，人就不會斤斤計較現實功利了。是以老子的學說不會是陰謀家言，其是超越功利的，既然超越功利，怎麼會去做陰謀家呢？陰謀家是功利至極的表現呀！

萬物作焉而不辭：生而不有，為而不恃，功成而弗居。

是以在「天道」的前提下，「聖人以無為處事，以不言行教」，不再增添社會的對立與衝突，而要教大家去認識在「大道」中如何達成矛盾的統一、相反而能相成，即使有衝突也能達成和諧。

為什麼以「天道」為認知的前提？老子從天道出發，如同搭飛機一樣升高，到天道上看這世界，故而看到，

萬物作焉而不辭：

「作」是創作。萬物被天道創造，而「道」沒有任何自我言語的表現；「不辭」是沒有說一句表功的話。有的版本上註解為「不推辭」，「不推辭」創作

萬物，大家也可參考，其意思是「天道從沒有任何推辭對萬物的創作」。換句話說，在「道」的前提下，在自然的發展中，萬物被創作，而「道」沒有任何特別的表示，只是默默地做，不斷地做而已。

或者西方哲學上就會說，「道」怎麼能說話呢？不合邏輯。不過這只是取一個「自然之象」來說明，其要說明之「理」。這是傳統中國的表述方式，老子以這「理」來區隔「道」與「人為」的不同。再則中國是從生命性、有機性來論述事物之理的。當老子說「萬物作焉而不辭」，接著就說，「生而不有，為而不恃，功成而弗居。」是以在「萬物作焉而不辭」，這句話下作冒號，因下面三句話是「萬物作焉而辭」的具體表現。

生而不有，

前面說「萬物作焉而不辭」，這是「道」的創作性所展現出來的「無為性」，「道」創生一切，而不占有一切。今天社會上有父母帶著孩子去自殺，父母的基本心理就是認為孩子是自己生的，是以孩子是我的，要他生、要他死，由我來決定；或者有些父母也基於這種心理而控制孩子，用自己主觀的念頭教導孩子，讓孩子依循自己的模式去作為；當然也可能是父母沒有活下去的意願，又不願留孩子在世上吃苦，於是以自己的意願，去決定了孩子的未來。這都不是「生而不有」的態度。要知道任何事物被創造出來都有自己的獨特性與發展性，人要懂得遵從這天道的自然性學習「道」創生一切，而不占有的無為性，孩子雖是自己生的，但也有了他們的生命發展性。

為而不恃，「為」就是護佑、照護，也就是化育，「恃」是依賴，「道」是化育萬物，而不依賴。不依賴自己護佑萬物、化育萬物之功，這也就是不居功，更簡單地說，不憑藉護佑、化育萬物之功而邀功。如同有些人說：「我告訴你，你今天有這成就，都是我教的，將來可不要忘記我！」這種心理就是「有所賴」。

功成而弗居。一切事情都完成了，成功了。天地萬物各有其所、各安其位了，桌子成為桌子了，杯子成杯子了，天成天了，地成地了，水成水了，人成為人了，每個體成為每個體了，一切、一切都完成了，世界完成了，而「道」不居任何之功。

夫唯弗居，是以不去。

在這段的最後兩句，有個有趣關鍵，錢穆賓四先生在《中國思想史》及《莊老通辨》裡都說，這一句有些陰謀論的影子。錢先生的意思是說，如果就現在社會上言，老子其實可省略這麼一句，加了這一句會讓人們以為是陰謀論。

譬如有人來對我說：「辛老師，當年聽你的《老子》，就讓我今天如何如何！」我立刻謙虛地說：「哪裡哪裡，怎麼可能呢？那是你的聰明呀！再說你還有許多老師教導，你的成就該是所有老師教你的吧？再加上自己的努力！」他出去後就對人說：「這辛老師有修養！我謝謝他的教導，他竟然不以為然，可見是真的虛心若谷啊。」我聽了很高興、很得意，認為這才真的是我教的功勞。在現實人生裡人們常以退為手段，其目的則是進。老子這句話讓人有些誤解，所以錢先生才會這樣表示。

不過老子的意思是說，

夫唯弗居，是以不去。

因為心中完全不居功，是以最後無功可去。為什麼這麼解？老子的前提講得清清楚楚，無限宇宙在「道」的發展與創造中，「生而不有，為而不恃」，是以「功成而弗居」，所以無所謂有沒有成功不成功之意，因此他自然不拘於功不功！這是老子超脫了現實人生的功利性，心中無任何功利之念，所以無所謂「去」與「不去」之念。

老子強調一切順其道而行，在自然的進展中發展，如同人們做事順道而行，依自然之推動前進，事情成功了，是事情本身的發展，自己不去強加干涉與邀功，老子心中無功之念，也就「無功可居」、「無功可去」了。

這是老子提出人們要將原始本能，一切爭生存中的自己，也就是頑強，如動物般求生存的「我」，西方心理學講的「ego」減低或消除，而後回到「道」中。這在第七章說得更清楚，沒有了原始的我，才能有真正自我的完成。「外其身而身存」，就是將自己的「原始我」，也就是「小我」放在合乎道的事情外面，待合乎道的事情完成，真正的自我也就自然完成了。「後其身而身先」也是指把原始本能的自我，也就「小我」擱置在後面，而後先去做合乎道的事，當合乎道之事完成了，真正的「自我」也就完成了。

以「道」為無限宇宙最高的表徵，「道」的超越性，諸子百家無人能及？莊子提出「道」、提出「自然」，要求人們看清功利價值的侷限，脫開功利價值的綑綁，這樣才是逍遙，才是自由；而老子更進一步，他已經不在功利價值之中，所以「夫唯弗居」，只因不居功，無「有功」、「無功」之念，「是以不去」，是以無功可去，這才是入「道」呀！

三章　無為政治論

不受外界意識與私心干擾，秉持謙虛的心，走向合乎義理之道。

老子思想總括了先秦思想，比儒家向前跨了一步，比之莊子也向前跨了一步。我們談中國重要經典若能依中國思想史的發展路線來看，我想會更容易了解整個中國思想的深層含義。

我個人認為，讀先秦古典經學或諸子，以至後期歷代思想如漢代思想、魏晉南北朝思想，要回到思想的本身看那個時代，特別是主流思想，他們是怎麼想的。如漢代董仲舒的天人思想，他的特殊處是什麼？有什麼新發展？而不要如宋人或現代人批評董仲舒不是純儒，他雜有法家思想或陰陽家思想；或如清人好批評宋人的思想雜揉了佛家思想或道教思想，也不是純粹的儒家。其實這些加入的思想，就是歷代思想新發展的部分，也就是那時代思想推進的部分。這樣去看，才能見到傳統中國思想、發展、前進的部分。傳統中國思想不是保守而停滯的，當然更不要如近代學者說儒道鬥爭、儒法鬥爭這類的現象，來做思想的發展過程。在清代，有些學者甚至引經據典地挑出來說：「這觀點是儒家，那觀點是道家，那些是佛家的，因此這些說法、學說都不是純儒，都可撇棄。」清代一些學者常好如此批評，有些人更以此評明代的「陽明之學」，其實這就是老子所謂的「天下皆知美之為美，斯惡矣；皆知善之謂善，斯不善矣！」其實一偏之見呀！

不然，就是強調儒學中有其特殊的修持工夫，特別是講宋學和明學的，曾有人問我兩個問題，第一個問題是錢穆賓四先生主不主張修持工夫？尤其是今天大陸有些學者非常標榜自己是純儒，他們認為傳統中國的純儒一定得有一套修持工夫，如有些宋明儒似乎都有自我自修的法門。當他們說讀了錢先生的書，看不到錢先生強調工夫所在，也看不到錢先生說有關靜坐的法門，他們認為錢先生基本還停留在純思維知識探求上，依西方的說法就只從哲學性的思維觀點上談知識，若是這樣，錢先生算是一個純中國讀書人嗎？算是純儒嗎？

其實今天要求作為一個純中國讀書人，或作個純儒，其實這仍是在西方專業知識觀點之下，或作個科學專業，才是真科學家的觀點出發的問題。其實錢先生十來歲就靜坐，二十歲靜坐工夫就很有成了。他曾經搭船到蘇州中學去教課，那時才二十歲。在等船時，一個老人看了他，很驚訝地盯著他看，等大家都登船了，那老人家坐到錢先生旁邊，問錢先生說：「你靜坐工夫太好了，你是怎麼做到的？」錢先生很驚奇，說：「你怎麼知道？」他說：「看你眼睛的眼神，你下了大工夫。」這在錢先生的回憶錄上是有寫的，大家可以找來看。所以如果問靜坐工夫，錢先生是有的，而且一直坐到老年。

第二個問題是錢先生的方法論是什麼？我推薦他們看錢師母介紹錢先生做學問的一篇文章，

裡面說：「在《朱子新學案》寫好，一大堆的記者問錢先生說，你研究的方法是什麼？你的方法論可說說嗎？錢先生非常感慨，回家以後就告訴我說，『沒有人問我作學問的工夫，只問我方法。』中國做學問除了方法，還得有工夫啊！甚至於工夫重於方法。因為這是人的學問，談人就得有工夫，談人的學問就得有工夫。」要能知道這學者所下的作學問工夫，而後再讀他的作品就容易進入了。因此我說，錢先生是重視工夫的。

中國學者意有未足地再問：「錢先生的工夫是什麼？他有沒有教？」我說：「錢先生講的作學問的工夫是如何讀一部書，一部書從頭到尾地讀完，在讀的時候，有任何想法就寫小字條，夾在那頁的書裡，如此前後看完一部書之後，再從頭翻翻看所寫的字條，想想你的想法，何以你有這想法，然後擱下這部書，再依系統，讀有關的第二部書。」當我說道這，他們說：「我們問的是，錢先生有沒有教人靜坐的工夫，我們對這感興趣！」我才知他們的重點不在作學問。如同錢先生所說，「大家不問我作學問的工夫，只問我有沒有方法」，其實有工夫才有方法呀！我本來不想回應，後還是就所知地說：「課堂上是有學生請教先生如何靜坐？」先生說：「第一步先學會放鬆，不必盤腿，先以自己最舒服的姿勢坐好，試著讓自己鬆下來；第二步腦子中有念頭沒關係，就讓它如水流般地流去，不要焦著在上面，水流，也就清了，思緒不斷流動也就清了……。」此外，錢先生還有書房工夫。錢先生說：「這是讀書人在書房一定要有的運動，這是傳統中國讀書人在書房中的運動。」他說：「中國讀書人除作學問，一定要知道養生之道，讀書人常常久坐不動，這對身體不好，再則作學問的人，最好要長壽，因為長壽才可能累積出一些學問成果，尤其做人文學的研究，那是做披沙瀝金的工作，所以一定得運動。」然後他講了他的書房小運動。

我說這些，一方面是介紹錢先生，二方面也是介紹錢先生說的中國讀書人的養生方式。錢先生說：「中國傳統真正讀書人，幾乎皆重視養生，養生也是傳統中國學術、生命學的一部分，不可忽略。」我以此所知的，回答那些大陸學者的好奇。藉此說一下，治傳統中國學問的方法，不是西方科學方法論可含蓋的。治傳統中國學問，有自己的系統，若亂了套，就不容易得其精髓。

研究傳統中國學術，最重要是要能依，中國學術發展史、思想史的脈絡前進，中國學術思想是從儒家開始。因為孔子是第一個建立人是「真理主體」的開創者，孔子確立了以「人」為知識對象，以「人」為真理主體者，他是第一個談什麼是「人」、什麼是「人性」者，並講如何成為一個真正具有「人性」的人，也就是所謂的「君子」，君子即是能作生命的自覺者。孔子從「人」開始，如何開展「人」，這在讀《論語》就很清楚，以「學而篇」開始，即言自我的生命自覺。而人生命的自覺是有發展性的，其可隨人的年齡成長而發展。

就如小的時候，而後到了二十歲、到了三十歲，各有不同的自覺性，若以女孩子在成長中愛看有助益自己成長之書，當然這是根據我的經驗而言，或許以早一點的年代為例吧！如剛開始十二、三歲時，或十五、六歲時，多半看瓊瑤小說，因其中充滿愛的夢幻；再大一點開始看三毛的作品，其中嚮往奇遇與永恆；再長大一點可能閱讀張愛玲；而後落實到現實，經歷人生，就看張曼娟的作品，了解現實裡的男男女女。這是一個人生的認識上的演化，也是生命中帶有自覺性的演化。只要是人，一定有自覺性，自覺不是禪宗所說的頓悟，其實從生命來說頓悟也是一種自覺。而如何維持那頓悟之心，使之不斷地有所悟，那是禪宗頓悟後的工夫了。

從孔子提出的生命自覺開始，道家是儒家生命自覺的再進一步；我們甚至也可以說，魏晉玄學是儒道融合後人生命自覺的再進一步地擴大；甚至到《六祖壇經》，是儒釋道三家會通；而宋理學從這裡再建一個新的生命自覺的起點。中國學術以人的生命自覺為中心，歷代有不同的擴大發展，如此成為歷代不同的學術發展、思想發展，但中心主軸就是人、生命、生命覺醒。

一定要請大家了解，以往學者多半強調中心主軸是人倫道德，但人重視人倫道德，即是人生命自覺的一種表現而已，是以讀中國經典從生命自覺的基礎進入，再來看經典，就一點都不難了，因有這線索可以幫著，如同拉一根線，結就打開了！這個結的解開不只是對中國思想史、對中國學術史，以至於對經典都會有更深刻地認識與掌握，而且這掌握還可回饋到自己，滋養智慧，達成養生。並讓我們有能力脫開過度經驗性的生活限制和功利價值的限制，而產生生命大智慧。

接下來要講老子第三章，這章一共四段。實際上《老子》是哲學論文極短篇，其每一篇都有完整的論述，是一篇篇完整的論述文。

老子第一章言「道」之所以為「道」，從「無」與「有」談起，而這「無」與「有」，從哲學上講，既在經驗世界又超越經驗世界而言。他談「無限宇宙」的組成，也就是「道」的組成。這也是老子告訴大家，世界不是只有一個經驗的世界，不是只有一個具體事物存在的世界。在這具體事物存在的世界之中，之上還有一個容得下這些具體事物的空無空間，甚至在具體事物誕生以前，什麼都沒有的空無世界，老子也都稱之為「無」。若是人們更往上推，還有人所不可知的世界，它在「存在」之上的世界，這也是「無」，是「非存在」的世界。人存在的世界還有這三種「無」的世界，人可以只用感官知覺、經驗認知以對「有」的認知來決定一切、判斷一切，確定客觀的世界嗎？或建立知識嗎？

人能不能意識到這些「無」的部分？人能意識到無與有的部分，才是全然的認知呀！老子告知人，要超越人有限的認知，今天西方的科學認知，只是「有」的認知。我們不是否定西方科學知識，但從老子的觀點，「有」的認知不是全部的認知。

老子從宇宙世界的構成說起，用簡要的方式提出「無」與「有」兩個部分。這是人在認知上不可忽略的部分，如此人才具有完整的認知能力，或者說是整體的認知能力。而整體的認知能力，再具體地講，如到了森林前面，我們看得見一棵一棵的樹，同時我們也要能看得見這是整片的森林。由此看事物的時候，人固然可以很具體而清楚看見具體性個別的事物，也能有具體解決的辦法，但人還能從整體看這事件的緣起等等，了解整體事件發展的脈絡。

老子第二章談生命價值，「美」與「惡」，「善」與「不善」，其分界點在不能「單一」、不能「絕對」，因這違反整體的「道」，「道」是「無」與「有」並存組合而成。世界是相反而相成，矛盾的統一組合而成的。

是以第三章，在第一章、第二章的前提下，人心有「善」與「不善」，美與惡的變化，在人們這種矛盾的心理、自我矛盾的過程中，作為一個領導者該怎麼以「道」帶領大家？

不尚賢，使民不爭；不貴難得之貨，使民不為盜；不見可欲，使民心不亂。

不尚賢，使民不爭；

「賢」是賢能、才幹，表示聰明有能力，引申也可作成功者，而這其中有強烈的社會人為色彩。「尚」是崇尚，在天下國家的文化大政上，政府、領導者不推崇能幹的人、聰明的人、成功的人，或賢德之人才是「最好的人」，才是人。這樣才不會使社會民眾以為只有那種成就的人才是人、才有生命價值。如同我們標榜王永慶、標榜科技新貴是社會最成功的人，如此其生命之惡就產生了，其生命之不善也就產生了。這種生命之惡、生命之不善就是指這價值將限定人們自然全面的發展。社會大多數人即會以此去論斷自己或別人的價值。如同莊子在〈逍遙遊〉中說：「現世社會總是以有用、無用、有成就、沒有成就來論斷事物及人的價值。人們標榜什麼樣的人才是能幹有價值的人，然後人生才有了價值等等，於是人們就都競相去爭取成為社會所要的人，並且社會中的人也就競相爭取，甚至不擇手段，強要出頭，以便成為現實社會人心中的賢者，以此作為自身唯一的價值認定。」而不崇尚賢者是社會唯一絕對的價值，乃會使人們不去盲目的競爭倣效。這就是「不尚賢，使民不爭」。

不貴難得之貨，「貴」是看重，「難得之貨」是珍品，如金銀財寶、財富，甚至金錢、古董文物，今天還可加上各種名牌包等等。這句意思是，不看重珍品。這是指在天下國家文化大政下，不推崇看重這些金銀珠寶，一切實實在在以事物本質為貴。**使民不為盜；**「盜」是掠奪，偷騙拐賣、搶劫別人的財物，政府若不看重，推崇珍寶，難得之貨，就不會引動人民貪婪之心，沒有貪婪之心，人們就不會覬覦別人財富、國家財富，如此就不會成為盜賊了，不然全國人民都有為盜之心，只是看有沒有機會貪汙、偷盜而已！

但是如不尚賢，如何治理國家呢？請大家注意，儒家主張「為政以德」，為政「尚賢」是墨子的主張，墨子以後，戰國時代可說是國家主義興起，於是各國國君、政府重用人才，以賢才為貴，然後全國、全天下都尋找賢才，天下、國家以賢才為重，如此只有賢才才是人了，這是戰國中晚期之事了！同時，因孔子平民教育的推廣，戰國知識分子多了，遊士也多了，他們遊走天下，尋找出頭的機會，如蘇秦、張儀，《戰國策》就記錄了這些事。蘇秦第一次出遊失敗，回家後父母兄嫂都不認他，連妻子也不理他，認為他毫無價值，而後他佩六國相印，身分就完全不一樣，大家都尊崇他了，他是個人了！張儀也是同樣的情況。老子反對這種人生觀，這種賢才功利觀，人們只為自己的利益爭取，他們不會真正有利於民生的。這是惡、這是不善。

不見可欲，使民心不亂。

從天下國家文化的大政而言，整個國家的經濟、社會不提倡引動欲望來增加消費，帶來國家社會經濟的繁榮。「可欲」就是可以引動人們欲望的活動、事物，如財富、地位、權力、名聲，包括「難得之貨」等等。今天全世界在資本主義的觀念與政策下，大多數國家的經濟政策都是見可欲。老子說：「不見可欲，社會人心就不會因欲望的擾動而混亂了！」如果我們從現在世界來看，人們似乎沒有第三條路可走，但老子說：「不見可欲的經濟政策、文化政策，才能使人心不致於混亂。」

是以聖人之治：虛其心，實其腹；弱其志，強其骨。

其實老子提出的還不止是經濟問題、文化問題，也是一個非常哲學性的問題。經濟真的可以不引動欲望而發展嗎？這個反問是大哉問了！是人的大反省，是人在生命自覺下的問題。西方哲學在當代重新定義「什麼叫自由」？他們說自由就是我非這樣幹不可，可是我卻有能力重新思考而決定不這樣幹，這才是自由。質言之，這種是人反思的能力，在反思、大反省的基礎上，西方哲學給予自由的新定義。其實老子所行即是這種反思的自由，老子用反省、用生命自覺之問，人一定要這樣嗎？在這高度的生命自覺之下，老子提出，

是以聖人之治：

「是以」是因此，一

個真正通達，知「道」的政治領導者；「聖人」指的是聖王，如同柏拉圖所說的「哲王」，不過「聖王」是知「道」者，是能依「道」而行的領導者，在他以「道」為前提的大政的帶領下，他教導人民要「虛其心，實其腹；弱其志，強其骨」。

這裡要留意，自古以來——尤其到了近代——許多人說老子提倡愚民政策，近代更有人認為傳統中國政治的帝王之術、帝王之學就是出於老子，老子是傳統中國反智論之始。其實這太汙蔑老子了。

虛其心，「虛」是空掉，「其」是指稱詞，指那個，「心」是指雜亂的心念，也就是人因欲望而引起的各種妄念、雜念的心思。這句就是說，把因欲望所引動的妄念、雜念的心，或由現實功利所引起的各種自私自利的心思空掉，讓心重新潔淨，這如同《金剛經》中說「應無所住而生其心」的意思。

實其腹；不是讓人民吃得飽飽的，「實」是充實，「其」是指稱詞，那個的意思，「腹」指生命的感受力，這解釋是傳統中國的說法，指內在的感受性，是就人對生命的感受而言。這感受，今天學南管吟唱的人還在用，南管老師教唱，要學生唱出自己生命的感動，以便將南管中宣唱之情傳達出來，他們常講：「你要從腹內唱出，你要感受到你的腹內。」這種講法看「內經」即可明白。因此「實其腹」不是吃飽飽的膚淺解釋。

弱其志，「弱」是削弱；「志」不是儒家講的「心之所之」、心中所嚮往的，而是指盲目的生之意志、或生存意志，這如同佛家所說的「無明的生之衝動」，就是那種生物性盲目而頑強的生之衝動。是以「弱其志」是說，削弱那些盲目而頑強來自生存本能的盲目生存意志，生存衝動。

強其骨。「強」是加強、鍛鍊，「骨」是引申指承擔事物的能力。就是說，要鍛鍊強化那些承擔生命的能力、承擔事物的能力。請親愛的朋友們留意，這樣的解釋是不同於以往的注解，請大家一定要留意。而聖王的大政能如此領導百姓、教導百姓，才是聖人之治呀！

常使民無知無欲。使夫智者不敢為。

接著老子再說，常使民無知無欲。這句也是古來極具爭議的句子，自來一般注解是，多是使老百姓無知無欲。可是從整部《老子》言「道」來看，其意並不是這樣，「使民無知無欲」的「知」，也可解為機詐之智——「無智」，心中無機詐之智。而「無欲」是減少欲望的衝動，「常」是經常、常常，「使」是讓，也是有教導之意，「知」作智，是指狡詐之智，不是指聰明、智慧，「無知無欲」是沒有狡詐的聰明、沒有貪婪的欲望。這才合乎老子以「道」為中心的最高智慧之意。這句話的意思是，天下國家的文化大政，要能常常使人民生活在沒有狡詐的妄念心智的躁動中；沒有強烈貪婪欲望的衝動上。

使夫智者不敢為。「夫」是指稱詞，指那些，「使夫」指使那些，「智者」就是機詐、狡詐之智者，指狡詐的聰明人、或狡詐之徒，「不敢為」指不敢胡作非為。從今天的社會看那些詐騙集團，都不是狡詐的聰明人嗎？那些貪汙的政客，不更是狡詐的智者嗎？

為無為，則無不治。

老子最後說，為無為，「為」就是做，做無為之治、做無為之事。什麼是「無為」？簡單說就是依「道」而行，順自然之勢，沒有自己特定的目的，不加入自己主觀的好惡、意願，不自利自私，而是順著人們的最大需要、最基本的需要，合乎大道的規律、法則去做、去完成，即使為政亦如此。則無不治。「則」指那麼，那麼沒有事不會成功、不會完成的，「治」是成、成功之意，也就是所有天下國家的事務不會不成功的。這章以「為無為，則無不治」結束，也就是說一切都在「道」上，依「道」而行，一切的認知與行事都是無為而合於「道」的，如此使民消除狡詐之心，平息貪婪而有的衝動。這使民平平靜靜、平平安安地享有生活。如此在大道的前提下，怎麼可能行愚民政策呢？如果老子有此意，不就自相矛盾嗎？所言不就不能成立了嗎？

我們曾說過前三章基本上是老子思想的宗旨，第一章談宇宙或說是大道的宇宙論；第二章是社會的價值論；第三章是文化的政治論。整部書就沿著這三章的發展，直到第八十一章。上篇「道篇」強調的是「道」哲學原理，下篇「德篇」依「道」的行為準則。這是《老子》這本書的思想架構。

質言之，唯有透過「無為」，方能行「道」，「道」的政治，即是談依「道」而有的政治最高作為，也就是一個依「道」而來的理想政治家得有這種「知道」、「行道」的能力。所以如果說老子是帝王之術、陰謀家學，是反智論者，都是說不過去的。

如果皇帝有受到老子的社會價值論、無為政治論的影響，歷代皇帝幾乎都會是好的協調高手，他們都能保持高度的清明。而所謂「清明」，就是他們沒有自己的特定看法，一切依「道」而行、而裁度。歷史最有名的例子是漢高祖，他幾乎是兩千年歷史中的極好典範。但從五四新文化運動以來，唯新學者在西方思想的影響下，只推崇悲劇英雄項羽，把高祖說成為奸詐之徒，這實在太可惜了！不說別的，在他起義、革命時，從《史記．高祖本紀》的記載中，他不是沒有自己的看法，但當別人的意見比他好，他立刻就能放棄自己的意見，採納別人的意見，而且即刻去做，他並且廣採眾人的意見，根據事實判斷，他尊崇張良，並以老師之禮待之；反觀項羽則總是固執己見，只相信自己親近的人。如此二者的高下就有了區別。

我們再深入地看，即使漢高祖要廢劉盈（漢惠帝），也不全是因為個人的私心——偏愛戚夫人，而是他考慮到劉盈太羸弱，身體不好，在一個初建的國家，所有大臣幾乎都功高震主，並且個個都是一代梟雄，以劉盈孱弱如何領導？劉盈是個好人，有仁厚之心，但政治上不是成為一個好人就夠的，不是一個彬彬君子就能完成的，他需要能力！當時戚夫人的孩子雖小，但在各方面已有高祖之風，是以高祖興起想換太子之念。呂后請張良幫忙，張良說這是漢高祖的家事，是帶有強烈的私人情感，他不能說什麼？只有動之以私情，無法用道理去說服他的。

於是張良建議請出商山四皓——東園公、夏黃公、綺里季、角里公，這四位是高祖成為天下主後，心中最希望獲得他們支持的四位天下社會共同尊重的大老。用今天的話來講，商山四皓代表那時最大的民意，而他們尚未表示歸順高祖，這使高祖心中有憾。張良說：「用惠太子的名義，重禮聘請太子為顧問，並讓高祖不經意地看見這四人對太子的輔佐，高祖就會認為惠太子已有社會民意的支持！不再是孤單無力的了，如此有輔佐了天下就能歸心而安穩了，那樣就不會廢太子了！」果然，張良以此策保住了惠太子的地位。由此看高祖考量，乃是從天下和平與安定上看，而這就是順「道」了。民心者「道」心也。

在這裡我們看到高祖本身「虛其心」，沒有剛愎固執的心念；「實其腹」而有真實的生命感受，知道新興天下國家的真實需要；「弱其志」不會隨盲目主觀意志的衝動而動，只要事情正確，立刻更正，依正確方式去做。並敢於擔當天下事，拖著病體、親征英布，這就是「強其骨」。高祖其實是中國兩千年來的領導者的典範之一。只是今天中國人無知，罵他為梟雄，為要詐者，尤其是近代的一些學者，在偏見中錯過了一個政治天才。其實高祖得之天下，我們可從「為無為」的角度來看，高祖集眾人之聰明、智慧，集眾人之力量而平秦、平項羽，故正是「無不治」的一種寫照。

四章　道的運行

一切由此而生，又合為一體，是獨一無二的，
更擁有最寬廣的包容性，

前三章說完老子再回到形而上的「道」上，進一步說明「道」之所以為「道」。

道，沖而用之，或不盈。淵兮！似萬物之宗。

我在這章的斷法又與一般版本上的斷法不同，我是以「道」為主。道，沖而用之，　這是老子在第二章、第三章後重回「道」上，說明「道」的運行樣式。「沖」是水流湍急曰沖，「用」是行、運行，「而」是乃，作如此解，「之」是語尾助詞無義。這句是說，「道」的運行如嘩啦嘩啦急流的水，流個不停，這也就是「道」如同瀑布不停地流，所以古人說：「流動不已曰沖。」這是說「道」是流動不已，永遠不會停止的。

或不盈。　「或」是大約、大概，傳統中國經典中常用到「或」，或者「蓋」，或者「鮮」，

這些詞用西方邏輯來講，就是偏稱命題，表示「它大概是如何如何」，而不是說「它一定如何如何」。這句話是說，大概永遠都不會流滿吧！這表示有保留，不說一定流不滿，這包含或有可能有變化，換言之，常態是永遠不流滿的。但在這無限的宇宙中，或許有突變呢？這表示在「道」中也可能有變化，這就是「道」。是以接著說，淵兮！好深啊！深得可包容萬象呀，以致於，似萬物之宗。「似」是好像，好像也是客氣話，不把話說滿，這也是保留較寬廣的可能空間，合乎老子「無」的意思，這種流動，好像成為了天地萬物的根源；「宗」就是本源、根源。質言之，天地萬物都從「道」誕生出來，這句就是說，「道」創造產生天地萬物，「道」是天地萬物的本源。

挫其銳，解其紛；和其光，同其塵。

挫其銳，是就「道」的外在而言，指外在的形象，「挫」是動詞，就是磨掉；「其」是指稱詞，指那個，但也可以稱自己。「道」挫磨掉自己鋒銳的個性，這表示「道」與天地萬物沒有了分別，「道」是化在天地萬物之中的。這也是一種形容，形容「道」沒有銳角。沒有「銳角」是什麼意思？就是沒有自我的強烈個性表現，沒有自我凸顯的強烈個性，當任何人、任何事物有這種個性是具有強烈的、排他性的，所以稱之為「銳」，銳者利也，會割傷人、排斥物的。也就是說，「道」沒有強烈排他的自我性格，「道」是與萬物合一的。

解其紛； 「解」是解開，「紛」是結、心結，這是就其內在而言，「道」中沒有解不開的心結。換句話說，「道」內在沒有不通的地方，萬物是可以相融通的，這也是說「道」沒有內在渴望顯現自己、補償自己的地方，「道」與天地萬物相通。

和其光， 「和」也是動詞，與「挫」、「解」一樣，是調和、和合的意思，就是「道」調和了自己的光芒，與天地萬物的光芒相融通，從天地萬物中我們看不見「道」獨有的光芒。這西方基督教、或所有「上帝教」的上帝不同。所有「上帝教」的信仰者都知道，上帝是天地萬物，是宇宙中獨有的光芒。但「道」不是。

同其塵。 「同」是相同，動詞，「道」與所有的天地萬物都是一樣的，它化為所有的天地萬物，也化在天地萬物之中。即使是塵土也是因「道」而化成。「道」與塵土一樣、與任何萬物沒有分別。

湛兮！似或存。吾不知，誰之子？象帝之先。

湛兮！ 「湛」是寬廣的意思，也可解為「淡」，同為寬廣，就像說臺北的淡水河之所以叫淡水河，不是因它是淡水的，其實它靠圓山以下，還有鹽水的成分，據說它是臺北平原最大的河，「淡」有「大」的意思，「湛」通「淡」，意謂淡水河就是臺北最大的河，而不是說河水是淡的。「道」好寬廣啊！寬廣到什麼程度？寬廣到與天地萬物一體，祂包容天地萬物，但這還不夠，「道」寬廣到好像存在，又好像不存在，「道」超出了人們的認知，大到人們無法確定是存在還是不存在。

似或存。

「似」是指好像，這意思是好像存在，又好像不存在。

吾不知，誰之子？

「吾」是我，是老子自稱。不知「道」是由哪裡誕生，「道」是誰的孩子。我們可以說中國思想到了老子，徹底表現了無神論的觀點，「吾不知」指我不知道，「誰之子」是說「道」是誰的孩子？這也就是說，我不知誰誕生了「道」？

象帝之先。

好像還在上帝之前「道」就已存有了。

基督教《聖經》裡說，上帝就是「道」。如果請教基督教牧師或天主教神父問，誰創造了「上帝」，他們通常會說：「上帝是自己存在的」，「上帝是本有的」，「上帝自己創造了自己，上帝就這樣存在著」。若依照老子的意思，上帝即是就這麼存在，就自己創造了自己，這麼存在也一定有其「道」，「上帝若自己創造自己」，這自我創造的過程也就是「道」的顯現。換言之，「道」無論如何都在上帝之前，一切都存在於「道」中。即使上帝自我創造，其過程也就是「道」，一切離不開「道」。是以老子說：「吾不知，誰之子？象帝之先。」

第四章表明了「道」創造一切，涵蓋一切，又與天地萬物合而為一，且超越一切甚至在上帝之前，上帝的存在，創造也需要「道」，並且是依「道」而顯現。這觀點有些驚人吧？這對「道」有了更清楚地描述。

五章　仁的擴大

依自然而行，保持生命力，順著天性發展，不要強扭事實、堅持自我。

在《老子》第三章有「不尚賢」句，「尚賢」其實是墨子的思想與主張，可見傳世本的《老子》吸收墨子思想，其成書一定在《墨子》之後。

天地不仁，以萬物為芻狗；聖人不仁，以百姓為芻狗。

「仁」是孔子所提出的思想，孔子之前「仁」的觀點不普遍，孔子以「仁」為人之成為人的核心，是人生命自覺圓滿的表現，此後演變為傳統中國思想的核心。這章說「天地不仁」、「聖人不仁」，可見《老子》成書一定在孔子之後，這又是一例的證據。所以《史記》、《莊子外篇》、《禮記・曾子問》所說孔子向老子問禮、孔子向老子請教，如真有其事，那個老子一定不是這本書的老子。不僅如此，孔子甚至於孟子，都沒有把「仁」提高到宇宙論的地位上，他們都只將

「仁」就人性而言，是人在生命自覺性的展現，是愛人的動力。而「天地不仁」這句話是從宇宙論上來說。

天地不仁，「天地」指的是整個的宇宙，這是說宇宙在創生萬物時並沒有偏愛心，或是以仁愛為中心的判斷與價值，這表示「道」創造萬物，並沒有創造萬物是好的的觀念，或我愛創造造物；甚至說我懷著愛來創造萬物或人。如同《易經・繫辭傳》說的：「天地之大德曰生……何以守位曰仁。」而老子的「天地不仁」，「仁」是偏愛，表示「道」創造萬物，是一視同等的，全然平等沒有一絲偏愛。

以萬物為芻狗，「以」是「將」，助詞，「為」是如同，「以萬物為芻狗」是說將萬物都如芻狗般對待。而什麼是「芻狗」呢？「芻」是草，「芻狗」是用草紮成的狗。這如今天用紙紮成房舍、汽車、鈔票以祭死人一樣。「芻狗」是最廉價的，古人說是最賤的。「道」創造萬物沒有任何的偏愛，都視芻狗般的一律平等。再則芻狗祭祀後就燒了，其用途短暫，如人亦有死亡一樣。這說明「道」一律平等，一視同仁地創造萬物。這是老子的平等觀、平等主義。這平等觀、平等主義是墨子思想的延續。

我們說過在孔孟時，還沒把「仁」擴大為宇宙的創造起因與動力，還只是人、或個人的生命的自覺，到了戰國中期，從莊子始談「自然」、談「道」，而後人們更談及宇宙的發生與創造，這種宇宙論是孔子、孟子還沒想到的。由這思想的發展我們還是可了解到，老子思想的成書年代，基本不會在孔子、孟子、莊子之前，因所使用的重要字眼都是在莊子之後的，《老子》一書可說是戰國晚期集大成的著作。

> 聖人不仁，以百姓為芻狗。

「以」是認為，「為」指如、如同的意思。因此聖王法天、法道，依「道」行政，沒有偏私，對待百姓也是一律平等的，沒有階級劃分的，認為百姓也都如芻狗一般，沒有貴賤高低的分別。

> 天地之間，其猶槖籥乎？虛而不屈，動而愈出。多言數窮，不如守中。

所以天地創造萬物沒有任何偏愛，儒家所認定的生命或者人比較尊貴的價值觀，老子將其取消了。因此在創造萬物時都如同芻狗一般一律平等的對待。同時凡一切存在物也都是有時限的，如同芻狗般，只是暫時的存在。因此在這樣的宇宙律的前提下，「聖人」或說是「哲王」為政，治理天下國家就當效法「道」，以百姓為芻狗，一律平等。換句話說，絕不主觀干預，也就是作為一個政治領袖不要有自己特定的價值去為政，主觀的認為哪樣才是好的、哪樣是不好的，然後使用政治權力支使人民一定得如何，依自己的規定去行，甚至為自己私利去圖謀。聖人一切效法天道，順道而行，行無為之政，是以「不仁」，沒有偏愛，這就可以連自己認定的好事都包涵在為政之中。一切都只順著百姓自然的生命需要去行，不輕率地去干擾人民的生活。如此去保有人民自身的生命力。請注意，這其實也是傳統中國政治的內在特質，乃是構成中華民族生命力的原因之一。中國傳統政治不是今天從西方政治學看來的那麼簡單，請親愛的讀者注意呀！西方的政治理論的基礎，都是小國寡民下的經驗啊！中國自古即是廣土眾民，民族複雜、文化複雜的龐大社會政治體系，因此中國自有其自身的特殊的政治理論呀！

傳統中國以人為真理、知識的主體，並對生命全面肯定，而生命是「道」、是「自然」的，其發展是天地不仁，一視同仁的，所以聖人的為政也要不仁，「以百姓為芻狗」，尊重百姓自我的生命力。為什麼為政者要這樣行政呢？所以接下來這樣說，

天地之間，其猶橐籥乎？

指的是整個宇宙之中，這宇宙就是指可以存放萬物的無限宇宙空間中。就如同是個大風箱，「橐」是有底的大袋子，「籥」是指如簫管的吹氣、吹風的管子，而「橐籥」是指風箱，這管子是插在袋子上伸入爐灶之中。煉鐵的鐵匠一腳踩著袋子，裡面都是氣，氣踩出來就是風，風呼呼順著管子吹入灶裡，爐火就轟轟燒著鐵就紅了，「道」生萬物，於是這宇宙空間中就充滿萬物，這如同風箱轟轟送風送氣一樣，風永不會停止！為什麼會不停？因袋子是空的、虛的，只要有氣，腳踩就有風、有動力。

虛而不屈，

「虛」是空的意思，「而」是同時，「屈」是折，「折」是斷、是止的意思。這是說，「道」如同風箱，源源不斷，生生不息。是以天地之間就好像是一個大風箱，其中風箱整個是空的。因它是空的，只要能動氣就可以源源不斷地輸送進去，萬物就能生生不息地被創造出來。

所下面就說：

動而愈出。

「道」就如同大風箱，越抽動，萬物就自然湧現，自然不斷被

創造。換言之，在這樣一個生生不息的大道流動中，宇宙不斷地發展著，萬物不斷被創造，生命也才隨著不斷發展。是以，人只要順道而行即可，不要做主觀的干涉，尤其是人為的概念干涉，一切一視同仁，社會沒有階級，貧富沒有太大的差距，眾人可共享生產力，全民社會動起來，社會也就會充滿活力，就會如道的生生不息。

而什麼是人為的概念干涉？簡單講就是一些意識形態的堅持，根據某一空洞的理念就堅持去執行、去實驗，也不看事實的狀況。我記得曾有位官員想要降低小學生的近視比例，就做了一決策而後制定成標準，如一所學校的學生超過多少人數近視，老師與校長都要被處分。最後，這個政策無法執行，因小學生不是生活在學校，也不是全天候由老師帶領，愛護眼睛是家長和學生要共同進行的事，學校只能輔佐。這決策就是空洞概念的干涉，近視是不好，但不評估現實情況就制定政策去做，比爾蓋茲就曾有個親身經驗，他在非洲投入千億善款做慈善援助，但據說多不成功，原因是他都根據自己的認定去做，未能因地制宜。一般人的日常生活中，講個最簡單的例子，如子女對父母行孝，為買好的食物給父母吃，也不顧父母的身體狀況，結果父母或多不能吃，或吃了更糟。這些都是固執於概念上，罔顧事實的結果，這就是不順道而行，所以老子就說「多言數窮」。

多言數窮，

「言」是言語概念。相對於自然那生生不息地發展是有限的，「數」是數目，「窮」是限制，是有限制。這是說，「道」不斷地發展創造，自然源源不斷地變化發展，人類經驗有限是跟不上的，而人的言語由經驗而來，概念也是由歸納經驗及現象間事物而來，因此言語、概念，或名詞，是不是說明「道」、「自然」的最好方式呢？通常不是，是以「多言」，說得再多，也不足。「數窮」是數目有限，講不完算不清的，人的經驗及認知本來對於整體世界的發展、「道」的發展的認識是有限的，是跟不上的，故而老子給予建議。不如守中。「中」指「道」，不如守在「道」上，也就是依「道」、依自然而行，不要自以為是，這也就是要能行無名之行、無言之教。如同作為老師最重要的就是，依孩子的性情引動他們的興趣，讓他們喜歡來上學，而不是只有制式性的教學，引動孩子的興趣，就是順道而行，順自然而行。

六章　道的多元面向

雖以不同的面目現身，但本質永遠存在，且綿延不絕地運行著。

前面第五章說明天地大道，創造、創生萬物如同風箱一樣，是「虛而不屈，動而愈出」的，人不要再自作聰明地拚命解釋了，要知「道可道，非常道，名可名，非常名」，是以最好的方式就是「守中」，守住中道、順道為行。因「道」實在太大、太長了。

谷神不死，是謂玄牝。玄牝之門，是謂天地根。綿綿若存，用之不勤。

所以老子在第六章開頭就說，谷神不死，什麼是「谷」？「谷」指山谷，「谷神」指最大的山谷、谷中之神，其實這又是「道」的別名。因「道」實在太大了，太無限了，「道」在空間上無限，在時間上無限，又源源不斷地創造萬物上無限，「道」似乎永遠不盡、不竭、不盈，用「谷神」說明是從整個形象上來看。表示「道」能容物，能有豁水流動，代表生生不息，同時也代表不斷流轉，這是對「道」的形容。

「谷神不死」指「道」不斷發展，生命不斷生生，「道」是永恒不斷，「不死」即不斷，就因為「道」從來沒有停止過，不斷地在發展、運動，故而，是謂玄牝。「是」指這，「謂」是「稱謂」，「玄」作最大、最高解，「牝」是指雌性，「玄牝」就是最大的誕生者、創造者，其實指的也是「道」。玄牝之門，指誕生一切萬物的門徑。是謂天地根。這就可稱為天地的根源，「天地根」也是「道」的別名，「根」是根源的意思，「道」有這麼多名，就是「道可道，非道道；名可名，非常名」的說明。

我們看第六章，除了說明天地萬物都由「道」所生之外，還告訴我們「道」有那麼多名稱。是以一開始就說「道可道，非常道，名可名，非常名」，所以老子就用不同的「名」展現「道」不同的形態、不同的面向。同時第六章也告訴我們，「道」是不斷地發展，宇宙也是不斷地發展，綿綿若存，「綿綿」是永續不絕，「若存」是好似存在，又好似不存在。這句是說，又是「道」超出人的感官認知，從人的感官認知來看，好像在，好像不在，而這也是從人的一般認知上說：「道」綿延不斷，在現象上似有似無，讓人們無法用感官知覺去認知。如此「道」又怎麼讓人知道呢？這就在「道」的運行上，用之不勤。「用」是運行，「之」是助詞，無義；「勤」是止也。「道」就在自身永恆的運行中展現，人們從其永恆的運行上認識「道」。

七章　以群體為優先

放下自己，成就他人，或許能在互通互補互享的過程中，找到真正的自我。

天長地久。

天地所以能長且久者，以其不生，故能長生。

這一句是第一段，指「道」的永恆性，而後在這一章的前提下提一問題，以下是第二段：

> 天長地久。

天地何以能永恆呢？老子提出答案：

> 天地所以能長且久者，以其不生，故能長生。

「以」是因，因其不自以為生，什麼是「不自以為生」？第一個意思是，不從自己個體出生，因個體有限，從自己個體出生，則不可能天長地久，也不可能如谷神不死。第二個意思就是，《老子》七十五章所說「無以生為」，這句的意思是，「道」並不以生為事，並不貴生，一切順其自然，更不以其之自生為生，是以道能生生不息。「長生」就是生生不息。

這也就是說「道」不將自身變為一個生生的個體，所以才能長生。這句說，長生之所以能長生，乃順自然而為，順自然而生，「道」化在自然中，自然化在這樣自然的「道」的規律下，是以生生不息，因此一個聖人哲王在「道」中，是法道的生生不息。為政也當要如此做。

是以聖人後其身而身先，外其身而身存。

是以聖人後其身而身先，

「後」是動詞，是置之於後的意思，「其」是自己，「身」是身體，「其身」指的是自己的小我、私我；「後其身」是將自己的小我置於後面。「而」是如此，「身」是自己的大我、自己的理想，「先」是前；「而身先」是如此自己的大我、自己的理想，反而能提前完成。這句話的意思是，在為民做事時，甚至在做事時能不顧小我，將小我置之身後，先去完成大家的事，如此當這理想完成時，自我也就隨之而完成了。這「自我」是包含小我的大我，如此當大我完成時，小我也就完成了。

外其身而身存。

這句也是類似的意思，「外」是置小我於事之外，引申作超越講，自己超越小我，而「身存」如此大我也就完成，而在這種完成的情況下，大我的完成就包含小我的完成。因此當為政治事，能超越自身小我的意願，而先去完成大家共同的事，當這理想完成時，大我也就保存了小我在其中而達成自我的完成。這句話有一重要的義理，就是「小我是個封閉的個體」，小我的完成，大我即被排除在外，但若超越小我，當大我完成時，小我也就包容在大我之內了！

《史記》中的〈項羽本紀〉與〈高祖本紀〉，同時記錄這兩個人看到秦始皇巡行。項羽說「我要取而代之」，劉邦是說「啊！大丈夫當如是也」，兩個人表示出不同的觀點。項羽說：「我要取代他。」項羽的「我」是個人的「我」，是帶有封閉性的小我。而高祖的「大丈夫當如是也」，所謂的「大丈夫」指的是天下凡為大丈夫的，都可作秦始皇，這「大丈夫」指的是天下的有為者。也就是凡有志者都當以此而努力，這是具有天下觀的觀點。我們可這樣說，項羽只有自我、沒有天下觀，他只想到自己要取代秦始皇；而劉邦卻想，只要有志氣的人，都應當朝這方面努力！劉邦有群體觀、天下觀，因此最後劉邦獲勝，項羽失敗了。老子在這一章強調，人要超越狹小的自我，從群體、大我中，才能完成群體之事，如此也才能完成自我。

「後其身而身先」換一種講法，也就是說將自己放置、擱置，如此真正的自我才能真的站到一切事物的前面去完成一切事；「外其身而身存」是超越自己的「私己」，才能真正有自我的完成。這想法比之於儒家，有了更大、更深層地思考。儒家還在說要有忠信、有仁義、有禮智，然後「知其不可為而為之」的時候，老子則說，想要有所完成，先將私己擱置，自我才能真正有所發展，有所完成。

非以其無私邪？故能成其私。

非以其無私邪，「非」指不是，「以」是因，「其」指聖人、哲王，「無私」是沒有私我、私己，「邪」是語尾助詞，作「耶」疑問助詞講。這句是說，不是說哲王沒有私己、私我，這句後面省略了「後其身」、「外其身」兩句，這是表示他們做到了。故能成其私。所以才能完成他的個體，「私」引申作個體，他的「我」，聖王的我。老子表示一個真正的自我完成，也是孔子說的自我完成，一個真正自我生命的完成，老子說一定要將私我擱置，並置於在事物發展的後面，一定要將私己放到事情完成的外面。一切以事物一定依「道」或群眾的需要為主而行，為政當以群眾、人民作為優先的考量，這才能真正成為一個領導者，才能自我完成。「非以其無私」，不是因為聖人沒有那個私我，沒有自己個人的一些想法呀！但是一定要「後其身」、「外其身」才能「成其私」，如此才能完成個體生命的完整性，使自己與大道合一，如此自己才有所完成，有所實現。而能「外」、能「後」，就是生命覺醒大智慧的展現。

十章　建立新自我

無私成就一切，不自喜、不居功、不佔有，新生命由此而生。

我們說完了第七章「道」能天長地久、能永恆的創生，「以其不自生」就是「道」突破了封閉性的自我性，並隨順自然，在整體自然的自然發展下而生生不已。是以人要是能解開來自生物性為求生存而延伸出的自私自利，以及具有排他性的自我性，而從整體利益為基礎，先將個人的小我置於群體利益之外，或把個人小我置身群體事物之後，不過重要的是當群體利益、群體事物的事完成後，個體小我也會隨這些群體共同利益的事物之完成而完成了，這是說，個體小我所想要的，哪怕是自私自利只求自我生存的利益與事物，其實也都是為自身的生存多一些保障，而群體利益與群體事物其實只是求取大眾共同、共享的利益、保障大眾的生存。其間個人與大眾並不是對立，也不是衝突的，在「道」上他們更是一體的，是以第七章最後說：「非以其無私耶！」不是因為絕對沒有為了自我生存的個體性、自私自利性，只因這種人已能將個體利益化入群體利益之中，與「道」合一了，這種能超越出生物的自私自利的自體性，與群體、與「道」合一，如此才真正完成了人的自我性，這是說人的自我性與「道」是合一的，如此才會有真正的自我性與自我性的完成。

而人如何可以有這樣的智慧認知與修養呢？老子的第十章就提出了基本修養尋求「道」的智慧的方法。

載營魄抱一，能無離乎？專氣致柔，能嬰兒乎？滌除玄覽，能無疵乎？

第十章的第一段所談的就是自我內在的修行、整理工作。老子首先用問句提出，載營魄抱一，能無離乎？「載」是車載、乘車的意思，「營」是指魂，「魄」是指物質的身體，「營魄」就是魂魄。「魂」是指精神、心靈，「魄」指身體，古來「魄」都是指能化生出生命的物質，「魂魄」就是心與身。「載」也有人注為「夫」作語助詞，如同「夫」，無義，這是一解；但若作車載、載魂魄，就是將身心如同裝載在一起，一部車輛裡，「抱」是合，「一」是一體，如果「載」作「夫」字解，那就更直接說把心身合一了，「能無離乎」能讓心身分不離嗎？「無離」就是不再分離。質言之，在修習如何能超越自我，而能與「道」合一，最先做的第一步，是先要讓心與身，或身與心合一，使之不再分離。這表示一般人多處在身心分離的狀態之中。如身體餓了想要吃飯，但心卻不想吃；夜晚身體已極度疲倦了，但心卻不想睡，這都是身心不合一最常見的狀態，當然嚴重的更是造成各種心理困擾，也成為人日常生活中不舒服不順暢的原因。是以老子說：「『修道』的第一步，先使自己能身心合一，使身心不再分離，不再衝突。」

專氣致柔，

「專」或音ㄓㄨㄢ，也有人說作「摶」字解。作「專」就是作專一解，「專氣」就是使精氣專一而不亂；作「摶」字解，就是「摶」的本義「揉」之意，就是揉合的意思，或作揉和解。「揉合」也可作收攝解，「摶氣」就統攝揉合精氣。「致」是到達，「柔」是柔和，「致柔」就是使氣到達柔和而悠長的意思，這也就是把人的體氣涵養到柔和悠長的狀態。

能嬰兒乎？

能如同嬰兒般悠長而柔和的呼息嗎？這也就是調節自己的呼息，使之不散漫、也不急促，使之專一而不亂，這就如同佛家的打坐在平靜專一的呼息下心不散亂。此是修道的第二步。

滌除玄覽，

「滌」是洗滌、洗淨，「除」指除去、消除，「玄」是最深邃或是最大的，「覽」本是指看，引申指鏡子。「玄覽」指最清澈光明的鏡子，這指「心」，古人說「心知覽萬事」，是以稱為「玄覽」，說明這是指心，能使心成為最高的、最清晰的鏡子嗎？「滌除玄覽」就是把人心上的雜念塵垢洗滌乾淨，人的心上何以會有塵垢雜念呢？人心上的塵垢雜念通常來自於人欲望所衍伸出來的貪念、嗔念、痴念，或說是各種負面情緒。佛家所說的「由無明所起的貪瞋痴」等等，人能不能自覺於此而加以掃除、洗掉呢？

能無疵乎？

「能」指能不能，「疵」是毛病，引申作渣滓。「能無疵乎」就是能不能讓心洗滌得沒有任何渣滓塵垢，也就是古人說的，讓人回到光明澄澈的心體上。這就是修道的第三步。有了這三條自我修行的鍛鍊，下面再談。

愛民治國，能無知乎？天門開闔，能為雌乎？明白四達，能無知乎？

請注意前述三項都是人自我調整時可做的修持工夫，而後三項則是在前三項自我修養後，做事時如何正確展現得道者的開闊性、順道性。

愛民治國，能無為乎？

就現實世界中，一般談政治，都要強烈表現出自己的能力，或自己旺盛的企圖心，特別標榜愛民如子、為民求福利的熱情。在熱情地推動下，或更會有奮力作出一番作為表現自己能力的衝動。但老子在這裡卻說：「愛民治國，能無為乎？」「無為」就是沒有自我主觀的企圖與好惡，不會用自己主觀意識來干涉事物的行進，一切都順道而行，「能無為乎？」意味著能不能做到一切都順道而行，不會藉做事刻意的表現自己主觀的能力與願望。第二是，

天門開闔，能為雌乎？

「天門」指的是人耳目口鼻感官知覺與心智，古人根據《荀子・天論篇》說，「耳目口鼻」是屬天官，因都屬天所賦予，故謂之「天門」；換言之，表現人天賦聰明的是感官知覺。「開闔」指運用，「開」是張開，「闔」是闔閉，引申作運用、運作，又作「啟閉」，指感官知覺的運用，也就感官知覺啟動！當得道之人在運作感覺知覺或心智時，「能為雌乎？」「能」是能不能的省寫，「雌」表示柔弱安靜，「為雌」就是守雌，「雌」相對於「雄」而言，「雄」表示爭雄、有作為、有競爭，「雌」表示靜伏不動，「守雌」就是無為。這句話就是說，指人在運作自己的聰明時，能不能不要陷入賣弄自己的聰明，不要過度用智而近乎狡詐地要著聰明，而要能守靜不爭、順道而行。第三是，

明白

四達，能無知乎？　「明白四達」指的是心智上智慧的運用，這與「天門開闔」不同，「天門開闔」僅是感官知覺的聰明運用。心智上的智慧運作要高於感官知覺的聰明運作，其對事物的認知比較全面，所以說「明白四達」，「明白」是清楚、沒有障礙，「四」是四面八方，「達」是通，這表示人有了更高智慧的運作。「無知」的「知」字在這裡作「智」講，指不自以為自己有智慧，也有古人註說：「無智是不用私智。」「不用私智」是不用自己自認為對的判斷。

為什麼要這樣呢？這就是向「道」、向自然學習。而「道之所以為道」！就是「道」已化為無限宇宙，「道」就是自然的本身，「道」沒有自己、沒有私下、沒有封閉的個體，沒有私智一切皆「道」為判斷。

生之、畜之：生而不有，為而不恃，長而不宰，是謂玄德。

生之、畜之：　指「道」創生天地萬物，畜養天地萬物，這是「道」之生，是以句子下做冒號。

生而不有，　「道」是天地萬物之根本、根源，但「道」沒有私己，所以「道」生而不有，「道」創生一切，但不佔有一切。

為而不恃，　「為」是護佑的意思，「不恃」是不以為有功。「道」護佑一切，護佑天地萬物，但不依之以為有功。

長而不宰，　「長」是「道」使萬物成長，「宰」是控制、掌握，這句話是「道」使萬物成長，但從不控制、掌握萬物。

是謂

玄德。指這三種表現就是合「道」的最高表現，「玄德」就是最高、最大如「道」一般的德行。「德」是正向的行為能力，也就是有利於生之行為，以及行為能力。

這段話的意思是「道」創生萬物、畜養萬物，使萬物成長，但一切都是順自然之性而化生萬物，順自然之性而長養萬物，「道」既不佔有，不自以為功，更不會控制掌握天地萬物。「道」因只是順萬物之自然而生、而養、而長。這才成此天地萬物，成此無限的宇宙。而人在生命自覺中認識了「道」，了解了「道」，領會了「道」，有了這種涵養與行為能力，這就與「道」一樣具有最高的行為能力了。

第十章的整體意思就是，我們要與「道」一般的天長地久，首先必須能「知道」、「悟道」、「體道」、「行道」，並將來自生物性、帶著封閉性的生存衝動，只求有利於自己的「私我」消除，或有能力將其擱置在共同事物及利益、群體生命之外，人就自由了，人就獲得解放了。而人類如何能超越出這來自生物性私我的綑綁與限制呢？老子在第十章提出最基本建立新「自我」的方法論與萬物論：老子教導人們建立新自我首先要能身心合一，使身心永不分離，如此才有真正的「自我」。而後要能調息自己的氣息，使氣息柔和而悠長，如同嬰兒一樣，這就是讓自己心靈平靜而在欲望不躁動之中。然後再洗淨自己的心念，使心如一片明鏡，沒有一點雜質，如此看事物才能清朗客觀，沒有私我的障礙與蒙蔽，有了這份涵養才有可能「知道」、「體道」；在能「知道」、「體道」之後，在愛國治民的項目上能不以自己的能幹、不根據自己的主觀意願行事，而能順道而行，達成愛國、治民的工作。多少人在愛國、治民的工作上是忍不住要彰顯自己的能力，要強加自己的意志，要完成自己心中的願望與目的，但在「知道」、「體道」後，能在愛國治民上順道而行、無為而治，能行無為之道，當自己的聰明才智強力運作起來，展現人的生之能力時，能不陷入雄性的競爭性中，一味展現自己的聰明才智，而是能柔弱守靜，依道而行嗎？在「知道」、「體道」、「行道」中，自我的生命自覺越加通透，智慧也越加圓熟，能不能依道而行、不標榜自己的智慧而做到和光同塵，湛會似或存嗎？人為什麼要能「知道」、「體道」、「行道」如此呢？因這樣人才能超越人的生物性、動物性的侷限，成為真正「得道」之人。因這才是真正的人，不然只是半獸人，或只是半個人，不是全人。而也唯有如此，人才能行「天之德」、「道之德」！什麼是「天之德」、「道之德」呢？那就是「道」創生養育天地萬物，但毫不為意，且不佔有天地萬物。「道」護佑天地萬物，但不以為自己有功勞，「道」扶持天地萬物長大強壯，但不掌控天地萬物。能如此無為的行「道」，就是行了天地間最大的德行了！人能如此，就是人與「道」的合一，是人新生命的開始，生命大智慧的展現。

中國傳統學術也可以說是對人的探索，是對正向人性建立的探索，對人生命可能開展的探索。道家思想雖以「道」為導，但並未遠離人生，而是把人生更為擴大。我們曾說過傳統中國思想是出於極其成熟的農業社會、農業文化，這是不能用近代西方所說的人類社會演進中的觀念來說。西方近代所說的社會演進，是從生產工具、生產方式來論斷人類文明的發展次第，如原始文明、原始漁獵文明、原始畜牧文明，而後農耕文明、原始工業文明到今天科技網絡文明。而科技網絡文明則是最高、最進步的文明，其他都是落後的文明，是以中國傳統農耕文明就是落後的文明，這也就是造成傳統中國落後的原因。近代中國許多知識份子也多持這一觀點，一切都向西方的學術看齊，視西方的學術為唯一的，絕對的真理。

其實，西方的學術建立其知識的真理性，並以科學研究與結論的普遍性成為人類共同的知識真理，是要到十七世紀科學革命之後才成立。在此之前西方是以宗教信仰為其知識、真理的憑藉，即使是古希臘哲學上有對客觀世界的探討，古希臘尋找宇宙本體的哲學多半還是推測。不過不論如何，西方自古以來的知識尋求都是就「人」以外世界的探索，這是不同於中國傳統知識的探索與建立。傳統中國的學術是以「人」為知識的對象，以「人」為真理的主體，「人」的生命、心性、情感皆是知識探討的對象與材料。遠從西周初年開始，強調周文王之德合乎上天生生之要求，因此上天將天命給他，什麼是天命？天命就是承擔天下人類生命的責任！因此整部《詩經》中充滿人文的生命氣息，《尚書》的集結也是以「人」生命覺察所興的明德為中心。孔子繼承了西周的生命人文性，並說：「郁郁乎文哉，吾從周。」而建立起人學。墨子、揚朱也就在「人」，什麼是人的前提下開展出學說，孟子更進一步以「心」為人學奠下不可動搖的基礎。莊子擴大了談人的範圍，談自然、談道、談人性、人心、人情可開展的高度與廣度，而老子更從無限的宇宙——「道」談人心在生命自覺中，可以完全超脫出人欲望的局限而與「道」合一，並能順道而行的生命大智慧。

莊子、老子雖提出「道」，但未遠離「人」，而是將「人」的可能擴大，人在生命自覺中可以獲得生命大智慧的可能擴大、高度擴大。莊子、老子仍是從孔子、孟子的人學一路下來、一脈相承，這也就是錢穆賓四先生說的：「當代人面對這嶄新的時代，在人事紛繁下不能不深入了解人，而了解人不能只談四書，而當談七本中國經典，而莊子、老子是必須了解，必須讀的經典。」

而中國「人學」之所以產生，就是產生在傳統中國完整而有深度的農耕文明的基礎上。而此農耕文明不是西方所謂相對近代科學文明的、原始的、舊的、古老、落後的農耕文化。而是在經幾千年，在廣大土地上，在各民族相互合作上、相互融合而產生的，極其成熟以「人」為主的農耕文明，這以「人」為主的農耕文明，並在三千年前促使了人們對「人」自身的覺醒，並因之不斷探索什麼才是真正的人？人性、人心、人情以及人的知識要如何開展，才能使人超越出來自生物性本能的限制與折磨，而獲得生之自由與幸福。莊子與老子即是此「生之自由」的學說與論述，也是人生命大智慧在孔孟之後再一次地開展。

莊老十三問

我歷年講莊子、老子時，聽眾、學生都有很多提問，我在這裡整理出十三個問題，讓讀者能從他人的問答中更能理解莊老，也可提供讀者不一樣的思考角度。

①莊子可以用「避世」一詞來形容嗎？

自來都用「避世」一詞來說莊子，只是莊子所避之世，乃是指現實功利社會。如功利價值觀、功利性責任、功利要求的德行規範。莊子所強調的「德行」與儒家孔孟的「德行」不同，孔孟還是入世的，莊子則是超然於世，尤其超然現實功利社會之上。儒家的「德行」是現實功利社會中不受功利價值的限制，承擔起對社會推進的一切責任，並由此建立真實自我，似乎讓自己特立獨行於內。但是莊子的「德行」雖是超然於世之外，但不是逃避於實際的人生世界，這個「避」是退開，退開於功利的社會，也可以說不受限於現實功利社會所織的網絡之中。

莊子避開這網路，也不是逃避，而像是閃身而過，不受網絡羈絆。莊子給避世的定義是「不為世用」，就是不被現實功利社會所用，或說是不為現實功利社會服務，用今天的話來說，他不為壟斷性資本社會奴役或服役，而開展了人精神的價值系統，一個更超然於世俗之價值系統之上，不在現實功利價值系統之中的生命價值。

②莊子的思想與社會階層的關係為何？

古人的社會結構比較單純，基本上就是士、農、工、商，這是《管子》書中的說法，可說是春秋戰國時代的社會形態。士之所以最高，不是因為可以做官，而是屬於讀書人、知識份子，是明智者，是可以服務社會的人。有人解釋「士」者，事也，承事者也，至少西周時分武士、文士，是在為政者最底下做事的人，實際承擔事務之人，有點像現在的基層公務人員。孔子推廣平民教育，將貴族的知識教育推廣至平民社會，如此開風氣之先，使平民社會受教育的機會大量普及，而後春秋末以至到戰國，士成為國君聘請的大臣，地位因此提高。士投身政治或從事教職，用知識教育人，用知識為社會大眾服務，是古代是最大的服務業，所以排在第一位。但為士則不可經商，因此收入就有所限制。

農人則是辛苦出力的耕田的工作者，收入也不多，同樣是為社會服務，也值得尊重，所以排第二位。工指工人，偏重技術工作，他們的技術性能賺得錢比較多，但對人們的服務付出略小，次於農人，是以位階在第三。第四是商人，經商較易賺大錢，可是他們對社會的付出更小了，因此商人的位階就就再次於工人了。

士、農、工、商的位階是以他們為社會付出的多寡為基準，而非收入，這也不是所謂的社會階級。這點請特別注意，士農工商成為社會階級的劃分，可看今天的韓國與戰前的日本，包括法國佔領時的越南社會。至於有了科舉制度後，讀書人可以為官，受社會尊崇，此時與管子所說的已略有變化。而後中國重視讀書人，不全然是為了科舉。而是因讀書人明理，是以傳統中國也重視教育。

在莊子的時候，讀書人不一定都去做官，因為並沒有後來社會上的機會，那個時候基本還是貴族執政。不過戰國時代新興都會興起了，如果我們從社會史來講，可從《春秋》、《戰國策》這些書約略了解一下，那時候有些大城市已多達數十萬人了，如齊國的臨淄人口眾多，書上形容城中的人多到揮汗如雨一般。

戰國時代士人想去做官，先要有名，必須周遊列國，發表自己的論述，才會有機會被看到進而聘用，其實跟今天有些類似。《戰國策》上記載當時的策士奔走於天下，開發自己的名望，爭取國君讓他去做官。《戰國策》也顯現出一個大時代的轉變，許多讀書人從鄉村出來，走入新興大都會成名，然後進入政途功成名就，但也有很多人不得善終。

此外，那個時代的商業也有驚人的發展。我們可以看到鄭國的商人弦高買賣牛羊，趕著一群牛羊回國，遇到秦兵要攻打鄭國，他以商人的名義化解了一場戰爭，並使自己的國家免於被侵略。這是戰國新興都會興起的事，一般人忽略了戰國的商業發展，我們或可說戰國是人類早期商業資本發展的時代，商人地位也高。所以到了秦始皇統一天下，他還去四川拜訪當時大企業家巴寡婦清。巴寡婦清當時因鹽鐵之利，財產足以贏得秦始皇的尊重。看看那時商人的地位到了什麼程度，由此可見整個社會是以功利取向。

是以孟子見梁惠王，梁惠王問「叟不遠千里而來，可有利於吾國乎？」孟子會答「王何必曰利，惟有仁義而已！」孟子更反對商人的壟斷事業。所以我在上一個問題用「功利網絡」來說明人類的某種價值觀，這種價值觀完全從私欲出發，只求自己的利益。莊子是士的階層，他只是避開當官而已，而當時整體社會已經形成的求名、求利、求權、求勢的功利性網絡，莊子極力從此功利網絡中，開出新的「人生最高價值」。

③編輯《莊子》這部書的人，把莊子分為內篇、外篇、雜篇，是依什麼來認知、來呈現莊子思想的體系？

基本上來說，請大家不要忽略了古人的編書的觀念。《論語》、《墨子》、《孟子》、《莊子》、《老子》，甚至於到《禮記》、《易經》，都能看到編書人共同觀念。我們除了看是否是作者的意思，還要看編書人如何將作者的思想編出了一個完整的生命體例，並完整呈現那個學派的哲學體系。請注意，無論是《孔子》也好，《墨子》也好，《孟子》也好，《老子》也好，甚至後來的《禮記》、《易經》，它們都不是一個個人的著作，而是一個學派、一群人，經相當時間發展的集結。《莊子》內篇、外篇、雜篇，更可見莊子思想及學派的發展過程。因此其編輯體例是有其系統、非常嚴謹的。

宋人編書開始比較不從這體例嚴謹的入手，所以韓愈文、柳宗元文就不是從這觀點編成。宋人較從文學的觀點整理，實際上韓愈、柳宗元有極高的義理性思考、哲學性思考。柳宗元的自然小品文就是他生命哲學的一部分，〈郭橐駝傳〉則是他的人生哲學，韓愈文也是因從文學的角度，以「文類」編輯，如此反而就此喪失了中國早期編書的體例。是以讀隋唐以前編的書，尤其是讀先秦的，大家不要忽略了編者，因他們也可說是大哲學家。

④莊子的話中有時候聽來像在罵人，他是不是在批評、諷刺社會？

基本上前人在註解《莊子》時，尤其近代會說，莊子嘻笑怒罵如何、如何。實際上如果把那個罵人的觀念拿掉，會發現他根本不是罵人，而是帶著我們去看這個世界的雙重性、分裂性。事實上，人的生命本來就是雙重、多重的，弄不好還具有分裂性，甚至我們可以說人的多重性、複雜性、人的困頓的原因。

佛洛伊德（Sigmund Freud）就透過現代心理學，提出這樣一個觀點，我用下面簡單的圖說來解釋。也就是說，人基本上有「原始的自我」，然後有「自我」，有「超我」，超我也就是「理想的我」，合起來成為一個「個體的我」。人常常擺盪在原始自我跟理想自我之間，一個人的狀況是不是健康、

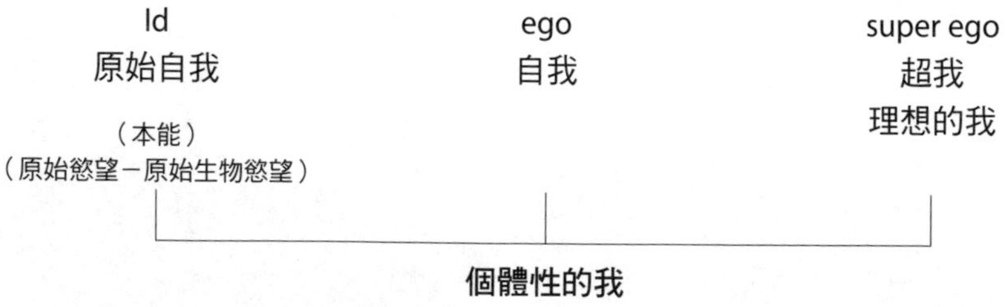

是不是在一種平衡狀態，基本上就看「自我」本身，它如何調節、平衡這兩邊。原始自我是具有巨大力量的，所有的佛學、哲學，包括基督教的信仰所提出來的基本理念，其實大部分都是為了解決原始自我的問題。

古希臘一開始就特別強調人的非理性，而非理性也就是促成人類悲劇的部分。他們基本上也都是圍繞著人巨大的本能原始來說，嚴格講來，相對於這個巨大的本能，所謂理想或者理想的我，其實有的時候是不太有力量時。但是人的問題，人的困頓，就在即使不太有力量，理想的我還是同樣能扯住人、影響人，並發展出極大的生命誘因，人就常常在這兩者間拉扯——本能的我、理想的我。我們能活得如何，就端看居於中間自我的調節能力。佛洛伊德的這個說法也就是證實了人的雙重性或多重性。

莊子在這裡很清楚地帶我們看到人的多重性或雙重性，甚至是分裂性，也同時慢慢帶我們深入看到所謂的自我問題。所以他不是在批判世俗社會，也絕沒有諷刺的含意，如果他有著那麼一點點諷刺，也只是用一種比較輕鬆的、諧趣的方式，引領我們注意。為什麼我能這麼肯定呢？原因是，如果莊子是有任何比較性，以至貶抑性或斥責性的批評，就不是莊子了。

一個真正的傳道者，如果有帶著這種比較性，並有強烈的貶斥、貶抑的批判，那站在莊子的立場，他會認為尚未得道。我代莊子說：「那還是小知見者！」

⑤孟子講的「殺身成仁」，莊子會如何看待？

請大家先思考，你們認為莊子會怎麼看待？贊成？不贊成？還是有第三種答案？我們從莊子的論點來說，他不會全然贊成。因「殺身成仁」就生命本身言，尚未觸及莊子的理想人生。莊子的理想人生是自由自在，是逍遙於現實人世之外，而「殺身成仁」則包括在現實人生之中、還在人世的綑綁裡，沒有碰觸到莊子真實要指涉的那個部分。

我們再深入地說，莊子或許會在「殺身成仁」或「不殺身成仁」之間。也有人說，是在「有用」與「無用」、「有作為」與「無作為」之間？人生到底要有用，還是無用？到底是有作為，不是無作為？若從這點來看，那莊子的回答就會在「有用」、「無用」、「有作為」、「無作為」之間。

有一則莊子的故事。有一天，莊子帶著學生翻山越嶺去看一個老朋友，朋友見到莊子太高興了，就殺一隻鵝待客。主人家的孩子問說：「要殺哪一隻鵝？」主人家說：「就殺那隻不會叫、不會看家的鵝吧！殺那隻沒有用的鵝吧！」而後他們又經過了一個地方，看見一棵大樹，大到不不得的地步，以至成了土地神的代表。莊子告訴學生說：「這一棵樹因毫無用處，所以能活這麼久，還成了土地神。」學生問：「那麼我們活著該追求有用還是無用呢？」莊子說：「在有用、無用之間吧！」

莊子的意思是要根據事實的狀態判斷。孟子說「殺身成仁」有其特殊事例的依據，其實孟子也曾說：「在可死與不可死之間，死者傷勇。」當戰爭的時候是犧牲成仁、殺身成仁？還是儘快想辦法逃出去，先求生？要知道某種活著也需要某種生命的勇氣呀！所以莊子說「為善无近名」、「為惡勿近刑」。但後來孟子的「殺身成仁」成了一種概念，成了教條，成了人生的固定規範。雖然社會上是需要這種觀點，但是從本來的經文來看，是談一個人在真正的生命自覺之後，什麼是自己真正活下去的憑藉，這已不是靠生物生存法則了！即使在極大的壓力下，在生命自覺中沒辦法依自己的理想活下去，那我與其不能依照自己追求的理想開展，也是可以與之做最後的奮鬥，並藉死亡成就自己的生命。這也是一種個人自我實現的最高表現。

這如同孔子所言：「朝聞道，夕死可矣。」即使晚上去死，也無愧真理，當明白這裡牽涉到什麼是生命最好的狀態，那是指生命中不再扭曲——被現實社會要求所扭曲的活著。這不是要去違反社會規範，而是尋找自己真正性命的展現。注意，這「性命」二字什麼是真正的自己？自己真正的性情、真正的才華、真正個性與理想，如何尋找一個最完全的表現。這就是孟子所說的，大家都要活著，「生，人之所欲也」，然而我不能依自己真正希望的理想展現活下去的時候，那麼我就以「殺身以成仁」展現自己對生命完整的追求，以展現自己的生命完整性。請注意這裡面有著深沉的生命哲學，也可以說有著深沉的生命意識。了解到真正的我和真正我想要的生命，而後做一種無上的追求曲——這是中國儒道兩家思想的重要核心！而後大乘佛學也加入了！

中國傳統學術是一種生命哲學，也是生命哲學中的深沉意識哲學，一種生命的高度覺醒之學，當人對生命有了真正認識後的一種覺醒。即使佛教也不離這問題，也是從生命的哲學來談；至於基督教則是藉著「耶穌」去傳達人類共同渴望的愛。

⑥用前面所說的標準來看，陶淵明是不是比較傾向避世，雖然他短暫做過官，可是最後還是回歸田園，這樣的人生態度，他應該是比較接近道家嗎？

陶淵明絕對是比較接近道家的，他完全依自己的性情、性格、最關注的生命去選擇。他在〈歸去來辭〉有兩句話很重要：「饑凍雖切，違己交病。」他說饑餓真是讓我真的感覺飢餓的迫切，我真需要去賺點錢，才能讓大家吃飽飯，可是等到我出去工作、出去做官，卻發現真是違背我的性情，這使我像病人一樣，因為其違背了自己的個性、性情。他這個觀念完全來自於《莊子．人間世》。〈人間世〉的後段，強調這個部分。所以陶淵明最後還是放棄工作，去過自己喜歡的生活。這一點是偏道家、偏莊子。

其實莊子的思想不離人世間，這能呈現莊子如何超然於現實之上，而仍生活在現實之中的觀點。老子的思想則是更為超然，但又是更大的一種人類生命的責任承擔。這是很少人意識到的部分。老子之所以追求天道，追求「道」，實際上是要以天道來指導人生，以天道作為人生的最高指導原則，而後要求想承擔這件事的國家領袖或天下領袖必須知「道」；如果不知「道」，則會為這個社會帶來災難。《老子》二十六章、五十六章特別強調這點。

所以《老子》中的「聖人」，就不是儒家的「聖人」，而是一個知「道」的政治領袖。這觀念乃是受墨子的影響。一個領袖必須得有最高的智慧與修養，所以老子所謂的「聖人」，用今天的西方名詞來說，就是「哲王」。所以他跟莊子在生命情調上並不一樣。其實莊老是有極大差異的，一般人則常常把兩者混著來說，這是受《史記》的影響。《史記》在講〈老子列傳〉時，莊子成了附傳，太史公只寫了《莊子雜篇》，而這是老莊的合流，那已經不是純粹的莊子了，《莊子內篇》，才是真正莊子思想的代表。

⑦老子所談的「道」，是不是就是宇宙的「本體」？如同西方哲學的本體論？

其實是不一樣的，老子談的是宇宙的本然狀態，「道」不是本體。西方哲學的本體是具有實體性，不可分割性的，它是萬物的根本形成的物質體，所有萬物的物質性都出於它。而「道」萬物雖由其出，但無實體性、無本質性，是一個整體的融合，是最大的又是最小的，即成現象又是根本，一切又都出自於自然，自然是自己如此，是本然的。「本然」就是指本來就這樣，因此，「道」既是根本又是作用，既是本源又是現象。傳統所言說的「道」是可以貼近到實際的問題中，並可實際解決現實問題的。一般人因此實用性總會強調「道」的作用性、效果性，而且會習慣於不離開此作用性、效果性，老從經驗性來看「道」，所以為「道」是陰謀學、兵家之學。這是因為傳統中國文化、知識是從人、從生命出發；就人而言，自然容易從實際經驗出發，去認識這世界，是以中國人有時過於務實。或許老子針對這習行、這觀點，提人們認識「無」，並說：「有之以為利，無之以為用。」強調「道」中「無」的作用，要人意識到「無」的超然性，使人不致那麼頑固。老子乃是從大自然的本然性出發談「道」，而「道」不是本體、不是本質，而是一切的本源。

⑧能用「虛實」、「陰陽」來代替「有無」嗎？

這樣說並不恰當，因為「無」和「有」，所以才有「虛」和「實」的問題。至於「陰陽」已是「有」了，若就「陰陽」而言，可說是一種本體論，因為它可以說是具體的、有具體性的，「陰陽」是可歸於「有」而不歸於「無」。「陰陽」是有創生能量的，能量是創造「有」的本源憑藉。我們或可用「虛」來形容「無」，說明「無」的內涵，或藉英文的nothing，來說「無」是什麼都沒有！

⑨既是「無」何以有「名」？

「名」是人所給予，人就人的認知可以給予認知對象以「名字」，以便成為人的可知，但「道」是無可限量的，「道」既是「無」，又是種種，是以「道」的各種名字就由此不斷出現，以便人們了解「道」。而「道」的「名」與「字」，是「道」的種種不同發展的切面，人對切面的認知，也給予的「名」與「字」，以便人對「道」的再認識。老子也說：「吾不知其名，字之曰道，強為之名曰大……」這是說，對無限的宇宙，我也不知能叫什麼？如何用人們的語言稱呼它，就暫時叫做「道」吧，然後就它的「無限」而言，再勉強給個名字，就叫作「大」吧？這「大」就是無限，至大無外的大。而在這是有無相滲透融合而成發展中，才稱祂為「玄」吧！「玄之又玄」滲透再滲透，融合再融合，無限宇宙在如此天地萬物中，無限地滲透、融合，這就是無限宇宙、天地萬物，最奧妙之處了，而這就是說明「非常道」的原由，也就是「可道之道、可名之名，皆非道」的原因。雖如此，人也就依人認知的不同面向、不同層次的認知，給予所認識的「道」之名，是以「道」之有名的緣由。

⑩「名」可不可變？

老子說：「道可道，非常道；名可名，非常名」之名，是說明人世間之「名」所涵的意義有限，皆不足以指涉「道」——無限宇宙，因此說不可名。不會有完全表達的「道」之名，而世間之「名」，隨著人的認知擴大，人所定的「名」自然會變！《老子》書中，有關「道」之名，就有十數個，每一個都表達「道」不同的面向與面貌。

談「名」是中國哲學、中國學術中一種重大問題。孔子說：「必也正名乎。」因為孔子的時代「名」所代表的就是「實」。當「名」不能讓人去求「實」時，這個「名」就不對了，因此一定要求正名。墨子時認識孔子所言之「名」不「實」，所以他也要正名。經過一段時期墨子學說中，許多是賦予孔子學所言之名的新意義、新解釋。因此孔子言仁、墨子言義，孔子僅言天，墨子言天志。孔子言「仁者愛人」，墨子言「兼愛」，以至有名家的產生。如此「名」與實有了分解。到了莊子時，莊子說名者只是「實」的代號，不足以代表「實」，人應該求「實」不求「名」，「名」只是「實」的一個稱謂而已。而老子說，一般世間的「名」有限不足以表述「道」之「名」。

⑪所謂意識到「無」，是不是像《莊子．齊物論》所說「喪我」的那種狀態？

從心理學來講，「喪我」是放下「自我」或「私我」。而能意識到「無」，其實仍然是從人的認知上來談。《老子》沒有離開人談天道，這可說是傳統中國式的知識論，傳統中國學術以「人為主體」，「人性」的特色就在於人能有深切地認知。「道可道，非常道」是人深切地認知，人要意識到無限宇宙中的「無」，人要能認識這一個「無」是構成這個世界最重要的部分，它不是具體可見的世界。所以而後老子才說，「道」不能用感官知覺去認識，要用更深沉的認知來認識。當用更深沉的認知去認識「道」的時候，其之前提就是莊子所說「喪我」之後的認知了。換句話說，莊子所說的「喪我」的重要認知，在於人能放下生物性，生存下所構成的自我性，也就是私我性，這多半來自人肉體的感官知覺。若透過靜坐，以至喪我，於是人的覺性浮出，就能聽天籟，能聽天籟，即能見道了。是以自我生命覺醒的修為，就是要把私我或西方所說的mind個人意志拿掉，以及思維拿掉，如此人才有超越一般感官知覺的認知能力，老子對「道」的超越認知不會是個問題，只要人降低私我與個人意志，人人都可以認識「道」，認識「無」，老子不止提出新的宇宙論，也提出新認識論。

⑫世間有許多《老子》書，不都有各自的發揮嗎？

不同的人解釋老子會有各自的意思，這不足為奇。但在學術、思想上，仍得有一定的系統與依據。我認同錢穆賓四先生的說法，是因錢先生有嚴格的考據，而且他的考據言而有據，當然，我不是說錢先生是絕對正確，可是他提供一條清楚認識老子的路，可供大家參考，這路可助人深入老子的思想中，提供人再思考、再發展的路！

以德國為例，經歷兩次世界大戰，他們能從失敗、心理崩潰、甚至於廢墟中重建，德國許多學者、知識份子說，是因為讀《老子》使他們重新反省、思考。德國人非常喜歡讀《老子》，據說十七世紀來華的神父們開始翻譯《老子》，到現在有兩百多種翻譯本。目前德國人仍然很喜歡的翻譯版本，是清末民初魏禮賢牧師所翻譯的，他說讀《老子》可讓人歸零，再重新出發，而這可讓人超越一切舊有的經驗，重新思考自身可能的發展！

要知道人的認知越開闊，人的可能性越多，人的創造性也就越大，人的發展性就越具可能性。錢先生說：「我說的不是絕對真理，所以沒有門派，大家不妨參考一下。」今天我認為從錢先生的觀點出發，是可以站在世界的角度，站在人類的立場談人類的認知中的問題。

如第二章「美之為美，斯惡也。善之為善，斯不善已。」這章是談社會價值論；我們看第一章老子是論整個宇宙整體的展現，我們可以從「無」與「有」中看見，而人只是這宇宙中的一部分，是萬物之一，人會受不受這宇宙的影響呢？如果會受影響，又會是在哪裡呢？老子說這影響就在人的心裡，宇宙中有「無」與「有」，人心中則有「認同」與「反對」，或說「善」與「惡」、「善」與不善的價值判斷，及心理反應、情感反應。

西方哲學基本在宇宙論的問題上不容許有價值觀的，因西方哲學是對客觀世界的認識與探索，要儘可能客觀，這自然不容許有價值的判斷，因為有價值觀就不客觀，容易摻雜有人的主觀性了！但是以人為主體的生命哲學，則不可避免得有價值觀，得有意義性的確定，否則不能確立「知於」、「真理」的依據。借用英國十九、二十世紀初的大哲學家——科林伍德（Robin George Collingwood）的說法，他說：「若說歷史是事實，如此人世間每天發生的事實有多少？因此歷史學必須選有意義的事實為事例，才使人的事實成為典型、代表具有人的普遍性，根據這有意義的事例，才能建立歷史學。是以凡人文學都必須具有意義性。沒有意義性，不是以成為人文學。」是人們是否可以只依西哲學來說明中國哲學？這是一值得再反省的問題。

⑬儒家講的「智慧」跟道家講的「智慧」分別在哪裡？

儒家的智慧基本上是回歸實際的社會，不放棄社會責任；道家相對於儒家，道家是避世的，不為世用的，即使說社會淪亡，也不在我當負的責任之中，有具自然生滅之理。

在莊子〈逍遙遊〉「堯讓天下於許由」的故事裡說得很清楚，在祭祀上至少要有三個人來完成。這三個人物，一個是扮演「被祀之主」，傳統中國古來「事死如事生」，今天人們用「神主」代表，但古人是「現人神」。日本現在的天皇還是這觀念的延伸，就是「現人神」。傳統中國祭拜的時候，通常選嫡子或孫子，或者最小的兒子，穿上死去之人的衣服，坐在祭臺上，然後大家向他祭拜，那是代生命的延續。

第二個負責祭祀的是「司祝」，是負責禮儀祭拜的司儀，助成祭祀禮義的完成者。第三個就是「庖」，古代的「庖」也要負責屠宰，宰殺後再烹調，作成祭祀時的菜餚。

莊子用這祭祀來比喻社會是由眾人共同完成，如果社會缺了哪幾塊，你無須為此補齊，他用這祭祀來說明，當廚子罷工而祭祀正要開始，在「庖」不再殺豬宰羊，不再做菜時，難道神主或司儀就得把禮服脫掉，走入廚房，殺豬宰羊做好菜以後再穿上禮服繼續去履行職務嗎？莊子問，有必要這樣嗎？其實沒有人殺豬宰羊，沒有人煮祭品，就順這狀態去祭吧！因為社會是眾人所組成，個人無須去擔負全體的責任，重要的是只盡自己本份即可；而儒家則認為每一個人都得有責任去彌補而完成祂，而佛家就純然出世了。

莊子何以如此主張？他是為保持來自大自然的個人完整性、生命完整性，認為這是人生命中的首要。他從整個大自然所完成的整體去看，因此與儒家不一樣。但莊子的主張還從人的生命自覺上。換言之，首先提出人的生命自覺的是孔子，莊子在這基礎上向前跨一大步。中國的傳統學術思想就是從「人」、從「生命的自覺」上一脈流傳。如同西方學術思想始終以「物」、「物本質」為其思想的主流一樣。

國家圖書館出版品預行編目 (CIP) 資料

人人必讀的七本書：莊子 老子／辛意雲著. -- 初版.
-- 新北市：臺灣商務印書館股份有限公司, 2023.09
336面；17x23公分.
ISBN 978-957-05-3522-8（平裝）

1.CST: 老莊哲學 2.CST: 道家

121.3 112011331

人文

人人必讀的七本書——《莊子》、《老子》

作　　者—辛意雲
發 行 人—王春申
選書顧問—陳建守
總 編 輯—張曉蕊
責任編輯—何宣儀
封面設計—張　巖
內頁設計—菩薩蠻電腦科技有限公司
版　　權—翁靜如

業　　務—王建棠
資訊行銷—劉艾琳　謝宜華
出版發行—臺灣商務印書館股份有限公司
23141 新北市新店區民權路 108-3 號 5 樓（同門市地址）
電　　話：（02）8667-3712　傳真：（02）8667-3709
讀者服務專線：0800056196
郵　　撥：0000165-1
E-mail：ecptw@cptw.com.tw
網路書店網址：www.cptw.com.tw
Facebook：facebook.com.tw/ecptw

局版北市業字第 993 號
初　版：2023 年 9 月
印刷廠：沈氏藝術印刷股份有限公司
定　價：新台幣 500 元
法律顧問—何一芃律師事務所